호모 데우스,
호모 사피엔스의 미래인가?

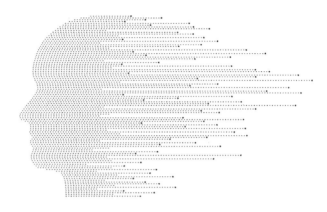

이정배, 박태식, 송용민, 심원, 김완두, 최일범, 최현민

호모 데우스,
호모 사피엔스의
미래인가?

지유문고

머리말

이 책은 2019년 11월 29일 성균관대학교 퇴계인문관에서 있었던 심포지엄 발표 논문을 재정리한 뒤 종합토론을 녹취, 정리한 것이다. 심포지엄의 주제는 '호모 사피엔스의 미래가 호모 데우스일까-종교인이 묻고 답하다'였다. 이렇게 주제를 정한 것은 최근 인류사 전체를 몇 개의 키워드로 꿰뚫어 통찰해온 세계적 석학인 유발 하라리*의 주장에 대해서 종교인들의 응답이 필요하다고 보았기 때문이다. 하라리는 앞으로 다가올 인공지능 시대를 맞이하여 인류가 어떻게 대처해 가야 할 것인지를 묻고 있다. 그가 제시한 물음과 주장 안에는 기성의 제도종교에 대한 강도 높은 비판이 담겨 있다. 따라서 오늘을 살아가는 종교인으로서 그의 비판에 대해 응답할 필요성을 느낀다. 사실 하라리가 제시한 문제와 제언들은 종교인만이 아니라 현대를 살아가는 우리 모두가 함께 생각해봐야

---

* 유발 노아 하라리(Yuval Noah Harari, 1976년 2월 24일~)는 이스라엘의 역사학 교수이며, 세계적 베스트셀러 『사피엔스』, 『호모 데우스』 그리고 『21세기를 위한 21가지 제언』의 저자이다. 현재 예루살렘 히브리 대학교 역사학과 교수로 재직 중이다.

할 것이기도 하다. 이것이 심포지엄을 개최한 요인이 되었다.

이 심포지엄을 주최한 씨튼연구원은 한국의 다종교 문화 속에서 종교 간 대화의 필요에 응답하고자 1994년에 설립된 종교대화 연구소이다. 올해로 설립 스물일곱 해를 맞이한 씨튼연구원은 지난 25년간 5개 종단의 종교인들이 함께 모여 종교대화를 해왔다. 각 종교의 전문 학자들로 구성된 종교인 모임은 정기적인 교류와 대화를 통해 우리 사회 안에서 서로 다른 종교의 다양성을 인정하고 배우는 가운데 삶의 지평을 넓히고자 노력해왔다. 이 모임은 94년에 첫 모임을 가진 이래로 매년 네 차례씩 세미나를 가졌다. 초기 10년간은 교의적 차원에서 종교 간 대화를 해왔으며, 이를 녹취 정리하여 『세상에서 가장 아름다운 대화』라는 제목으로 출간한 바 있다. 그리고 2003년에는 '불교와 그리스도교의 수행'이라는 주제로 중앙승가대학에서 씨튼연구원 10주년 기념 심포지엄도 열었다.

그 이후 씨튼연구원은 개개인의 영성 심화를 넘어 현대사회 문제들에 대응하고 그에 대한 대안을 함께 고민하고 실천할 필요성을 느껴 2004년부터 10년간 전 지구적 문제인 생태환경을 주제로 세미나를 개최해왔다. 종교적 관점에서 생태문제에 접근한 10년간의 모임을 통해 생태위기를 보다 더 근원적인 측면에서 바라볼 수 있었고, 무엇보다 자연과 인간의 관계에 대해 근본적으로 성찰할 필요성을 느꼈다. 이러한 과정에서 "생태문제를 '우리 자신의 문제'로 공감해 치유책을 모색해야 한다"는 데 뜻을 같이하면서 그간의 세미나를 정리해서 『생태문제에 종교가 답하다』라는 제목으로 책을 출간했다. 그리고 2013년에는 '하나뿐인 지구-〈생태문제와 종교 간의 대화〉'라는 주제로 한국불교역사문화기념관에서 20주년 기념 심포지엄도 가졌다. 이 심포지엄에서는 각 종교에서 바라보는 인간관과 자연관을 함께 조명해 보았고, 생태위기 상황 속에서 함께 실천해야 할 바를 토론하고 나누는 장이 되었다.

이와 같이 교의적 차원과 생태환경의 문제에 대해 종교 간 대화를 해오면서 무엇보다 현대사회에 절실히 필요한 것은 '소통과 공감'이 아닌가라는 생각이 들었다. 이에 2014~2015년에는 이 주제로 종교인 세미나와 종교 강좌를 열었다. 2014년 종교인 모임에서는 제러디 리프킨의 『공감의 시대』로, 2015년에는 캔윌버의 『감각과 영혼의 만남』으로 종교인 세미나를 해왔고, "관계회복의 영성"(2014년)과 '소통과 공감: 시대를 읽다'(2015년)라는 주제로 일반대중을 위한 종교 강좌도 개최해왔다.

그 후 최근 2년간 유발 하라리의 『호모 데우스』와 『21세기를 위한 21가지 제언』을 함께 읽고 토론해왔다. 하라리는 자신의 저술을 통해 인류가 어떻게 지구의 지배자가 되었고, 앞으로 인류는 어떤 모습으로 변해갈지 그 미래상을 그려내고 있다. 여기서 그는 다가올 미래에 인간은 인공지능과 생명공학을 토대로 자신을 신으로 업그레이드할 것이라고 전망한다. 곧 호모 사피엔스가 신이 된 인간인 '호모 데우스(Homo-Deus)'가 되리라는 것이다.

또 그는 인공지능 시대의 도래와 함께 인류의 사회·문화·경제·정치 분야에 많은 문제들이 발생할 것이며, 종국에는 호모 사피엔스인 우리의 생존이 위협받으리라고 내다본다. 이와 같이 미래에 찾아올 변화에 대해 하라리는 『21세기를 위한 21가지 제언』을 통해 우리가 어떻게 대응해 가야 할지를 제시하고 있다. 그의 제언들은 현대를 살아가는 우리 모두에게 경고의 메시지를 담고 있으며, 특히 기성의 제도종교에 대한 그의 신랄한 비판은 종교인들로 하여금 자신의 현주소를 들여다보도록 촉구하고 있다.

종교인들은 기성종교에 대한 하라리의 비판에 어떻게 응답해야 할 것인지 스스로 자신과 자신이 속한 공동체를 되돌아보며 성찰해볼 필요가 있지 않나 생각한다. 사실 하라리가 제시한 문제는 종교인뿐 아니라 현대를 살아가는 우리 모두가 함께 생각하고 응답해야 할 것들이라고 본다. 무엇보다 하라리는 인공지능 시대가 오면 호모 사피엔스인 우리들은 쓸모없는 존재로 전락해버리고 새로운 존재인 호모 데우스가 탄생하리라고 전망하고 있다. 이 책에서는 호모 데우스의 도래와 함께 미래에 일어날 일에 대비하기 위해 하라리가 한 제언들이 과연 현재 인류가 처한 문제를 해결할 수 있는 구체적 방안이 될 수 있을지를 살펴보고자 한다.

특히 하라리는 기성종교의 허구성을 지적하면서, 더 이상 기성종교는 인류에게 도움이 되지 않으리라고 보면서 앞으로는 신흥종교인 데이터교가 성행하리라고 전망하고 있다. 그가 말한 데이터교에서는 인간을 포함한 모든 유기체가 알고리즘이라는 믿음 하에 모든 것을 데이터 알고리즘에 의해 바라보고 있다. 한시도 손에서 스마트폰을 내려놓지 않는 현대인들은 자신도 모르는 사이에 이미 데이터교의 신도가 되어 버렸는지도 모르겠다. 하라리의 말대로라면 기성의 제도종교들은 앞으로 다가올 미래에 대해 어떻게 대처해 가야 할까? 오늘을 살아가는 종교인에게 있어 지금이 바로 하라리의 물음에 대해 응답해야 할 때가 아닌가 싶다.

이렇듯 제반 문제의식에서 나온 이 책은 인공지능 시대에 일어날 변화와 하라리의 제언에 대한 종교인들의 응답으로 꾸며졌다. 그러나 꼭 종교인이 아니더라도 하라리의 제언은 현대를 살아가는 우리 모두에게 앞으로 다가올 문제들을 숙고해보기를 촉구하고 있다. 이 책을 접하는 모든 이에게 인공지능 시대를 맞이하는 자신이 어떻게 다가올 미래에 대처해 가야 할지를 숙고하는 데 도움이 되기를 바라는 마음 간절하다.

씨튼연구원 원장 최현민

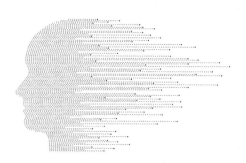

생각, 그것은 명상에 방해가 될 뿐인가? / 225

• 최현민 •

호모 데우스, 호모 사피엔스의 재앙인가 미래인가?

- 유발 하라리의 『호모 데우스』에 대한 신학적 성찰 -

──────────── 이정배(목사, 전 감신대 교수, 현장顯藏아카데미 원장)

1. 들어가는 글

유대인 역사학자 유발 하라리의 책 『사피엔스』[1]에 이어 후속편인 『호모 데우스』[2]도 독자들의 비상한 관심을 끌고 있다. 유대-기독교 문명에 대한 총체적 비판을 담고 있으며 인류 전 역사에 바탕하여 포스트 휴먼 시대를 흥미롭게 예견하고 있는 까닭이다. 앞선 두 책을 문답 형식으로 정리한 『21세기를 위한 21가지 제언』[3]을 비롯

──────────

1　유발 하라리, 조현욱 옮김, 『사피엔스』, 김영사, 2015.
2　유발 하라리, 김병주 옮김, 『호모 데우스』, 김영사, 2017.
3　유발 하라리, 전병근 옮김, 『21세기를 위한 21가지 제언』, 김영사, 2018.

하여 세계 석학 8인의 이름으로『초超예측』[4]이란 책도 공저로 펴냈다. 최근 스스로 동성애자임을 밝히면서 그의 사상은 더욱 관심을 받게 되었다.

본래 '중세 전쟁사'를 주제로 박사논문을 썼던 그가 '인류사'를 정리하고 미래를 예측한 것은 '인간의 어리석음'에 대한 경종警鐘을 울릴 목적에서였다.[5] 생태계 파괴, 핵무기, 그리고 인공지능 시대에 이르게 한 기술혁신을 인류 최대의 난제로 여겼던 그는 야기될 위기를 극복할 수 있는지에 대해 회의했다. 지금껏 인류는 힘을 얻고자 했을 뿐 그것으로 행복을 만들지는 못했기 때문이다.

또한 그는 자신의 출처인 도그마화 된 유대적 종교성(민족주의)에 이의를 제기하였다. 인간 본성을 억압하는 유대-기독교 문명에 대해 예리한 비판자가 된 것이다. 본래 이야기꾼인 호모 사피엔스, 그가 만든 허구적 산물로서의 종교가 사람을 강제하는 교리로 작동하는 것을 용납할 수 없었던 까닭이다. 동성애적 성향을 갖고 태어난 자신의 존재가 유대적 인습 속에서 부정당했던 경험이 크게 작용했을 것이다. 그렇기에 그는 유대 전통을 떠나 불교적 명상에 천착했고, 그것으로 인류의 어리석음을 깨칠 것을 주장했다.[6]『호

---

4 유발 하라리 외, 정현옥 역,『초예측』, 웅진지식하우스, 2018.

5 『호모 데우스』, pp.88~89, pp.542~543; 이정배,『세상 밖에서 세상을 걱정하다-이정배의 수도원 독서』, 신앙과지성사, 2019, p.405, p.431.

6 『21세기를 위한 21가지 제언』, p.467 이하 내용 참조.

모 데우스』나『21세기를 위한 21가지 제언』의 결론을 모두 명상으로 수렴시킬 정도로 말이다. 이런 주장은 일체 종교를 스토리텔링의 결과물, 곧 '허구'로 보는 그의 생각만큼이나 검증, 토론되어야할 것이다.

유발 하라리의 책들을 관통하는 하나의 키워드는 '진화'이다. 하지만 창조와 진화가 양자택일적 개념이 아닌 탓에 유대인임에도 불구하고 '창조'의 여지를 남기지 않은 것도 그가 인류 역사의 미래를 부정적으로 예측하는 이유가 될 듯싶다.

오늘 세미나에서 집중적으로 다룰 책은『호모 데우스』이다. 이 책은 인류 과거사를 다룬『사피엔스』와 달리 인류의 미래 역사를 상상했다. 앞서 말했듯이 이 두 책을 관통하는 흐름은 오직 '진화' 그 하나뿐이다. 기술혁신으로 '신神이 된 인간'의 출현은 기정사실화되었다. 그렇지만 하라리는 동시에 진화의 브레이크도 요청했다. 힘을 축적한 인간이 그것으로 행복을 얻기를 바라서이다. 그러나 정작 하라리는 인류의 진화를 낙관치 못했다. 정보력의 홍수, 소위 '데이터교敎'의 출현과 인공지능 탓에 인본주의(호모 사피엔스)가 무너질 것을 염려한 것이다. 이 과정에서 있는 그대로(如如)의 자연이 무가치해지고 인간 본질의 급격한 해체가 비롯된다. 소위 기계인간의 등장으로 인간사회 내에 종차種差가 발생, 심화될 것이며, 그로써 인간사회 속에 돌이킬 수 없는 존재론적 갈등이 항존하게 될 것이다. 종래의 종교적 가치들, 곧 불사와 영생마저 산업화됨으로써 가진 자들의 전유물이 될 확률이 대단히 높다.

그의 책 『호모 데우스』에는 이런 미래가 적시되었고, 동시에 이것을 '화재경보'[7]로써 예고했다. 자연과 인간을 부정하고 영생 불사하는 기계인간, '호모 데우스'로의 이행과 빅데이터가 지배하는 자유 없는 사회의 도래가 바로 만물의 영장이라 불렸던 '호모 사피엔스'가 처할 운명이라고 말이다. 이처럼 자연적 인간이 열등해지는 이런 미래가 아주 멀리 있지 않다. 빠른 속도로 진행되고 있는바, 눈앞의 현실에서 충분히 체감할 수도 있다. 그렇기에 하라리는 우리에게 '호모 데우스'의 길로 갈 것인지, 아니면 가는 길을 돌이켜 '호모 사피엔스'에 제대로 머물 것인지를 묻고 있다.

그의 질문에 답하고자 우리 종교인들은 본 심포지엄 제목을 "호모 사피엔스의 미래가 호모 데우스일까?"로 정했고, 인간 본성마저 뒤바꾸는 기술혁신에 대해 각기 종교적 배경에서 우려를 표하고, 나름 대안을 제시코자 했다. 언급했듯이 하라리 스스로도 이미 대안을 제시했다. 이곳저곳 자신의 글에서 명상을 통해 '호모 사피엔스'의 완성을 추구한 것이다. 하지만 신자유주의 체제 속에서 어머니들까지 일터로 내몰리는 현실에서 '명상'이 이들에게 '연목구어緣木求魚'가 될 수 있을 것 같아 걱정이다. 창조주 신앙을 지닌 기

---

7 본래 '화재경보'란 말은 독일 사상가 발터 벤야민의 개념이다. 진화, 진보만 추동하는 서구 문명의 궤도 수정을 위해 '화재경보'란 말을 사용하였다. M. 라비, 양창렬 역, 『발터 벤야민 – 화재경보』, 난장, 2017.

독교인들에게도 충족한 답이 되기는 쉽지 않아 보인다. 이보다 더 큰 문제는 정작 하라리 자신도 호모 사피엔스의 미래를 부정적 혹은 불가피한 것으로 본다는 사실이다. 그렇다면 도대체 '호모 데우스' 시대를 이렇게 손 놓고 맞이해야만 할까? 이 점에서 종교학자들이 본 세미나를 통해 머리를 맞댄 것은 대단히 의미 깊다.

이 글에서 필자는 하라리의 문제의식을 총론적으로 서술하고 그에 대한 의견을 제시할 것이다. 즉 생태계 위기, 인간 본성의 변화, 사회적 격차, 영생과 불사不死의 산업화, 새로운 종교로서의 데이터교敎의 문제, 그리고 명상의 유용성 등의 문제를 서술할 것이고, 필자의 고유한 시각을 큰 틀에서 언급할 생각이다. 이들 각각의 주제에 대한 세밀한 탐색은 여러 종교에 속한 학자들의 몫이 되겠다. 이하의 글은 다음 순서로 진행된다.

우선은 진화과정에서 승자가 '호모 사피엔스'라는 것에 대한 하라리의 생각을 정리하겠다. 인간의 본성, 본질을 정확히 알기 위함이다. 지구를 인류세人類世로 이끌었으나 생태계를 파괴한 인간의 죄과도 밝힐 수 있다. 간間주관적 실재를 창조하여 세계에 의미를 부여했던 인간이 지배력을 잃게 된 상황을 설명할 것이다. 둘째로 기술력의 발전으로 인간 본성에 대한 달라진 이해, 소위 '포스트 휴먼'으로서의 새(新) 인간의 탄생이 주제가 될 것이다. 다음으로는 이런 인간상像에 걸맞는 새로운 종교로서의 데이터교의 성립과 그 실상을 서술할 것이다. 지금도 서서히 생성 중인 빅데이터로 인해 인류의 미래는 철저히 통제당할 것인데, 한때 종교적 주제가 되었던 자유의지는 언급될 여지조차 없을 것이다. 이런 화재경보를 통해 진화의 흐름을 바꾸고자 하라리가 내건 명상이 어떻게 역할할지 살피고, 그에 대한 긍정적 견해를 밝힐 생각이다. 마지막 4장에서는 『호모 데우스』를 집필한 하라리의 문제의식이 지닌 문제점을 살펴보겠다. 인류사를 서술한 관점, 종교를 바라보는 태도, 인간에 대한 이해, 사회적 격차(난민)를 바라보는 시각, 그리고 위기 극복을 위한 해결책 등에 대해 본격적으로 토론할 것이다.

2. '호모 사피엔스', 그는 누구이며 어떤 과제에 직면했는가?

생명 진화과정에서 지구 위 최후 승자가 된 인간, 호모 사피엔스, 그가 어떤 존재였는지를 『사피엔스』가 설득력 있게 보여주었다. 『호모 데우스』 1부를 통해 앞선 책의 내용을 다시 요약한 것은 호모 사피엔스에게 새로운 긴급과제가 나타났다고 경고할 목적에서이다. 호모 사피엔스, 그도 이제 지배력을 잃을 시점에 이르렀다는 것이다. 이어진 책 『21세기를 위한 21가지 제언』은 기술, 생태, 정치적 도전 속에서 인류에게 희망이 있는가를 묻는 책이다. 앞서도 말했듯이 부정 쪽에 마음을 두지만, 희망을 찾고자 하기에 저자의 책들은 읽혀질 가치가 충분하다. 이하에서는 본고 첫 장의 내용을 제목에 맞게 정리하며 논지를 이어가겠다.

우선 저자는 침팬지와 인간 유전자가 98% 이상 동일하지만 인간 세계가 이처럼 펼쳐진 것은 7만 년 전의 인지혁명 때문이라고 하였다. 그 영향력이 이후 농업혁명(1만2천 년 전)과 과학혁명(5백 년 전)을 통해 잘 드러났다고 보았다. 인지혁명으로 지구상에 문화가 생겨났고 그것이 이어져 쌓인 과정이 역사가 된 것이다.[8]

인지혁명은 뇌가 커진 데 기인한다. 뇌 용량이 커진 탓에 인지능력이 생겨났던 것이다. 하지만 이 과정에서 호모 사피엔스는 나름 대가를 치러야 했다. 왕성한 뇌(뉴런) 활동이 상대적으로 근육을 퇴화시켰고, 필요한 열량(먹거리)을 얻고자 많은 시간을 썼으니 말이다. 이를 위해 인간은 직립 존재로 진화해갔다. 직립했기에 더 먼 곳을 응시할 수 있었고, 자유로운 두 손 덕분에 도구를 만들어 사냥을 쉽게 했던 것이다. 그러나 직립은 출산하는 여성들에게 큰 고통을 주었다. 산도産道가 극히 협소해진 탓에 출산이 어려워졌던 것이다. 산모를 위해 아기는 미숙한 상태로 태어나야 했고, 미숙아를 돌보는 적정규모의 사회구조가 필요했다. 그리고 인지능력의 발달은 생존을 위한 교육, 사회화하는 기간이 다른 동물보다 길었기에 가능했다. 이로써 인간은 빠른 시간 내에 생태계 정점에 오를 수 있었으나, 상대적으로 그 기간이 빨랐기에 부不적응자가 되어

---

8 이하 내용은 『사피엔스』 1부 내용에 해당되는 '인지혁명'을 주제로 필자가 비판적으로 재구성한 것이다. 상세한 각주는 생략한다.

오히려 생태계를 파괴하는 존재가 되었다는 것이 하라리의 생각이다. 여기에는 불을 사용한 것이 결정적인 이유가 되었다. 화식火食으로 음식 소화력을 여타 동물보다 5배 이상 높여 뇌 에너지를 공급할 수 있었다. 나아가 불은 개체의 능력(힘) 대소大小에 관계없이 생태계 전체에 영향을 미치는 도구가 되었다.

하지만 하라리는 호모 사피엔스가 세상을 정복한 결정적 이유를 언어사용 능력에서 찾았다. 개체들 간의 의사소통 수단이 명백하게 생겨났던 것이다. '돌연변이(Mutation)'로밖에 설명할 수 없는 정보전달 능력, 심지어 허구를 상상하고 말할 수 있는 능력의 창발, 이것을 인지혁명의 꽃이라 여겼다. 함께 상상하며 이야기를 짓고 협력하며 살게 된 '호모 사피엔스', 이들은 이제 신화와 종교를 만들어 자신들 삶의 구심점으로 삼았다. 이로써 동종 사피엔스들은 상호 협력을 이끌어냈고, 그로써 지구 지배자의 길을 걷게 된 것이다.

여기서 필자는 다음 두 가지 면에서 의문을 갖는다. 우선은 호모 사피엔스가 진화의 시간을 압축시켜 생태계 파괴의 전조前兆가 되었다는 저자의 주장이다. 작금의 생태계 파괴 원인을 이미 호모 사피엔스의 진화과정에서 찾고자 했기에 하는 말이다. 진화란 최적의 상태에서 이뤄진 것일 뿐 인위적으로 앞당겨지거나 늦춰질 수 없는 법이다. 이런 식의 환원과 소급은 생태계 위기 해결에 결코 도움이 되지 않는다. 생태계 위기에 빠르게 적응하는 것이 또한 인간이라는 결론을 유추할 수 있는 까닭이다.

다음으로 신화와 종교를 허구로 보는 저자의 시각이다. 하라리에게 종교는 인간 상상력의 산물, 허구적 이야기의 집적이었다. 상호 협력을 매개하는 실용적인 상징이라 해도 좋겠다. 그러나 종교 이해에 있어서 차축車軸 시대 전후를 구별할 필요는 있어야 했다. 축軸의 시대를 경험한 인류에게 종교는 각기 다른 방식이겠으나 자신들 '내면'을 찾는 지난한 과정을 발전시켰고 초월적 가치를 지향했으니 말이다.[9] 그렇기에 종교를 실용적 차원으로 환원시켜 이해하는 것은 삼갔으면 좋았을 것이다. 저자가 명상을 강조하는 것 역시도 정작 그 실용성 때문이었다. 결과적으로 진화의 시간을 앞당겼던 인간 유전적 성향과 초월을 망각, 축소시킨 종교 이해가 하라리로 하여금 인류미래를 긍정, 낙관할 수 없도록 했을 것이라 판단한다.

인지능력을 발달시켜 신화와 종교를 갖게 된 '호모 사피엔스'는 어느 집단보다 강력한 협력공동체를 이룰 수 있었다.[10] 하지만 이들의 인지능력과 협력은 다른 집단을 억압했다. 수렵과 채집 시대를 끝내고 집단농업 시대(기원전 9500~8500년)로 접어들면서 동물

---

9 카렌 암스트롱, 정영목 역, 『축의 시대』, 교양사, 2010; 이정배, 『세상 밖에서 세상을 걱정하다-이정배의 수도원 독서』, pp.347~358.

10 이하 내용 역시 『사피엔스』 2부에 해당되는 '농업혁명' 부분을 비판적으로 재구성하여 약술한 것이다.

과 식물을 조작 관리하는 일에 매진한 까닭이다. 자연 생태계에 인간의 힘이 개입되어 이를 변형시켰던 것이다. 동식물의 재구성, 이것이 인류의 진화 역사였고, 지금도 신자유주의 체제를 통해 겪고 있는 모순이다. 인간이 인간을 지배, 조작하는 지경이 되었으니 말이다.

여하튼 농업혁명 시기, 인구는 폭발적으로 늘었고 더 많이 일했으나 먹을 것은 항시 부족했다. 인간 집단에서 계급(의식)이 출현하는 것도 이 시기였다. 특정 계급만이 소유할 수 있는 사치품도 이 시기의 산물이다. 지배자들이 잉여 농산물을 착취, 축적한 결과였다. 그럴수록 고된 노동으로 인한 무수한 질병도 생겨났다. 하지만 이들의 수고가 정작 정치, 역사, 철학, 예술을 발전시킨 것은 모순이지만 또한 현실이다.

종교 역시 이런 기반에서 태동, 발전되었다. 씨/부족이 연합하여 도시를 일궜고 그곳에서 뭇 사원이 생겨나기 시작한 것이다. 큰 이야기들이 거듭 지어졌고 사회적 결속을 위한 수단으로 사용되었다. 종교를 기반으로 생겨난 엄청난 네트워크가 지구 도처에서 생기했다. 그러나 이것은 실상 피라미드 체제 속에서 행해진 압제와 착취의 결과물들이었다. 그럴수록 이런 질서를 자연법 내지 신적 실재로서 풀어내고 확신시키는 이야기들이 더 많이 만들어졌다. 그러나 사실 이런 허구적 상상을 깨부수었던 것이 석가이고 공자였으며 예수가 아니었던가? 상상에 의해 조작된 질서와 신적 질서는 결코 같을 수 없다. 이렇듯 종교 창시자들의 순기능을 강조하는 것이 호모 사피엔스의 정점인 인지기능의 부정적 측면을 축소, 교정할 수 있는 첩경이자 인류의 미래를 밝게 볼 이유가 될 수 있을 것이다.

　농업혁명으로 인류 역사는 점차 문화적 보편성을 띠게 되었다. 언어 기록, 화폐 사용, 제국의 탄생, 종교의 보편화가 바로 그 현상들이다. 축적된 잉여농산물의 교환을 위해 화폐가 사용되었고, 자신들 지배 가치를 강요하는 제국을 건설하여 민족들의 독창성(다양성)을 역사에서 지워버렸다.[11] 주지하듯 화폐가 인류를 묶어주는 상징물이라면 제국은 그 실상이 된 것이다. 또한 전쟁과 대량학살, 그리고 노예제도는 제국을 유지, 존속키 위한 방편이었다. 이 과정에서 문화의 융합이 일어났고, 이것이 역설적이게도 인류 문명을 발전시켰다. 현존하는 인류 문화는 거지반 제국주의 시대의 산물들이다. 앞으로도 인류는 하나의 제국 안에 살 공산이 크다. 이미 신자유주의, 자본주의라는 제국 체제 속에서 살고 있기도 하다. 이 경우 독립된 국가, 국민이란 말이 가능할지 모르겠다. 지구 온난화 등의 세계적 차원의 문제 탓에 개체성의 의미가 반감될 수 있는 까닭이다. 우리와 그들을 나눠 '낯섦'을 배척하고 '같음'에 유대(결속)

11　이하 내용은 『사피엔스』 3부에 해당되는 기원전 5천년 시기에 있었던 '인류 통합'의 역사를 비판적으로 재구성했다.

하던 삶의 방식 역시 더 이상 유효치 않을 수 있다. 인류 모두가 환경과 같은 공통의 문화와 이익에 의해 유지될 것이기 때문이다.

화폐가 그랬듯이 종교 또한 인류를 강력하게 통일시키는 매체였다. 인류를 제국화시키는 매체가 바로 종교였던 것이다. 구속력(초월성) 있는 가치와 규범을 제시함으로써 제국을 존속시켰다. 이후 유일신교로 발전된 기독교 역시 실상 제국 로마를 위한 이념적 역할과 도구로써 수용되었다. 그러나 점차 종교의 시대가 저물고 과학혁명의 시대가 도래했고, 기술발전을 통해 무기경쟁이 시작되어 제국들 간의 전쟁이 빈번해졌다. 이 시기에 급속하게 종교의 세속화가 일어났고 무수한 대체 종교들이 세상에 등장했다. 자유주의, 공산주의, 자본주의, 민족주의, 인본주의, 국가사회주의 등이 바로 그 실상이다.

여기서 우리는 근대의 뭇 이념 모두를 대체 종교들, 이야기꾼 인간에 의한 상상(허구)의 산물로 여기는 하라리의 시종일관된 시각을 재차 접한다. 그럼에도 하라리는 이러한 발전이 과연 참된 것인지를 자문했다. 서구 제국주의에 반해 민족자결을 외쳤던 반식민지 독립투쟁의 역사를 아는 탓이다. 물론 민족주의의 한계도 있겠으나 과도한 (종교)제국주의의 후유증이 지금 유럽 각지에서 난민 문제로 불거지고 있다. 하라리가 『21세기를 위한 21가지 제언』에서 정치적 도전을 역설한 것도 이런 현실의 반영일 것이다.[12]

하지만 생태계 문제처럼 하라리의 대답은 그렇게 만족스럽지 않다. 이민을 인종주의에서 문화주의로의 이행과정이라 보았기에 제국적 식민주의에 대한 인류의 투쟁, 그 가치에 많이 소홀했다. 만약 그의 논지라면 일본에 의한 식민지 근대화론이 인정될 수밖에 없다. 자연 진화에서 불가피했던 약자의 고통을 인류사에 적용시켰기에 이 과정이 당연시된 듯싶다. 그러나 실패한 과거를 구원하는 일, 약자들의 억울한 고통을 치유하는 과정 없이는 진보가 결코 발전일 수 없다는 사실도 기억해야 할 것이다.[13]

3. 포스트 휴먼으로서의 신新인류, 그는 어떻게 달라졌는가?

생태학적, 정치적 위기보다도 하라리는 정작 호모 사피엔스가 이룬 기술적 진보의 위협을 강조했다. 인지의 발달로 농업혁명을 거쳐 제국을 형성했으며, 나아가 과학혁명까지 이룬 인류가 지금 '호모 사피엔스'로서의 자기 정체성을 위협받고 있기 때문이다.[14] 기아와 질병으로부터 해방되고 상대적으로 평화를 누렸으며, 인간은

---

12 『21세기를 위한 21가지 제안』, 2부 내용(pp.137~236) 참조.

13 이 역시 앞서 '화재경보'란 개념을 만들었던 W. 벤야민의 관점이다. 필자는 이를 근거로 '다른 기독교'를 상상했었다. 이정배, 「종교개혁 以後 신학으로서 '역사유비'의 신학, 그 아시아적 함의」, 『종교개혁 500년 '以後' 신학』, 모시는사람들, 2017, pp.479~506.

14 이하 내용은 『사피엔스』 4부(과학혁명) 내용을 약술한 것이다.

이제 자신의 자연적 한계마저 폐기할 만큼 기술진보를 이뤄냈다. 하지만 자연 생태계를 붕괴시키는 것 이상으로 인간의 본질을 바꾸는 이런 기술이야말로 반反생태적이라 말해야 옳다. 성장 신화가 추동한 인류의 야망이 지금 불멸不滅, 불사不死에까지 이르렀고 행복 역시 기술적(화학적)으로 추구했으니 말이다. 이것이 호모 사피엔스의 미래인 '호모 데우스'의 실상이다. 죽음과의 전면전이 유전공학, 재생의학, 나노기술의 발달과 더불어 시작되었고, 죽음 해결을 과학기술(생화학)의 핵심목표이자 산업으로 삼은 결과였다.

이렇게 태어난 신新인간, 기계와 접목되고 기술로 재구성된 존재를 흔히 '포스트 휴먼'이라 하고, 하라리는 이를 '신이 된 인간(호모 데우스)'이라 명명했다. 종교적 주제였던 영생/불사가 해결 가능한 기술공학적 사안이 되어 버린 것이다. 그러나 이로 인해 돈(자본)의 유무로 자연인간과 호모 데우스 간의 종차種差까지 걱정하는 기막힌 현실에 처할 수 있다. 이와 함께 기존의 것을 대체하는 새로운 종교, 소위 '데이터교敎'가 생성 중이다. 하지만 이런 기술과 종교는 인류 미래를 위해 해害가 될 것이다.[15] 그럼에도 인간의 어리석음이 기술을 진보시켜 이 지경에 이를 것을 예견했으니 참으로 기막힌 역설이다. 이는 3장의 주제가 될 것인 바, 본장에서는 우선 기술진보로 인해 '호모 사피엔스'가 얼마나 자신의 본질을 일탈했고,

---

15 이에 관해서는 『호모 데우스』에서 집중적으로 다루고 있다.

그로써 역설적으로 자신의 지배력을 잃게 되었는가를 살펴보겠다.

근대에 이르러 과학혁명을 이룬 인류는 신神과 자연을 침묵시키며 인간 자신을 앞세웠다. 소위 인본주의를 발현시킨 것이다. 이것은 의미(종교)를 버리고 힘(과학)을 추구한 결과였다. '신의 죽음'과 '인간의 힘', 이 두 키워드로 대변되는 근대는 신과 자연에게 속한 역할을 인간에게 부여한 것이다. 신이 사라진 무의미한 세계에서 인간만이 이제 우주에 의미를 주는 유일한 존재가 되었다.[16] 인간 경험이 우주 의미를 창조하기에 이른 것이다. 신 대신 자신을 믿은 인간이 의미의 최종 원천이자 권위가 되었다는 말이겠다. 그래서 인본주의는 종종 인간 중심주의와 등치된다. 탈脫자연화란 말과도 의미 상통한다. 지금 눈앞의 생태계 붕괴, 환경 부정의 현실도 여기서 비롯된 것이다. 아마도 저자는 이 단계에서도 인간 진화(적응) 과정이 상대적으로 빨랐던 탓이라 여길지 모르겠다.

여하튼 신 대신 자기 내면의 소리에 방점을 둔 근대적 인간에게 난제가 발생했다. 의미를 부여하는 뭇 감정들이 상충할 때 해결책을 찾아야 했던 까닭이다. 주지하듯 중세 지식이 성서와 논리에 기초했고 과학의 경우 데이터와 수학에 의존했다면, 인본주의는 내면 경험을 감수성으로 파악하여 앎을 추구했다. 여기서 경험은 주관적 현상(감각·감정·생각)이고, 감수성은 경험이 자신에게 미치고

---

16 『호모 데우스』, p.306 이하 내용을 재구성한 것이다.

수용되는 영향력을 일컫는다. 감수성 없이 경험할 수 없고 경험 없이 감수성을 계발할 수 없는 노릇이다. 하지만 인본주의는 경험 간의 충돌을 이해하는 방식에 있어 차이를 드러냈다. 인간 개인의 경험을 절대시하는 입장(자유주의)이 있었고, 타자 경험을 우선시하는 생각(사회주의)도 키워진 것이다.[17] 경험들이 갈등할 경우엔 제3의 최적 경험이 나타날 수 있다(진화론자)는 시각도 생겨났다. 하지만 전자는 문화우위 논리에 빠졌고, 중간 것은 정치에 책임을 돌렸으며, 마지막은 허무한 공수표를 날린 꼴이 되었다.[18] 이런 연유로 근대 인본주의는 쇠퇴의 길을 걷게 된다. 심지어 첫 번 그룹에 속하는 자유주의자들의 경우 핵무기 옹호자가 되었으니 인본주의는 인류 미래를 위해 그 효력을 잃게 된 것이다. 이로써 새로운 인본주의라 불리는 포스트 휴먼의 길이 생겨났다.

지금껏 서구는 사실 자유주의적 인본주의자들이 대세를 이뤄왔다. 평등보다는 자유, 집단보다는 개인을 우선하며 시장을 지배해왔던 것이다. 핵무기 옹호 및 확장도 이런 선상에서 이뤄진 결과였다. 여기서 물음이 발생한다. 이들이 선호했고 지키려 했던 자유 혹은 자유의지라는 것이 과연 실재하는가?라는 질문이다. 과거 신학자들 사이에서 자유의지와 은총(豫定), 이 둘 중 무엇이 앞서는가를

---

17 위의 책, p.342 이하 내용 참조.
18 위의 책, p.360, p.363 이하 내용 참조.

두고 긴 세월 싸워왔으나[19] 은총은 물론 자유(의지)조차 실상은 존재하지 않는 것으로 판명되었다. 자연선택을 통한 진화가 이런 자유의지를 실종시킨 것이다. 인간 욕망을 자유의지의 산물이 아니라 뇌의 생화학적 과정의 결과로 보기도 했다. 아직도 이것이 신학 영역에서는 핵심 주제로 남아 있기도 하지만 말이다.

하지만 작금의 현실은 약물, 유전공학, 뇌 조작 등을 통해 유기체(인간)의 욕망을 얼마든지 조절, 통제할 수 있게 되었다.[20] 예컨대 뇌의 특정 부위를 자극시켜 사랑, 분노, 우울, 두려움 같은 감정의 생멸生滅을 조정하기에 이른 것이다. 궁극적으로 뇌 회로를 조작하여 자유만이 지배하는 세상에서 자유 자체를 지배할 것인데, 그럴 경우 인간의 자유의지, 달리 말해 욕망 역시 사고 팔리는 상품처럼 취급될 수 있을 것이다. 이에 더 나아가 자유를 담보한 개인(주의)에 대한 확신도 소멸 중이다. 보았듯이 자유주의와 개인주의는 동전의 양면처럼 본래 하나였다. 자아 없이는 자유주의란 말 자체가 성립될 수 없는 까닭이다. 그러나 이제 자유뿐 아니라 개인을 구성하는 자아도 부정되고 있다. 지금껏 자아를 플라톤적 이데아의 내적 표현처럼 불변하는 것으로 인식했으나 이젠 그 속성이 부정되고 나뉠 수 있는 어떤 것으로 이해되었다. 좌/우뇌의 구별을 통해

---

19 어거스틴과 펠라기우스, 루터와 에라스무스 간의 논쟁, 그리고 칼빈 신학과 감리교 신학 간의 토론을 기억하라.

20 『호모 데우스』, pp.386~399 내용 참조.

인간이 전혀 다른 존재가 될 수 있기 때문이다. 삶을 지배하는 인간 결정은 좌/우뇌의 줄다리기에서 비롯한다는 것이다. 하라리는 출산의 경우를 예로 들며 전자를 '경험하는 자아'로, 후자를 '이야기하는 자아'로 대별하여 설명했다.[21] 출산 때 고통을 느끼는 주체를 '경험적 자아'라 한다면, 그 고통을 환희와 충만의 기쁨으로 바꾸는 주체를 '이야기하는 자아'라 한 것이다. 고통만 자각하면 출산은 결코 반복되지 못할 것이다. 그 고통을 기쁨으로 바꿔 기억하는 주체가 있어야 생명 탄생이 지속될 수 있다.

지금껏 우리는 경험을 근거로 이야기를 짓는(상상하는) 뇌 시스템을 자신과 동일시했다. 그러나 이야기하는 자아 역시 상상 속의 허구일 수밖에 없다. 머릿속 기억이 결코 자신일 수 없다는 말이다. 이로써 신은 물론 자유의지 또한 삶의 의미 부여자가 아닌 것이 더 확실히 드러났다. 자아마저 부정되었으니 세상을 지배했던 인간, 인본주의의 종말에 이른 것이다.

이제 인간뿐 아니라 이야기꾼 호모 사피엔스가 만든 세상도 달라지고 있다. 인공지능이 인간의 인지능력을 능가하게 된 결과이다. 사람보다 지능 높은 시스템이 개인 자유를 실종시키고 있다. 바둑 천재를 이겼던 인공지능 알파고의 출현이 그 서막이었다. 개인 존재성에 대한 믿음 또한 사라져버렸다. 때론 천부적 인권이란 개

---

21 위의 책, pp.404~411 내용 참조.

넘조차 부정되고 있다. 네트워크로 얽혀진 알고리즘의 관리체계 하에 있는 생화학적 기제들의 집합체로 여겨졌으니 말이다. 시스템에 의존하는 인류의 미래 속에서 개인 혹은 자유라는 가치는 어불성설이다. 이후 인간 삶에 있어서 유전자와 환경에 의한 결정론이 더 기승을 부릴 수 있겠다. 그 영향력이 대개 87% 정도로 알려진 유전자, 그것을 조작하여 인간을 재구성할 수 있게 된 것이다. 인간과 침팬지의 유전자 차이가 5% 이내인 점을 감안할 때 유전자 조작으로 새로운 또는 우량한 인간 종種 탄생이 이론적으로 가능하다. 하지만 기술은 유전자 조작보다 기계인간의 길을 선호할 것이다. 윤리적 시비로부터 상대적으로 자유롭기 때문이다.

여하튼 인공지능과 결합된 기술 인본주의가 4차산업 시대의 중핵이 될 것이다. 인간과 기계를 혼종混種시킨 '사이보그'의 탄생을 당연시한다. 현재로선 지능과 의식이 철저하게 분리된 상태로서 말이다. 조만간 디지털 의식 이동기술로 의식(기억) 자체의 복사도 가능할 수 있겠다. 그 전 단계로 감정을 지닌 로봇의 출현도 예상할 수 있을 것이다. 이 경우 인간과 기계 간 구별이 사라져 인간(인본) 중심주의를 논할 여지가 없다. 여하튼 알고리즘과 유전자를 통해서 탄생된 신인간은 분명 호모 사피엔스보다 우월할 것이다. 그러나 인간이 기계로 환원될 수 있는가의 물음이 남는다. 시스템, 즉 알고리즘이 자유의지를 대신할 경우 그 책임도 자기 몫이 되어야 하는 까닭이다. 그래서 『나는 뇌가 아니다』[22]라는 책도 나왔고, 나

올 수밖에 없다. 데이터에 질서를 부여하는 능력은 결코 물질(기계)로 환원시켜 답을 구할 수 없다고 했다. 이 점에서 이야기꾼 역할자로서의 인간 본질을 퇴각, 퇴화시켜서는 아니 될 일이다. 그래서 하라리 역시 호모 데우스로 불리는 기계인간 대신 호모 사피엔스 자체의 업그레이드를 선호, 요구했다.

 필자가 보기에도 기계인간은 인간의 자연성을 부정한 반反생태적 발상의 산물이다. 호모 사피엔스가 자연 생태계를 망가트렸다면, 신인류는 이제 인간 생태계를 부정하는 결과를 초래했다. 무엇보다 자신의 육체(몸)를 홀대하는 인간의 탈脫자연화가 급속히 번질 것이며, 나아가 인지적·미적·육체적 영역에서 발생한 종차種差를 심화시켜 사회적 불평등을 더욱 공고히 할 것이다. 과거 자유주의는 부족하나마 서로 다른 경험에 동일한 가치를 부여하는 방식으로 불평등을 해소했었지만, 인간 자체를 다른 종種으로 만들려하는 기술 인본주의는 이런 (자유주의) 가치를 단숨에 허물 수 있다.[23] 쓸모없는 대중과 초超지능을 지닌 알고리즘(호모 데우스) 간의 (생물학적) 계급분화의 심화, 이것은 한마디로 자유주의, 인본주의의 종말을 일컫는다. 이런 우려에도 기술 인본주의와 데이터교敎, 이 둘은 상호협력하며 호모 사피엔스와 그가 만든 세상을 무력화

---

22 마르크스 가브리엘, 전대호 역, 『나는 뇌가 아니다』, 열린책들, 2018.
23 『호모 데우스』, p.426, pp.435~437.

시키는 틀거지로 사용될 것이다.

인간 중심적 사유에서 데이터 중심의 세계관으로 이동되면서, 즉 기계인간을 비롯한 기술종교의 등장으로 이제 축軸의 시대 종교들의 생존 자체가 위협을 받고 있다. 이 점에서 '물질이 개벽하니 정신을 개벽하자는 말'이 다시 주목을 받고 있다. 종교가 4차원 시대에 존재할 이유를 다시 찾아야 한다는 말이다. 마지막 장에서 이 말의 실제적 의미와 차원을 모색할 것이다. 이에 앞서 3장에서는 기술종교로 불리는 데이터교의 실상을 살펴 그 위험성을 적시할 생각이다.

4. 호모 데우스로의 이행을 부추기는 기술종교로서의 '데이터교', 그 위협적 실상

호모 데우스가 호모 사피엔스의 미래가 될 수 없으며, 되어서도 안 된다는 생각에서 필자는 이 글을 시작했다. 하라리 또한 같은 입장이긴 했으나 이런 흐름을 막을 수 없다는 비관론에 무게를 실었다. 종교는 본래 세계를 구원하고 행복을 추구하고 내세를 보장하는데 그 역할이 있다. 하지만 보았듯이 기술종교, 그것이 가져올 미래는 한없이 암울하다. 그렇다고 호모 데우스로의 이행이 멈춰질 것같지 않아서이다. 따라서 하라리는 호모 사피엔스의 마음을 업그레이드시켜 이에 맞설 것을 요구했다. 그의 방식이 보편적 해결책이 될 수 있을지 의문이긴 하지만 말이다.

　그럼에도 명상을 통해서 의식의 스펙트럼을 확장시켜 기술종교와 다른 길을 가야 한다는 기본 주장은 유효하다. 화학약물과 기술이 아닌 인간의 의식 확장을 통해 다른 세상을 경험할 수도 있기 때문이다. 마음을 먼저 업그레이드해야 기술진화의 방향이 더 옳고 바를 수 있다. 역으로 몸과 뇌가 먼저 그리되면 마음을 잃기 쉽고 인류 미래에 불행을 가져올 것이다. 그렇기에 하라리는 기술 인본주의의 미래를 비관했다, 그것이 인간 의식을 빼앗는 기술이 될 것이란 염려에서였다.

　하지만 인간 의식과 생각을 생화학적 반응의 산물로 본 탓에 미래는 복잡한 인간 의식을 제거하고 이를 단순하게 재설계하는 기술을 선호할 것이다. 사려 깊은 인간을 오히려 생화학적 불균형과 신경질환의 상태로 여길 것이니 말이다.[24] 그럴수록 인간에게 불편한 욕망, 헛된 이야기를 상상하는 인간을 만들고자 할 것이다. 이런 기술 인본주의는 자신의 최종 근거와 권위를 정보와 데이터에서 찾을 수밖에 없다. 개인의 경험 대신에 정보를 신神으로 만들게 된 것이다. 이 점에서 종교개혁의 으뜸 신조인 '오직 믿음' 또한 경험을 떠나서는 말할 수 없는 것이기에 개신교 신학자로서 이 실상을 직시하지 않을 수 없다. 호모 사피엔스의 존립과 기성 종교, 특별히

24　위의 책, pp.451~453 참조.

서구 종교의 생존 자체가 불투명한 것이다. 심지어 하라리는 "새로운 종교는 실험실에서 탄생될 것"[25]이란 말을 남겼다. 정보가 하느님이 된 기술 인본주의 시대, 여기서 호모 데우스와 데이터교는 동전의 양면처럼 운명공동체가 되어 버렸다. 데이터(정보)에 근거한 기술력을 통해 호모 데우스가 탄생되었기에 그 존재 자체가 오로지 정보에 종속되기 때문이다. 전자는 후자의 존립근거이고, 후자는 전자의 인식근거가 된 셈이다.

이렇게 정보를 숭배하는 데이터교가 지금의 현실이자 미래의 모습이다. 이 종교는 신은 물론 인간에게도 따스한 눈길을 보내지 않는다. 하느님의 창조, 그의 형상으로서의 인간이란 말은 더 이상 유효치 않다. 오히려 이들의 뜻 모두를 제거하고 스스로 '신이 된 인간'을 그 핵심으로 한다. 기존 종교를 무화시킨 데이터교는 우주를 단지 정보의 바다라 여기며 데이터 처리방식에 따라 모든 것이 결정된다고 믿는다.[26] 모든 것을 물질로 환원시킬 수 있다는 확신이다. 그렇기에 과학자들은 살아있는 유기체에 대한 생화학적 알고리즘 설계에 몰두했다. 알고리즘으로 유기체 비밀을 해독하여 양자 간 장벽을 허물고자 한 것이다. 생물학과 컴퓨터 공학의 연결을 통해서 가능한 일이었다. 그 결과가 생화학적 알고리즘을 뛰어넘

---

25 위의 책, p.386 이하 내용 참조.
26 위의 책, p.481 이하 내용 참조.

은 신新인간, 호모 데우스의 탄생이다.

하지만 알고리즘 설계는 여기에 머무르지 않았다. 개별 유기체 영역을 넘어서 사회, 경제의 영역조차 데이터 처리 시스템으로 여긴 것이다. 지금껏 인간이 거주하는 사회는 생산양식에 근거하여 양대 이데올로기, 곧 자본주의와 공산주의(사회주의)로 대별, 이해되어 왔다. 그러나 데이터교는 이들 이념 역시 데이터를 처리하는 방식의 차差로 이해할 뿐이다.[27] 앞의 것이 자유로운 교환 방식, 연결망을 통해 정보를 처리하는 방식이라면 나중 것은 정보를 중앙에서 집중하여 처리하는 방식이라 말할 수 있겠다. 공산주의란 모든 데이터를 소유하고 결정하는 하나의 중앙 프로세서가 있다는 뜻이다. 공산주의에 대한 자본주의의 승리로 인한 신자유주의 체제의 등장 역시 같은 논리로 설명된다. 자본주의가 추구하는 가치, 곧 자유가 도덕적으로 우월해서가 아니라 데이터를 분산 처리함에 있어 훨씬 효과적인 탓이라 한 것이다. 자본주의 체제가 떠받드는 시장이 바로 이런 역할을 하는 장場이었다. 향후 정보를 효율적으로 처리할 수 없는 체제는 그것이 자본주의일지라도 도태될 수 있다는 교훈을 남긴 것이다. 이렇듯 앞으로도 엄청난 양의 데이터와 그 처리 속도의 무한 증가로 인해 지금껏 사회를 떠받쳐왔던 제도들 상당수가 사라질 수밖에 없다. 사람들이 4차산업 시대를 불안

---

27 위의 책, pp.505~511.

하게 맞는 것도 이런 연유일 것이다.

　이렇듯 존재하는 것은 오직 정보의 바다뿐인 세상이 되었다. 소위 사이버 공간이라 불리는 이 세상에서는 주권, 국경, 심지어 사생활도 불가능해진다. 한마디로 정보처리 기술력만이 지배하는 무법천지가 된 까닭이다. 어떤 정부나 국가도 기술력을 갖지 못하는 한 자신들 주권(권력)을 빼앗길 수밖에 없다, 하물며 개인적 삶은 말할 여지가 없다. 힘이 개인과 개별국가가 아니라 정보처리 프로세서, 초대형 슈퍼컴퓨터에게 집중되니 말이다. 향후 세계는 온갖 데이터 처리 능력을 지닌 인공지능 시스템을 누가 만드는가에 따라서 권력의 향배가 결정된다. '만물 인터넷(Internet-of-All-Things)'의 등장에 관심이 가는 이유가 여기에 있다.[28] 그럴수록 지금껏 세계를 지배했던 호모 사피엔스의 몰락 속도가 빨라진다. 정보를 처리하는 시스템이 인간과 비교할 수 없을 만큼 우월한 까닭이다. 시스템에 접속되어 사는 한 그것에 종속될 수밖에 없는 것이 이들의 미래적 운명이 되었다.

　이런 데이터교는 본래 가치중립적이었으나 점차 옳고 그름을 결정할 권한을 지닌 절대 종교로 전환되었다.[29] 정보 흐름을 최고 가치로 여긴 탓에 우주적 정보를 더 많이 확장하는 것을 선한 일로

28　위의 책, p.521.

29　『호모 데우스』, pp.521~526 참조.

여겼다. 가능한 대로 많은 매체와 연결되어 다량의 정보를 생산, 소비하여 데이터 흐름을 극대화시키는 것이 절대 선이 된 것이다. 여기서 매체는 단지 인간만이 아니라 실로 모든 것을 일컫는다. 반면 이들과의 접속·연결을 거부하는 것이 악일 수 있다. 이 과정에서 인간은 정보의 흐름을 방해할 권리와 자격이 없다. 이를 옹호하고 지지하는 것만이 인간에게 요구될 뿐이다.

따라서 사람은 스스로 데이터 흐름의 일부가 되기를 자청하고 나섰다. 누구의 강요 없이 스스로 데이터교의 신자가 되기를 소망하는 것이다. 여기서 개인은 거대한 시스템 속의 작은 '칩(Chip)'이 되고 말았다. 보이지 않는 정보 흐름을 믿고 이에 빠르게 응답하는 것이 일상이자 종교행위가 된 결과이다. 그로써 개인은 자신보다 더 큰 어떤 것(정보로서의 신神)의 일부가 될 수 있다. 그럴수록 지구적 차원에서 정보를 교환할 수 없는 사람, 그런 개인의 경험은 일고의 가치가 없다. 공유되지 않은 경험은 무가치한 것이다. 이런 경험 소유자를 전통적 종교언어로 죄인이라 불러도 좋겠다. 그렇기에 '경험하고 기록하라, 기록하면 업로드하라, 업로드하면 공유하라.'[30] 이것이 데이터교의 새 계명이라 할 것이다. 하지만 이런 데이터교가 결코 인본주의 자체에 반反하지는 않는다. 오로지 인간 경험 그 자체 속에 가치가 깃들어 있다는 믿음 자체를 삭제시켰기

---

30 위의 책, p.527 이하 내용 참조.

때문이다. 데이터교는 이런 믿음을 호모 사피엔스가 지닌 죄성罪性이라 여긴 것이다. 따라서 하느님이 인간을 택했다는 기존 종교의 언어는 알고리즘이 경험보다 우선한다는 말로 얼마든지 바뀔 수 있다. 아무리 숭고한 사랑일지라도 그것이 경험인 한에서 생화학적 알고리즘의 산물이란 것이다. 신을 경험했던 인간, 그의 상상력마저 생화학적 알고리즘의 결과물로 이해한 탓이다.

이처럼 데이터교는 호모 사피엔스가 확립한 권위를 허물어트렸다. 정보가 인간을 세계 중심으로부터 추방시켰고 '만물 인터넷'이 신성神性을 대신하는 것이 바로 오늘의 현실이다. 하지만 알고리즘을 앞세우는 이런 종교를 또 다른 차원의 결정론(예정론)이라 부를 수도 있을 것 같다. 그러나 유기체의 알고리즘 그 자체는 어떻게 생겨났는가의 질문은 여전히 남아 있다.[31] 아울러 인간을 알고리즘으로 환원할 수 있는지도 더 치열하게 토론할 주제이다.

5. 호모 사피엔스의 위기, 어떻게 극복할 것인가?
– 하라리의 대안에 대한 비판적 성찰

지금껏 필자는 하라리의 『사피엔스』와 그 후속작 『호모 데우스』, 이 두 책의 내용을 가지고 논지를 서술했다. 여기서는 하라리 스스

---

31 위의 책, p.538.

로가 위기로 여긴 데이터 중심의 세계관에 대한 비판과 극복의 주제를 다룰 것이다. 이를 위해서는 21세기 호모 사피엔스가 직면한 총괄적 위기를 진단하고 대응코자 썼던 『21세기를 위한 21가지 제언』에 대한 꼼꼼한 독해가 필요하이다. 이 책에서 저자는 데이터교에 대한 비판은 물론 기후변동을 일으키는 생태계 위협, 핵무기 공포, 민족 인종주의에 처한 갈등, 이민 문제 등 정치적 난제(정의) 등을 다뤘고 해결책을 제시했다.[32] 이 책과 『호모 데우스』와 차이는, 후자가 주로 데이터 중심적 세계관을 소개했고 이에 대한 응전에 관심했다면, 전자는 호모 사피엔스가 당면한 다양한 현실적 위기에 초점을 맞췄다. 다소 먼 미레에 비해 가까운 현실에 중점을 두고 쓴 것이다. 하지만 저자의 궁극 관심은 정보가 신神이 되는 데이터교에 대한 비판에 있었고, 이를 21세기 과학의 핵심과제라 생각했다. 말했듯이 이를 위한 전제이자 해결책으로서 명상을 제시했던 것이다. 여기에는 이야기꾼에 의한 허구적 상상력으로서의 종교의 쇄락, 특별히 자신이 속한 유대-기독교 종교에 대한 불신이 크게 자리했다. 지금까지 인류가 만든 이야기(허구, 종교)의 역할이 끝났기에 새로운 이야기를 출현시켜야 한다는 요청도 커졌다.[33] 이런 정황에서 지금껏 자신들의 힘으로 행복을 만들지 못한 인류는

---

32 『21세기를 위한 21가지 제언』, 1부와 2부 내용 참조. 그리고 이 책 말미 (p.551)에 자리한 역자의 글도 참고하라.

33 『호모 데우스』, p.537; 『21세기를 위한 21가지 제언』, p.346 이하 내용.

자신들의 어리석음을 명상을 통해 치유할 것이란 믿음이 확산되고 있다. 21세기 과학시대의 종교는 명상으로 충분할 것이라 믿는 것이다. 그렇다면 더 큰 새로운 이야기는 무엇이며, 왜 명상이 주목되는지를 살필 일이다.

본장에서 필자는 하라리의 이런 시각과 비판적으로 조우하되 논지를 좁혀 생각할 것이다. 먼저 인간의 자연성을 탈각시키는 과학기술적 도전에 대한 이해를 다룰 것이며, 둘째로 서구 이민 정책에서 불거진 정의(테러/전쟁)의 문제를 생각하고, 셋째로 유대-히브리 종교 전통에 대한 하라리의 편견과 토론할 것이며, 마지막으로 인류의 어리석음에 대한 치유책으로서 명상에 대한 과도한 신뢰 등의 문제를 다룰 것이다. 여기서 내건 논쟁적인 4개 주제는 상호 연결된 주제로서 하라리의 관점과 비판적으로 대화함에 있어 유용한 얼개가 될 것이다.

1) 자연과 인간의 탈脫자연화

필자는 앞서 호모 사피엔스가 자연 생태계를 파괴했다면 호모 데우스는 인간 생태를 파괴할 수 있는 것이기에 총체적 자연, 나아가 자연 자체를 무화시킬 수 있음을 걱정했다. 이는 실상 서구 기독교 전통의 영향사史에 기인했다. 인간을 자연보다 가치적으로 우월하다고 보았던 탓이다. 소위 약/강한 인간 중심주의가 생겨나 과학혁명을 일궜고 자연을 지배하기에 이르렀으나, 그 반대급부로 자기 터전과 자신을 잃을 지경에 이르렀다. 세계를 얻은 인간이 이제 급기야 자신마저 도태시킬 생태적 위기를 맞은 것이다.

지금 이 순간도 서울 면적 100배 크기의 아마존 밀림이 불타고 있어도 언론조차 주목치 않고 있다. 이산화탄소량을 1990년도 수준으로 되돌려야 한다는 국제적 합의도 미국을 비롯한 나라들이 파기시킨 지 오래다. 석유를 비롯하여 화석연료 중독증에 걸려 있는 탓이다. 뭍은 물론 바다조차 비닐, 플라스틱 쓰레기로 가득 차 있고 남/북극해까지 여파가 미쳤으니 인류 종말이 정말 눈앞에 있다고도 말할 수 있다. 임계점에 빠르게 접근하고 있는 것이다.

오래전부터 회자된 지구 탈출 프로세스가 진행될 수도 있겠다. 생태계 위기를 기술적으로 해결 가능할 것이라 믿는 과학자들이 적지 않으니 말이다. 이런 기술은 호모 사피엔스를 호모 데우스로 이행시키는 기술과 결코 다를 수 없다. 따라서 호모 데우스를 탈脫자연화된 인간이라 말해도 좋겠다. 하라리는 이런 일을 총칭하여 인류(미래)에 대한 '기술적 도전'이라 명명했다.

자연성을 잃은 인간은 지금보다 쉽게 지구를 버릴 수 있을 뿐이다. 이 점에서 생태계 위기의 기술적 극복은 어불성설일 수밖에 없다. 이에 대한 해결책으로 하라리는 정치를 지구화하는 방식을 제시한다.[34] 민족(종족)주의의 한계를 극복하고 세계를 하나로 묶는

34 『21세기를 위한 21가지 제언』, p.195.

지구적 차원의 의식(공동체 의식)을 요청했다. 하지만 여기서 저자는 소위 축軸의 시대 종교들에게 생태계 미래를 맡길 수 없다고 비판했다. 이들 종교들이 거지반 민족주의 하에서 작동한다고 본 까닭이다. 그래서 저자는 거듭 새로운 큰 이야기를 말했으며, 기술혁신보다는 인간 의식 개발의 중요성을 역설했다.[35] 이 부분은 명상과 관련된 주제이기에 후술할 것이다.

2) 탈脫민족적 공동체주의

하라리는 민족주의가 생태계 위기 극복에 불필요하다는 전제 하에 탈脫민족적 공동체(세계)주의를 역설하였다. 그의 말대로 생태계 붕괴가 지구적 차원에서 발생했기에 민족주의로선 한계가 많고 클 것이다. 하지만 민족을 결국 허구로 보는 근대주의자들의 시각을 벗지 못했다고 생각된다. 물론 원초적(본질적) 민족주의에 대한 비판은 정당할 것이나, 민족 자체를 허구적 개념으로 내친 것은 단견이다.

최근 원초주의와 허구적 담론 사이에서 민족을 이해하는 입장이 생겨났다.[36] 애당초 민족의 인종적 기원을 부정할 수 없다는 견해이다. 생물학적 인종의 신화나 문화를 떠난 민족 개념이 성립할 수

---

35 위의 책, p.121.
36 앤서니 D, 스미스, 이재석 역, 『민족의 인종적 기원』, 그린비, 2018 참조.

없다는 것이다. 물론 인종이 근대화 과정을 통해 새로운 민족으로 재탄생된 경우도 많았기에 근대론자들의 시각도 일정 부분 타당하다 하겠다. 한마디로 민족의 자연성과 보편성과 더불어 우연성과 근대성을 동시에 수용한 견해로서 '인종적 민족주의'란 말을 성립시켰다.[37] 여기서 중요한 것은 공동체의 정체성을 드러내는 신화·상징의 의미와 내용은 시간의 흐름 속에서 변하지만 특유의 표현양식은 거의 항구적일 수 있다는 사실이다.

여기서 필자가 이 논쟁을 언급한 이유는 다음 두 가지 차원에서이다. 하라리가 말하듯 생태계 붕괴 시대에 있어 민족주의는 무용지물로 치부될 수도 있다. 하지만 생태적 다양성은 문화적 다양성과 동전의 양면처럼 함께 지속된다는 말도 기억해야 할 것이다. 따라서 지구적 의식만이 생태계 위기를 극복하는 대응방식일 수는 없다. 다양한 민족 문화와 지구적 의식의 공생·공존의 길을 모색하는 것이 정답일 듯싶다. 그럼에도 난민을 마라보는 하라리의 시각에서 이런 문제점이 여전히 반복된다. 공동체 의식을 위해 사람들이 지역을 떠나 섞여 사는 것은 좋은 일이다. 그러나 하라리는 공동체 의식을 위해 생물학적 자의식을 버리라 했다. 스스로 문제가 없지 않겠으나 그래도 유럽 문화를 수용하고 그에 순응함으로써 지구적 공동체 의식에 접근할 수 있다고 말한 것이다.[38]

---

37 『세상 밖에서 세상을 걱정하다-이정배의 수도원 독서』, p.141.

여기서 우리는 다음 두 측면에서 그의 정치의식의 심각한 빈곤을 발견한다. 우선은 유럽 난민들이 발생한 서구인들의 책무에 대한 반성이 없고, 다음으로 유럽 문화를 여전히 기준이자 표준으로 보는 서구인의 한계이다. 석유 획득을 위해 아랍세계와 그들 문화를 농락해왔던 자신들 이전 역사에 대한 반성 없이 지구공동체(의식)를 말하는 것은 정의롭지 못하고 실현 가능성도 없다.

3) 축軸의 종교의 종말

기성 종교에 대한 하라리의 시각은 민족을 바라보는 시선과 동일하다. 민족을 허구적 개념이라고 보았듯이 종교 역시 상상의 산물로 여긴 것이다. 그는 호모 사피엔스가 세상을 제패할 수 있었던 것은 허구적 상상물인 종교를 통해 인류를 더 깊이 연대시켰기 때문이라고 했다. 그러나 이런 주장은 일리가 있다 할지라도 각자의 종교 내 신학은 물론이고 객관적 학문인 종교학 차원에서도 수용키 어려울 것이다. 인간의 다양한 종교체험을 단지 허구적 상상이란 말로 환원시킬 수는 없는 탓이다.

『축의 시대』의 저자 카렌 암스트롱은 지역(종교)별 차이가 있으나 전쟁, 폭력, 약탈의 시대를 살면서도 그 악순환을 벗기 위해 인간 내면의 가치를 종교들이 공통적으로 발견했다고 설명했다.[39] 이

---

38 『21세기를 위한 21가지 제언』, pp.213~237.

스라엘 종교의 경우만 보더라도 통념과 다른 새로운 종교성의 발현이 있었다. 하느님의 의義를 외면한 채 외세의 힘에 의존하여 거짓 평화에 안주했던 자기 동족의 멸망을 선포하는 것이 예언자(예레미아)들의 책무이자 영성이었던 것이다. 이들에게 종교는 허구적 상상이 아니라 내면의 각성이었다. 이런 전통이 예수에게까지 이어져 오늘의 기독교 역사를 이룬 것이다.

종교를 이렇듯 이야기꾼에 의한 실용적 창작으로 본 하라리는 과학기술 시대에 이르러 그 효력이 다했기에 폐기처분해도 좋을 것이라 말한다. 세계를 하나로 묶어 지구적 차원의 위기를 대처하는 일에 유용치 않다고 여긴 것이다. 더구나 누차 말했듯이 민족(주의)과 연결된 종교가 갈등과 증오만을 증폭시키기에 지금과 다른 '새로운 이야기'가 필요하다고 역설했다.[40] 따라서 이스라엘인들의 유일신 사상을 광신狂神의 탄생으로 보고 그 해체를 강력히 요구한 것이다.[41]

유일신 사상의 오남용 역사를 잘 아는 탓에 동의할 여지도 있으나 단견斷見이란 생각도 지울 수 없다. 기독교에 이르면 유일신 사상이 민족을 넘어 보편적 개념으로 확장되며, 그 신이 역사 속에서 살해될 만큼 역사의 부정성과 짝을 이루고 있는 까닭이다. 그래

---

39 위의 책, pp.350.
40 『21세기를 위한 21가지 제언』, p.195, p.205, p.211.
41 『21세기를 위한 21가지 제언』, p.285.

서 기독교는 역사 속에서 신의 죽음을 말하는 종교가 되었고 그 부정성의 극복을 위해 애쓰고 있다. 한마디로 세상 속 부정의에 대한 감각을 어느 종교들보다 예민하게 수용하고 있는 것이다. 그렇기에 우리는 새로운 이야기를 만들고자 하는 하라리의 견해를 따르기보다 축의 시대 종교적 에토스가 아직 실현되지 못했다[42]는 종교학자들의 의견을 존중할 필요가 있다. 이를 기독교적으로 말하면 '기독교 정신이 아직 실현되지 못한 상태에 있다'는 말이다. 정의 감각이 더욱 요청되는 현실에서 제대로 구현시켜 보지 못한 가치(이야기)를 용도폐기시킬 이유가 있을지 의문스럽다.

지속적으로 언급했으나, 정작 하라리가 생각하는 '새로운 이야기'가 무엇인지 그 윤곽이 또렷하게 제시되지 않아 안타깝다. 빅데이터가 신神이 되고, 인간의 자유 자체가 제거되는 호모 데우스 시대의 도래를 예측하며 하라리는 이에 대응할 목적으로 '새로운 이야기'를 생각했다. 데이터교의 출현을 늦추거나 막고자 호모 사피엔스에게 마지막 대응을 요청하는 것이다. 하라리는 시종일관 인간은 자신들의 어리석음으로 인해 지식을 행복으로 바꾸지 못했다고 역설하였다. 데이터교의 등장도 이전처럼 막지 못할 것이란 결

---

42 『축軸의 시대』, p.59. 이 점에서 기독교 정신은 물론 마르크스 이념 역시 아직 실현되지 못했다고 보는 것이 옳다는 관점도 고려해야 할 것이다. 앞의 말은 JPIC를 발의한 폰 봐이젝커의 말이고, 나중 것은 철학자 하버마스의 견해다.

말도 예상하는 듯싶다.

기계인간으로 대변될 호모 데우스의 시대는 지금보다 훨씬 더 자본의 힘에 지배될 것이고, 그럴수록 사회 경제적 편(계급)차는 더욱 심화될 수밖에 없다. 무엇보다 돈이 있어야 기술적, 화학적 재구성체(사이보그)가 될 것이며, 세상은 기술과 혼종된 인간과 자연 상태의 인간 두 종류로 나뉠 것인 바, 그로써 사람들 간에도 불가역적인 종차種差가 생길 수밖에 없다. 지금 사람들이 동물을 대하듯, 그렇게 호모 데우스와 호모 사피엔스의 관계 역시 그와 유사해질 것이라 예측하고 있는 것이다. 이런 상황이 우려가 아니라 현실이 될 것이라는 데 하라리 역시 방점을 찍었다. 참으로 위중한, 우리들의 가까운 미래 모습이다. 이런 정황에서 하라리는 자신의 모태인 히브리 전통을 떠나 불교적 명상 세계로 귀의했다. 그가 말하는 '새로운 이야기'도 이에 터하여 상상할 수 있을 것이다.

하라리가 자주 쓰는 용어를 열거해 보면 고통, 무지, 관찰 등이다. 이 개념들을 갖고서 저자는 지금껏 협력(의미)을 위해 만들어진 모든 허구를 부술 것을 권한다. 하지만 동시에 역설적이게도 새로운 이야기는 더 이상 이야기여서는 아니 될 것이라 말했다.[43] 이야기 아닌 이야기가 바로 앞서 말한 자아에 포커스를 둔 고통, 무지, 관찰이란 개념들이다. 물론 방점은 관찰에 찍혀 있다. 이 개념들을

43　『21세기를 위한 21가지 제언』, p.466.

갖고서 불교 명상을 이해했고, 그로써 난제로 다가온 정의 문제에 답하고자 한 것이다. 하라리에 대한 필자의 질문은 바로 이 지점에서 본격적으로 시작된다. 먼저 명상에 관한 하라리의 생각을 요약 정리해 보겠다.

4) 기술적 도전에 직면한 새로운 이야기 – 명상

최근 불교는 명상과 특정 부위의 뇌 용량 간의 상관관계를 밝히는 일에 크게 관심을 가지고 있다. 이는 과학과 종교 간 대화의 불교적 방식이라 생각하여 대단히 유의미하게 생각하고 있다. 이 과정을 통해 의식과 물질 간의 상관성이 밝혀지면 인간을 뇌로 환원시키려는 과학자들의 시도에 제동을 걸 수 있기 때문이다. 한마디로 인간을 뇌와 등치시킬 수 없다는 판단에서다.[44] 하라리도 이 점을 깊이 생각하여 기술혁신보다 중요한 것이 인간 의식 확장이라 여겼고, 그래서 명상을 중시한 것이다. 여기서 명상이란 고엔카를 통해 배운 위빠사나를 말하는 것으로, 호흡에 집중한 채 아무 것도 하지 않고 지금 이 순간의 실체를 관찰하고 자각하는 일을 일컫는다.[45] 더 이상 '이야기'에 얽매이지 않고 자기 몸에 대한 정직한 관찰을 요구하는 것이다.

---

44 『나는 뇌가 아니다』, p.15 이하를 보라. 여기서 저자는 인간 자유의지를 적극 변호하고 있다.

45 『21세기를 위한 21가지 제언』, pp.469~470.

주지하듯 몸은 매 순간 변하고 뇌 또한 그렇게 달라진다. 정신도 그러하다. 이렇듯 변화 한가운데서 자기 생애 전체를 묶어주는 것을 찾는 일이 명상의 과제이다. 여기서 감각은 자신과 세계를 연결시키는 통로가 된다. 이 감각을 통해 실체를 있는 그대로 관찰하는 것이 바로 명상이다. 명상을 통해 깨달은 것은 고통의 원천이 자신의 정신 패턴에 있다는 사실이었다.[46] 자신(몸)은 항시 밖의 세계에서 일어나는 사건에 반응하는 것이 아니라 자기 몸속 감각에 반응할 뿐이라 했다. 달리 말하면 고통은 외부 세계의 객관적 조건이 아니라 자기 정신이 일으키는 반응이란 것이다. 이것을 깨달은 순간 일체 고통으로부터 자유로워질 수 있었다고 하라리는 고백했다. 이로써 하라리는 과학의 한계를 적시한 셈이다. 뇌가 정신을 만들고 이들 사이에 상관성을 탐색해왔으나 정작 정신이 뇌에서 발현되는 과정을 밝히지 못했다고 본 것이다. 그럴수록 저자는 명상이 정신, 곧 의식의 흐름을 직접적으로 관찰하는 통로라고 확신했다.[47] 명상을 통한 의식의 흐름, 곧 정신의 연구 관찰을 더없이 중히 여긴 것이다. 왜냐하면 데이터교가 알고리즘을 갖고서 우리 정신을 지배, 정복, 결정하는 시대에 이르렀기 때문이다. 따라서 하라리는 알고리즘이 우리 자신의 실체를 관찰할 수 없도록 이끌기 전

---

46 위의 책, p.472.

47 위의 책, pp.477~478.

에 먼저 우리가 자신을 알아야 한다고 누차 강조했다.

하라리의 의견에 동의할 수 있는 여지가 많다. 자신이 누구인지를 모를 현실에서 자신을 찾는 일만큼 소중한 일은 없을 것이다. 자신을 알지 못하면 세상에 대해 무지할 것이고 무관심할 수밖에 없다. 하리리는 근대 역사에서 가장 큰 범죄를 증오나 탐욕이 아니라 무지와 무관심에서 찾았다.[48] 오늘날을 일컬어 탈脫진실의 시대라 부르는 것도 동일한 의미를 담았다. 거짓과 허구로 둘러싸인 무서운 세상에서 살고 있다는 뜻이다.

하지만 정작 호모 사피엔스가 바로 탈진실의 종種인 것을 하라리는 다시 환기시킨다.[49] 허구를 만들어 의미를 부여한 것이 인간이란 사실이다. 이것은 하라리의 눈에는 세계에 대한 무지의 소산처럼 여겨졌다. 아무리 허구를 만들어 의미를 부여했으나 세상이 거듭 불의했고 부不정의했던 것을 무지 탓으로 돌린 것이다. 그렇기에 하라리는 정의를 달리 생각할 것을 권한다. 정의, 곧 고통의 문제를 해결함에 있어서 대상을 밖에 두지 말고 자기 내면을 보라고 한 것이다. 자신에 대한 무지 탓에 고통이 생긴다는 불교적 지향성을 갖게 된 것이다.

서론에서도 밝혔듯이 유대인으로서 이런 전향은 자신의 성적 지

---

48 위의 책, pp.338~339.
49 위의 책, p.350.

향성을 숨기며 고통스러워했던 자기 삶의 단면을 드러낸 것일 수 있다. 그럼에도 하라리 식의 대안이 일리一理는 있겠으나 전리全理는 될 수 없다는 것이 필자의 판단이다. 불교, 불교적 명상이 인류 미래를 위해 세상에 공헌하는 한 방식일 수는 있어도 이 방식만으로 호모 데우스로의 이행을 막을 수는 없을 것이다.

주지하듯 기독교는 하느님마저 세상의 불의 탓에 죽을 수 있는 무상성, 역사성을 강조하는 종교이다. 이는 세상의 궁극성과 관계성(緣起)을 강조하는 힌두교, 불교와 다른 특징을 지녔다. 궁극성이 깨지고 관계성이 흩어진 현실에서 어떻게 이들 속성을 다시 회복시킬 것인가, 하느님을 다시 살려낼 것인가에 관심을 가진다. 이런 측면에서 볼 때 고통을 내면에서 찾는 명상은 기독교가 배울 바겠으나 많이 낯선 것도 사실이다.

호모 데우스의 시대는 인간 간의 종차도 발생할 수 있고 자본의 역할(부작용) 역시 더 크고 강해질 것인 바, 자신을 찾는 의식 확장만으로 이 흐름을 멈출 수는 없을 것이다. 생존을 위해 모두가 일터로 내몰린 상황에서 명상은 소수 사람들의 정신적 향유일 수 있다. 아니 이런 현실이기에 더욱 명상을 강조하는 것이 필요할 수도 있겠다. 하지만 동시에 축의 종교들의 정신(에토스)이 아직 구현되지 못함을 애석해하고, 마르크스 이념 역시 아직 구현되지 못한 것을 안타까워하는 유토피아에 대한 열망도 포기할 수 없다.

세상을 혼란케 하는 탈脫진실 시대의 도래를 호모 사피엔스의 속성이자 본질로 이해하는 저자의 입장에는 동의하기 어렵다. '사람을 해害하려고 거짓 증거 말라는 것' 역시 공동체를 위해 지켜야 할 가치였으니 말이다. 기존 종교를 무용지물로 여기고 민족의 부정성을 부각시키는 하라리의 생각만으로 인류가 직면한 큰 위기를 예방하기에 한없이 부족할 것이다. 허구의 노예가 되지 말라는 것이 독자를 향한 그의 충고였고[50] 또 우리에게 당부했으나, 그의 말 또한 허구가 될 수도 있음을 인정해야 할 것이다.

6. 짧은 마무리

필자는 이 글을 시튼연구원이 주관하는 심포지엄을 위한 총론이라 생각하며 썼다. 하라리가 제시한 개별적 주제들에 대한 세밀한 토론은 다른 논문들에서 다뤄질 것이다. 밝혔듯이 본 논문은 하라리의 주저인 세 권의 책, 즉『사피엔스』,『호모 데우스』,『21세기를 위한 21가지 제언』등을 근거로 서술되었기에 이해의 한계가 있을 것이다. 저자의 다른 핵심 저서도 있을 것인데 살피지 못했으니 말이다. 이 시대를 사는 세계 석학 8인 중의 한 사람으로 평가받는 저자이기에 그에 대한 많은 긍/부정 평가가 있었겠으나 그런 자료를 다 섭렵하지 못해 많이 아쉽다. 그렇지만 이런 모자람 속에서도 하

---

50 『초예측』, p.16.

라리 사상의 개요를 신학자로서 찬반 균형 잡힌 시각에서 서술했다고 생각한다. 이제 다시 하라리의 생각으로 되돌아가서 본 글을 마무리짓고자 한다.

그의 말대로 데이터가 모든 영역에서 인간행동을 결정하는 천지개벽이 시작되었다. 그러나 이것은 우려할 만한 일로서 결코 바람직하지는 않다. 그래서 하라리는 인간의 의식 확장을 호모 사피엔스의 우선적 과제라 여긴 것이다. 그럼에도 데이터교의 신神, 위대한 알고리즘이 출현할 시점이 임박했다. 그러나 정말 이런 알고리즘이 어디서 비롯했고 어떻게 진화할 것인지는 누구도 모른다. 인간 뇌로는 마스터(大) 알고리즘을 온전히 파악할 수 없기 때문이다. 의식을 지운 비非의식적 지능만을 가진 알고리즘이 세상을 자비롭게 볼 이치가 없기에 우리들 미래가 불안하다. 인공지능과 컴퓨터 공학, 그리고 생화학을 연결시킨 과학기술이 야기한 데이터교가 축軸의 시대 종교들마저 압도할 것이니 걱정이 한없이 크다. 그래도 아직은 현실이 아니니 다행이다. 예측이고 예상일 뿐이니 이런 현실을 얼마든지 수정할 수 있다. 그 유일한 단서는 자신들이 쌓은 뭇 지식을 행복으로 만들지 못한 인간의 어리석음을 치유하는 길이다. 지능보다 의식(정신)을 중시하는 사회를 만들기 위해 모든 종교가 사활을 건 투쟁을 해야 할 것이다. 그래서 하라리는 호모 사피엔스들에게 '무엇을 할까'가 아니라 '무엇이 될까'를 더욱 진지하게 고민하라고 충고했다.

어떤 세상을 맞을 것인가? 이 물음에 종교는 자기 특색대로 대답할 준비를 갖춰야만 지속적으로 존재할 이유가 있을 것이다. '물질이 개벽하니 정신을 개벽하자'는 말이 그래서 보편적으로 중요하다. 종교 간 대화도 이를 위해서 필요할 뿐이다. '누가 크냐?'를 묻는 종교들 간의 배타적 주장은 이제 유아기적 발상으로 치부되어야 마땅한 시대가 되었음을 모두가 유념하자.

현대 사회에서 종교의 역기능과 순기능

- 유발 하라리의 입장을 시작으로 -

박태식(신부, 성공회대 교수)

1. 여는 말: 이데올로기와 결합된 종교

작년, 그러니까 2019년 6월 8일 한국기독교총연합회(한기총)의 대표회장 전광훈 목사는 문재인 대통령에게 올해 말까지 스스로 물러나라는 요구를 했다. 그러면서 현 대통령을 히틀러에 빗대며 자유민주주의를 지키려는 5천만 대한민국 국민이 이 일에 동참해야 한다는 말까지 서슴지 않았다. 이른바 '한기총 대표회장의 국가적 탄압에 대한 성명서'에서 밝힌 입장이다. 물론 이 발언은 삽시간에 온 나라에 파동을 일으켜 성토의 목소리가 높아졌고, 다른 한쪽에서는 전 목사의 전력이 고스란히 털려 과거 얼마나 무지몽매한 일을 저질렀는지 밝혀졌다. 그러고 나서 그의 이름은 사람들의 머리에서 곧 사라지고 말았다. SNS가 대세인 이 시대의 전형적인 모습으로 사건이 진행된 것이다. '극단적 발언 → 공개적 성토 → SNS 신상 털기 → 빛의 속도로 잊기'가 이루어진 셈이다.

그랬던 것이 10월 3일에 전 목사가 다시 한 번 공개적인 자리에 등장했다. 거기서도 몰상식한 말이 오갔는데, "이승만 대통령이 이 나라를 건국할 때 자유민주주의와 자유시장경제, 한미동맹, 기독교를 기본으로 나라를 세웠지만, 좌파 세력과 주사파 찌꺼기가 대한민국을 해체하려 하고 있다"라고 목소리를 높였다. 그의 연설은 "이제 여러분이 가장 기뻐하는 시간이 왔다. 바로 헌금 시간이다"로 마무리되었다. 헌금은 "전광훈 목사님의 모든 사역을 위해서 드려지며, 헌금의 처분 권한을 전 목사님께 모두 위임합니다"라고 적힌 헌금함에 고스란히 들어갔다.

어쩌다 이 모양에 이르렀을까? 전 목사의 주장에 따르면 종교의 역할은 용서와 화해가 아니라 분열과 대결이다. 구체적으로 적과 아군이 상정된다는 뜻이다. 그가 상정한 적으로는 공산주의, 북한, 좌파 등등이며 아군 진영에는 우파, 미국 보수주의 기독교, 자유민주주의가 서 있다. 특히 '자유민주주의'는 한국의 보수정권들에서 북한과의 대결상황을 전제로 오랫동안 강조해온 정치·사회체제를 뜻한다. 단순한 글자 조합을 넘어서서 이데올로기 역할을 하는 개념인 것이다. 말하자면 전 목사의 경우는 종교가 이데올로기와 결합되면서 진영논리의 첨병이 된 사례라 하겠다.

유발 하라리는 자신의 책 『21세기를 위한 21가지 제언』에서 종교가 이데올로기와 결합한 예를 수없이 찾아냈고, 그것이 인류에게 얼마나 큰 악영향을 끼쳤는지 상세하게 지적했다.[1] 이를 읽어보면 종교가 가진 역기능이 백일하에 낱낱이 드러난 느낌이 들 정도다. 이 글에서는 우선 하라리의 종교 이해부터 둘러보고, 이어서 과연 현대사회에서 종교가 어떤 역할을 해야 할지 살펴보도록 하겠다.

2. 하라리의 종교 이해

유발 하라리는 인류 3부작으로 불리는 『사피엔스』, 『호모 데우스』, 『21세기를 위한 21가지 제언』에서 종교에 대해 적지 않은 언급을 했다. 그의 견해를 훑어보면 미래학자(!)로서 손색이 없어 보인다. 물론 그는 자기 책의 성격을 두고 "나의 예측은 예언이라기보다는 우리 앞에 놓인 선택들에 대해 논의하는 한 가지 방식"[2]이라며 사뭇 겸손한 자세를 취한다. 하지만 나로서는 그의 저술을 통해 미처 생각지 못했던 미래 관련 지식을 상당수 얻은 게 사실이다.

---

1   유발 N. 하라리, 전병근 옮김, 『21세기를 위한 21가지 제언』, 김영사, 2018, pp.200~205.
2   유발 N. 하라리, 김명주 옮김, 『호모 데우스』, 김영사, 2017, p.87.

냉정하게 따져볼 때, 하라리의 글에서는 전체적으로 종교에 대한 부정적인 입장이 눈에 띈다. 그는 몇몇 종교, 이를테면 그리스도교, 불교, 힌두교 등 전통종교들은 '죽음'의 사신을 내놓고 반겼다고 한다. 말하자면 각 종교들은 죽음을 이 세상의 필수적이고 긍정적인 요소로 보아 죽음의 순간이 바로 의미가 폭발하는 신성한 형이상학적인 경험이라고 주장했다는 것이다. 그러나 하라리는 더이상 종교의 전통적인 틀에 묶여 죽음을 형이상학적 신비로 간주하지 않는다. 그보다는 인간은 보통 암세포나 차에 치어 죽는다고 생각하기 십상이다. 따라서 우리가 죽음을 극복하기 위해서 예수님의 재림을 굳이 기다릴 필요가 없는 것이다.

하라리는 과학자, 의사, 학자들이 인류를 괴롭히는 질병들과 부단히 싸워왔음을 인정하지만 그렇다고 해서 이런 노력이 불멸을 지향하는 것이라고 노골적으로 말하진 않는다. 그러나 유전공학, 재생의학, 나노기술 분야에서 발전에 발전을 거듭하여 인간의 수명을 대폭 늘려놓았다는 사실은 누구도 부정할 수 없다. 섣부른 판단이기는 하지만 요즘은 장차 150세까지 살리라는 전망이 등장하는 판이니, 이런 경우 과연 인생을 어떻게 재설계해야 할까? 일례로 30에 결혼하면 무려 120년이나 결혼생활을 해야 하지 않겠는가? 그러니 이제 우리 인류가 실제로 치러야 할 충돌로, 진짜 전쟁, 곧 영원한 젊음을 위한 전쟁의 서곡이 울렸음을 인정해야 한다.[3]

하라리는 '행복'에 대해서도 종교와 관련지어 말한다. 에피쿠로스는 행복을 두고 무절제한 쾌락 추구가 인간을 행복하게 만드는 게 아니라 오히려 불행하게 만든다는 점을 강조한 바 있다. 따라서 행복을 설정하는 분모를 가능한 한 작게 만들수록 분자의 크기가 상대적으로 커져 행복을 누릴 수 있다. 이를테면 제대로 된 행복을 매일 저녁 7성급 호텔 대연회장에서 3부 요인이 두루 참석하는 대규모 파티로 설정해놓은 사람과 집에서 가족끼리 간단히 칼국수를 끓여먹을 때 행복하다고 생각하는 사람 중 누가 더 행복할까? 에피쿠로스는 당연히 후자의 편을 들 것이다. 그리고 불교에서는 탐진치貪瞋癡, 곧 탐욕貪欲과 진에瞋恚와 우치愚癡, 탐내어 그칠 줄 모르는 욕심과 노여움과 어리석음, 이 세 가지 번뇌는 열반에 이르는 데 장애가 되므로 삼독三毒을 멀리하라고 가르친다. 그렇게 쾌감을 추구하는 게 인간 고통의 근원이니 무릇 순간적으로 사라지고 말 쾌감을 갈구하지 말아야 할 일이다.

이에 대해 하라리는 찰나적 쾌락이 아니라 지속적으로 쾌락을 누릴 수 있다면 그것으로 행복이 가능하다고 한다. "자본주의라는 거대조직에게 행복은 곧 쾌락이다"[4]라는 전제에서 하는 말이다. 이에 대한 근거로 매년 더 나은 진통제, 새로운 맛의 아이스크림, 더 편한 매트리스, 그리고 우리가 버스를 기다리는 동안 한 순간도 지

---

3   하라리, 위의 책, pp.40~51.

4   하라리, 위의 책, p.68.

루하지 않도록 더 중독성 있는 게임을 생산하고 있는 현실을 알려 준다. 세상이 이미 그렇게 진행되고 있으니 설혹 붓다나 에피쿠로스가 다시 살아온다 한들 대세를 바꿀 수 없을 터이다.[5]

하라리의 말마따나 과학이 종교의 세계 이해를 대체하고 기술발전이 종교의 주술 능력을 무력화시키는 현상은 오늘날 피할 수 없는 경향이 되었다. 갑자기 아프거나 주식이 반쪽나면 의사나 투자전문가를 찾아가지, 사제나 목사나 스님을 찾지 않을 것이다. "한때 인류는 인간과 관련된 제반 문제를 종교에 기대어 해결했다. 그러나 언제부터인가 농사, 유목, 질병, 안전보장, 전쟁과 평화 등등 거의 모든 분야에서 손을 떼고 말았다. 말하자면 신품종 개발, 정신병, 홍수나 가뭄, 전쟁무기 개발이나 평화정책 수립 등에 종교가 간여하지 않게 된 것이다. 아니 종교의 힘이나 논리로는 이런 문제들에 해결책을 내놓을 수 없다는 말이 더 옳을지 모른다."[6]

그렇다고 하여 종교의 사회적 역할마저 희미해진 것은 아니다. 예컨대 정부가 새로운 정책을 수립해 이자율을 올리거나 국제 관세협정을 맺거나 정부 독점 기업을 민영화하기로 결정했을 때는 경제학자들에게서 답을 찾기 마련이다. 하지만 이렇게 찾아낸 과학적 해결책을 국민에게 제시할 때 이란의 종교지도자 하메네이는

5   하라리, 위의 책, pp.51~69.
6   하라리, 『21세기를 위한 21가지 제언』, p.205.

종교적 권위와 지식을 활용해 이러저런 꾸란 식 운문으로 포장한 다음, 대중에게 알라의 뜻이라며 제시한다. 이 점에 있어서는 시아파 이란이나, 수니파 사우디아라비아나, 유대교의 이스라엘이나, 힌두교의 인도나, 그리스도교의 미국도 큰 차이가 없다. 하이에크나 마르크스 같은 경제학자에게서 어떤 해법을 얻었든 상관없이, 경전을 잘 알고 상상력을 충분히 발휘하면 경제정책을 언제나 종교의 이름으로 정당화할 수 있는 것이다.

종교가 정책의 정당화처럼 사회적 역할을 톡톡히 하는 게 사실이지만 마찰이 생기는 경우도 적지 않다. 70년대 남미 해방신학자들이 그려낸 예수는 마치 체 게바라와 같아서 정치적 영향력을 강력하게 발휘했다. 이는 미국에도 적용할 수 있는데, 미국의 복음주의 목사들은 곧잘 환경 규제를 반대하는 주장을 설교에 담는 반면, 프란치스코 교황은 지구온난화를 비판하는 운동을 이끌고 있다. 하지만 이들이 아무리 자기주장을 뒷받침하기 위해 성경 구절을 인용하더라도 견해 차이의 뿌리에는 근대과학의 이론과 정치운동이 버티고 서 있을지언정 오늘날의 거대한 정책논쟁에서 종교가 기여하는 바는 거의 없다. 단지 그럴듯하게 포장하는 역할만 할 뿐이다.[7]

하라리는 그처럼 종교가 현대 사회의 들러리는 서는 데 기여를

---

7   하라리, 위의 책, pp.200~205.

한다는 주장을 펴지만 그 반대의 경우도 예를 든다. 종교가 오히려 막강한 영향력을 발휘하는 경우다. 모든 종교는 일반적으로 자체 적인 의례와 의식과 예식을 갖고 있다. 이를 통해 신도들에게 삶의 희망을 주고 공동체 내의 신뢰와 애정과 유대감을 다진다. 이를테면 이슬람의 하루 다섯 번 기도, 유대인 가족의 안식일 식사, 일요일 아침의 그리스도교 예배 등이 있다. 그런데 이렇게 다져진 공동체 의식을 종종 비열하고 잔인하게 사용한다. 그래서 종교적으로 영감 받은 학대와 차별이 생산되어 특정 사람들을 단결시키고 이웃과 적을 구분한다. 따라서 어떤 종교가 동성애자에게는 생사의 문제가 될 수 있다. 이스라엘이든 이란에서든 사우디에서든 마찬가지다. 심지어 사우디에서는 여성에게 차 운전이 허락되지 않는다. 그러니 만일 레즈비언 여성이라면 사우디에서 대단히 힘겨운 삶을 살리라는 것은 자명한 일이다.

그와 같은 예는 얼마든지 있다. 2차 대전 때 일본 고유의 신도神道 종교는 가미가제 특공대를 보내 스스로 목숨을 끊게 했고, 이슬람 근본주의의 사주를 받는 이들이 지금도 끔찍한 테러를 저지르고 있다. 러시아에서 정교회, 폴란드에서 가톨릭, 이란에서 시아파, 사우디의 와하비즘, 이스라엘의 유대교도 같은 맥락에서 벗어나기 어렵다. 종교가 아무리 고리타분해 보여도 약간의 상상력과 재해석을 거치면 최신 기술 도구나 정교한 근대제도 등과 언제든 결합이 가능하다. 아마 북한의 주체사상도 같은 범주에 넣을 수 있을 것이다. 이 모든 게 종교 자체가 '민족주의'의 시녀로 전락했기 때문이다.(이 점을 하라리는 자신 있게 말한다.)

세상에 엄청난 변화가 찾아와 과거에 종교가 담당했던 역할이 대폭 축소되었지만, 종교는 여전히 민족의 정체성을 다지고 3차 세계대전을 촉발할 수 있을 만큼의 정치적 힘이 있다. 그 반대로 21세기 지구촌이 직면한 문제를 해결하는 데 있어서는 종교가 제공할 게 많지 않다고 하라리는 말한다. "지구 온난화와 핵 확산을 다룰 때 시아파 성직자는 이란 국민에게 이 문제를 이란의 관점에서 보게 한다. 유대인 랍비는 이스라엘에게 무엇이 좋은지에 관심을 갖도록 부추기고, 동방정교회 사제는 러시아의 이익이 무엇인지 러시아인들에게 가르친다. …… 민족주의와 종교는 여전히 우리 인류 문명을 다양한 진영으로 사분오열시키고 있다. 상호 적대감을 조성할 때도 많다."[8]

3. 현대 사회에서 종교의 역기능

하라리는 인류 역사에서 종교가 사회적 역할을 해왔으며, 종교가 민족주의와 결합했을 때 국가나 국민을 양분화시킬 수 있다는 주장을 편다. 필자 역시 하라리의 견해에 전적으로 동감한다. 서두에

---

8   하라리, 『21세기를 위한 21가지 제언』, p.212.

서 살폈듯이 작금 대한민국에서 벌어지는 사태만 보아도 쉽게 알 수 있다.

비단 정치·사회 분야에서뿐 아니라 죽음과 생명에 관해서도 종교는 사회를 분열시키는 데 일익(?)을 담당한다. 과거의 인간은 신에게 의존했다. 신만이 세상을 자유롭게 재단하고 죽음을 피할 수 있으며 영원히 살 수 있는 능력을 가진 존재였다. 그러나 이제 인간은 한때 신의 전유물로 여겨졌던 능력들의 대다수를 획득했고, 장차 더 많은 것을 획득할 것이다. 이는 누구도 부정하기 어려운 사실이다. 한 가지 예를 들어보면 설득력을 더할 수 있을 것이다.

그리스도 교회가 제시하는 생명윤리의 마지노선은 매우 가파르다. 그래서 조금만 잘못해도 미끄러져 다치기 십상이다. 일례로 교회는 낙태를 반대한다. 윤리신학자들의 견해에 따르면 여기에는 심층논리가 작용하는데, 인간의 자연스런 생명현상은 어떤 경우라도 막아서는 안 되며 거기에는 정자의 움직임도 포함된다. 따라서 정자의 활동을 막는 콘돔도 자연스런 생명현상을 막는 일이 되는 셈이다. 그러니까 방법은 단 하나, 주기법만 이용해 성생활을 해야 한다. 교회의 가르침에도 불구하고 오늘날 주기법이라는 낡은 사고를 좇는 사람은 거의 없다. 인공수정은 물론 정자은행, 난자은행까지 등장했고, 성별을 미리 분별해 아이를 지우는 일이 비일비재한 현실과 참으로 동떨어진 원칙이 아닐 수 없다. 틀림없이 (유전자 차원에서) 인간을 연구하는 과학자들은 종교적인 윤리기준에 답답함을 느낄 것이다.

한국 가톨릭 주교회의에서는 2007년 '생명경시법과 정책을 개정하라'는 성명서를 발표하고 교회의 입장과 가르침을 총망라한 '생명백서'를 발간, 교회 안팎으로 배포했다. 그러나 현 시대에 생명과학자들의 치밀한 논리를 교회에서 이겨낼 가능성은 거의 없다. 그리고 국가의 이익에 반대하는 정책을 힘차게 밀고 나갈 용기도 없는 것 같다. 그저 일이 터지고 나면 성명서나 발표하는 게 고작 교회의 임무처럼 보인다. 그러니 주사위는 과학자들의 손에 잡혀 있다고 해야 옳을 것이다.

과거의 그리스도 교회는 과학자들의 연구를 판단하고 단죄할 권리가 있었다. 중세 유럽에서 교회의 결정에는 막강한 힘이 있어 약초를 따다가 생명을 구한 시골 여성들을 마녀로 몰아 장작불에 태웠으며, 지구가 돈다는 주장을 폈던 과학자는 종교재판에서 유죄로 판명받았다. 하지만 교회가 자신의 과오를 인정하는 속도는 대단히 느려 수백 년이 지난 1990년대에 이르러서야 비로소 마녀 사냥을 사죄했고, 코페르니쿠스의 유죄 판결을 번복했다.

그때와 비교하면 현대 세계에서는 과학과 교회의 관계가 정반대가 된 느낌이다. 정부와 과학자들은 우선 실험실에서 다짜고짜 일을 저지른다. 그때서야 상황을 알아차린 교회는 뒤늦게 나서서 생명윤리가 어쩌고저쩌고 해가면서 상황을 되돌리려 하는데, 이는 전적으로 뒷북을 치는 일이다. 아무리 종교가 발 벗고 나서서 반대

했지만 인류가 이룩한 과학적 발견을 포기했다는 말을 이제까지 필자는 들어본 적이 없어서이다. 사회를 분열시키는 데 종교가 단단히 한 몫을 하는 셈이다.

하라리의 주장에 따르면 인류가 의학의 힘을 빌려 질병과 노화의 한계를 극복하는 순간 기존 종교들이 고수해왔던 죽음의 설명 체계가 힘을 잃어 무너진다고 한다. 사실 어느 종교든 죽음에 대한 나름의 설명체계가 있다. 이를 테면 깨달음에 도달하며 열반에 들어가고, 굳건한 믿음에게 부활이 선사할 것이며, 철두철미하게 지켜낸 알라의 뜻은 천국으로 인도하고, 세상 이치를 꿰뚫으면 일장춘몽 인생을 떠나 한 마리 나비가 될 수 있다. 하라리는 그 모든 게 수명 연장으로 무력화될 것으로 내다본다. 하기는 장차 인간의 장기를 새것으로 바꾸고 교통사고 같은 예기치 못한 위험마저 사라진다면 종교의 역할이 최소화될지도 모를 일이다. 대단히 우울하지만, 종교는 과학발전 사회에 방해만 될 뿐이다.

하라리는 지난 역사에서 "종교의 특기는 언제나 해석이었다"라고 한다.[9] 기우제를 지냈지만 비가 오지 않았을 때도 인간이 왜 신을 믿어야 하는지 정당화하는 역할을 했다는 뜻이다. 정곡을 찌르는 말로 들린다.

---

9   하라리, 위의 책, p.199.

4. 네 명의 사상가

여기까지 글을 써놓고 보니 오늘날 종교가 갖는 순기능을 딱히 찾기 어렵다는 생각이 든다. 하라리가 지적한 바대로다. 생명윤리든, 종교 경전이든, 인간이든, 하느님이든, 일단 상대화시키기 시작하면 한도 끝도 없다. 아무리 볼륨을 높인다 한들 종교의 목소리는 멀리까지 들리지 않는다. 또한 아무리 설득력 있는 논리를 종교가 내세운들 국가와 개인의 이익 앞에서는 초라해질 뿐이다. 상대화 경향이 그만큼 큰 힘을 갖고 있기 때문이다. 여기서 종교가 갖는 순기능을 구축하기 위해 베르그송, 장학성, 순자, 그리고 스피노자의 견해에 귀를 기울여보자. 동서고금을 막론하고 이 네 사상가에게서 상통하는 견해를 발견한 까닭이다.

1) 베르그송

20세기가 시작되던 무렵 인류는 엄청난 변화를 예감했다. 과학기술이 비약적으로 발전하면서 인류에게 크나큰 축복이 내릴 것이라는 낙관적인 예감이었다. 이즈음에 나타나 서구학계에 비상한 관심을 불러일으켰던 인물들 중 하나가 베르그송(H. Bergson, 1859~1941)이다. 그는 자신의 책 『창조적 진화』(L'Évolution Créatrice)[10]에

---

10 베르그송의 저작 『창조적 진화』는 방대한 규모의 우주론과 형이상학을 내

서 과학기술 발전의 근저에 흐르는 사상인, 이른바 '과학적 기계론'
을 경고했다.[11]

베르그송은 과학적 기계론에서 정의하는 바에 따라 생명이 일종
의 기계장치라는 사실에 우선 동의한다. 모든 생명에게 주어진 조
건으로 무기물과 유기물의 근본적인 동일성을 인정하는 까닭이다.
그처럼 생명을 무기화학적인 현상들로 분해하고 또한 그런 작업을
통해 점점 더 많은 물리화학적인 현상들을 발견할 수 있기는 하나,
물리학자들과 화학자들의 작업이 바로 거기서 멈춘다는 사실도 지
적한다. 과학이 이룩할 수 있는 완벽한 진보란 이미 획득된 결과들
을 새로운 전체 속에 결합시키는 데 그치고 만다는 뜻이다. 여기서
여전히 해결되지 않는 문제는 (생명의) 어떤 부분은 여전히 비결
정성으로 남아 있다는 점이다.

베르그송이 제시하는 대로 생명체의 기능적 역할에 몰두하는 사
람은 흔히 물리학과 화학이 우리에게 생명과정의 열쇠를 주리라고
믿는다. 하지만 (진화론에서처럼) 생명체 지속의 흔적이 나타나고
생명현상이 드러날수록 유기체는 기계장치와 더욱 명백하게 구분
되는 측면이 있다. 기계적 설명의 근저에는 미래와 과거가 현재의
함수로 계산 가능하고, 실제로 모든 사물이 그렇게 주어졌다는 주

보인 대작으로 출간 당시까지 그의 철학을 집대성한 작품으로 알려져 있다.
이 책은 베르그송이 1928년 노벨문학상을 받는 데 결정적인 기여를 했다.

11 H. 베르그송, 황수영 옮김, 『창조적 진화』, 아카넷, 2012, p.76.

장이 서 있다. 이 설명에 따르면 어떤 초인이 나타나 과거와 현재와 미래를 동시에 볼 수도 있을 것이다. 동일한 공식 안에 과거, 현재, 미래가 모두 포괄될 수 있기 때문이다. 그러나 우리의 경험을 통해 알 수 있듯이, "의식의 지속은 이와는 전혀 다르다. 우리는 지속을 거슬러 올라갈 수 없는 흐름으로 파악한다. 그것이 우리 존재의 근본이며, 우리가 잘 느끼고 있듯이 우리가 소통하는 사물의 실체 그 자체이다."[12] 이처럼 체계의 요구에 경험을 희생할 수 없다는 사실에 근거해 베르그송은 '극단적 기계론'을 배격했다. 그는 기계론적 사고로는 인간 의식을 설명하기 불가능하다는 주장을 폈고, 특히 극단적 기계론이 갖는 한계를 지적했다. 같은 맥락에서 그는 '극단적 목적론'의 허점도 지적한다.[13]

극단적 목적론이란 모든 사물과 존재들이 이미 그려진 계획을 실천해나가는 데 지나지 않음을 의미한다. 아리스토텔레스는 생명과 영혼을 동일시했는데, 그는 영혼이 살아 있어야 물질이 생명으로 바뀌므로 생명 연구란 곧 영혼을 연구하는 것으로 보았다. 일종의 생기론生氣論적 관점이라 하겠다. 베르그송에게 목적론을 포함하는 생기론적 관점이란, 모든 사물의 목적이 이미 주어졌다고 가정하는 것에 다른 말이 아니다. 이리 보면 목적론이란 거꾸로 정리

---

12 베르그송, 위의 책, pp.58~76.
13 베르그송, 위의 책, pp.77~97.

한 기계론이라 할 수 있다. 물론 이를 두고 풀이 암소를 위해, 양이 늑대를 위해 만들어졌다는 터무니없는 가정을 할 수도 있다. 그러나 목적론이란 보다 깊은 차원을 가져, 모든 사물과 존재는 내적인 목적성이 있다는 뜻으로 풀이할 수 있다. 각 존재는 자기 자신을 위해 만들어졌고, 그 모든 존재는 전체의 최대선最大善을 향해 협동하며, 이러한 목적을 위해 지성적으로 조직되었다는 뜻이다. 그러나 여기에도 모순이 있다. 만약 개체가 자신의 생명 원리를 갖는다면 그 개체의 요소들 역시 각각 자신의 생명 원리를 요구할 것이기 때문이다.

그렇다면 생명 원리는 어디에서 시작하고 어디에서 끝이 나는가? 그 기원을 찾다 보면 먼 조상에 이를 것이고, 그러다 보면 자연히 조상은 그 후손들과 유대를 맺을 수밖에 없다. 그런 까닭에 목적성을 개체성으로 좁혀 보아야 헛일이다. 목적성을 아무리 잘게 쪼개더라도 더 쉽게 통용될 수 있는 게 아니라는 말이다. "요컨대 목적인의 이론은, 인간의 지성을 자연 안에 위치시키는 데 불과한 경우에는 충분히 멀리 가지 못하고, 현재 속에 미래가 관념의 형태로 선재한다는 것을 가정하는 경우에는 너무 멀리 가는 것이다. 후자의 주장은 과잉의 오류를 범하고 있는데, 이는 또한 결함의 오류를 범하는 전자의 결과이기도 하다."[14]

---

14   베르그송, 위의 책, p.97.

2) 장학성과 순자

비록 시대와 장소의 차이가 있기는 하나 베르그송과 비슷한 사고가 신유학자 장학성(章學誠, 1738~1801)에서도 발견된다.[15] 그는 이른바 '고대의 황금시대'를 설정했는데, 이는 '앎'과 '행동'이 통일되어 있었던 때라고 한다. 그에 따라 관리들이 바로 선생으로 간주될 수 있었다. 말하자면 그들이 사회에서 하는 행동(정치)과 앎(학문)이 일치했던 것이다. 그러나 구조에 오류가 드러나면 그것을 교정하는데, 이 과정에서 다시 한 번 오류가 포함된다. 말하자면 오류를 개정하는 과정만 끝없이 반복된다고 할 수 있다. 황금기의 치세가 붕괴되면서 정치와 학문이 서로 다른 길을 걷게 되자, 인간들은 더이상 전반적인 상황에 완벽하게 들어맞는 균형 잡힌 태도를 유지할 수 없었던 것이다. "처음에는 그러한 유행을 통해 그 시대의 지적인 문제가 모두 해결되는 듯이 보인다. 그러나 그것은 필연적으로 한쪽으로 치우친 것일 수밖에 없고, 시간이 지나면 고통스럽게 그것이 부적당하다는 사실이 분명히 드러나고, 또 다른 것이 그 뒤

---

15 데이비드 S. 니비슨, 김민철 역, 『유학의 갈림길』, 철학과 현실, 2006, pp.507~516. 장학성은 역사가이자 역사비평가였으며, 나아가 매우 유능한 철학자였다. 두 작품이 유명한데 하나는 『문사통의文史通義』이고 다른 하나는 『교수통의校讎通義』이다. 그는 위대한 학자임에도 불구하고 인생 전반에 걸쳐 체제 밖에 머물렀던 인물이며, 세상과 잘 맞지 않는다는 느낌에 끝없이 시달렸다. 그를 거론할 때 반드시 필요한 전제는 '신유학'이다.

를 잇는다."[16] 이렇게 인간의 지식이 실제 세계에서 유리되자 지적인 '유행'이 끊임없이 스스로를 교정하며 등장하는 것으로 역사를 파악한 것이다.

과학문명이 발달하면서 인간의 행동반경이 넓어진 게 사실이다. 하지만 장학성은 인간의 행동이 저 혼자 가도록 마냥 놓아두지 않는 게 바로 '앎'이라는 사실을 지적한다. 이처럼 앎과 행동이 유리되어 비결정성이 발견되면 이를 다시금 일치시켜 나가는 흐름이 역사에 존재한다는 점에서 베르그송과 장학성의 사고가 근사하게 이어진다. 아무리 과학이 발전하더라도 끊임없이 발생하는 비결정성과 싸움을 벌여야 하는 게 인류에게 주어진 운명인 셈이다.

이와 맥락을 같이 하는 동양사상을 한 가지 더 살펴보자. 순자(荀子, 기원전 298~238)는 질서 있는 삶은 스스로 가치를 가진다는 사실을 강조했다. 그리고 도道 역시 좋은 것으로 평가했다. 이를 기반으로 그는 다음과 같은 논리를 펼친다. 만일 내가 삶 자체의 가치를 인정하는 상태라면 도 그 자체를 좋은 것으로 선택하고 그것을 완벽하게 내 것으로 만들어 그것을 위해 삶을 포기할 각오가 생긴다. 나아가 이렇게 자신이 처한 입장에서 최선이라고 판단하는 것을 선택할 수밖에 없다면, 우리의 삶이 전체적으로 도를 향해 이끄는 메타적인 선택이 자연스럽게 이루어진다. 그리되면 내적인 확

---

16 니비슨, 위의 책, p.513.

신에 따라 그러한 삶을 살아가기 위해 자신을 교육하는 단계에 다다를 것이다.[17]

간단한 비유를 들면, 군자君子란 마치 어떤 여자를 사랑하게 되기 전에 그녀가 좋은 아내가 될 것이라고 판단했기 때문에 조만간 애정이 무르익을 것이라는 확신 속에서 그녀와 결혼하는 남자와 같다. 그때가 되면 그가 자신의 운 좋은 결정을 회고할 수 있지만 (그녀가 좋은 아내라는 사실을 깨달을 수 있지만) 그렇다고 해서 그녀에 대한 사랑이 식지는 않을 것이다. "도를 따라 나아가면 완벽한 만족에 접근할 수 있고, 그것을 따라 물러나면 추구하는 바를 통제할 수 있다. 천하에 그와 같은 것은 없다. 일반적으로 사람은 자신이 옳다고 여기는 것을 따르고 옳지 않다고 여기는 것을 거부한다. 그래서 도道만한 것이 없음을 이해하고 있다면 반드시 그것을 따르게 되어 있다."[18]

앞서 '극단적 목적론'을 경계했던 베르그송과 '도를 따르라'는 순자에게서 발견되는 공통점은 과잉의 오류와 결함의 오류를 범하지 말아야 한다는 데 있다. 순자 식으로 말하면 완벽한 만족에 접근할 수도 있지만 추구하는 바를 통제할 수도 있어야 하는 것이다. 잘 알려져 있다시피 순자는 동양사상사에서 과학적 사고를 한 이

17　니비슨, 위의 책, p.422.

18　"道者 進則近盡 退則節求 天下莫之若也 凡人莫 不從其所可而去其所不可 知 道支莫 之若也 而不從道者 無之有也."(『荀子』正名편)

로 유명하다.[19] 베르그송 역시 20세기 초 과학기술 시대의 개막을 알리는 시점에서 과학의 논리를 충분히 받아들인 사람이다. 이들의 주장을 새겨들을 필요가 있다.

3) 스피노자

일찍이 스피노자(B. de Spinoza, 1632~1677)는 인간 신체의 탁월함을 설명하면서 신체적 능력이 증강된다는 사실은 인간 의식의 발전을 뜻하며, 이를 통해 인간 정신의 탁월함을 알 수 있다고 했다. "인간 신체는 아주 많은 것을 할 수 있기 때문에 신체가 자기 자신에 대한 많은 인식을 가진 정신과 관련된 본성을 가질 수 있다는 것은 의심의 여지가 없다. 실제로 젖먹이나 아이처럼 아주 적은 것들에 대한 능력만을 지니고 있을 때는, 그 자체만으로 고려했을 때 자기 자신에 대해 거의 아무 것도 의식하지 못한다. 반면에 아주 많은 것들에 대한 능력을 지닌 신체를 소유한 이는 그 자체만 고려했을 때, 자기 자신에 대해 아주 많은 것을 의식하고 있다."[20] 여기

---

19 예를 들어 "내가 일찍이 발돋움하여 바라보았으나 높은 곳에 올라 널리 바라보는 것만 못하였다. 높은 곳에 올라 부르매 팔은 더 길어진 것은 아니나 보이는 것이 멀었고(멀리까지 잘 보였고), 바람 따라 소리쳐 봄에 소리는 더 빨라진 것은 아니나 들리는 것이 밝았다(吾嘗跂而望矣, 不如登高之博見也. 登高而招, 臂非加長也, 而見者遠, 順風而呼, 聲非加疾也, 而聞者彰)."(『荀子』勸學편)

20 B. de Spinoza, *Ethica*, V. P39. 번역은, 스티븐 내들러, 이혁주 옮김, 『에티

서 스피노자는 한 걸음 더 나아간다.

일상의 경험은 우리 자신의 신체에 대한 적합한 관념을 제공하지 못한다. 단편적인 인식만 제공할 뿐이다. 인간 정신은 오직 신체가 병용되어 생긴 변용들에 대한 관념들을 통해서만 인간 신체 그 자체를 인식하며, 그것이 실존한다는 사실을 알게 된다. 그러나 이는 신체에 대한 상관적 인식이지 신체 그 자체에 대한 적합한 인식은 아니다. 따라서 인간 신체의 변용에 대한 관념은 인간 신체 그 자체에 대한 적합한 인식을 함축하지 못한다. 거기서 도출되는 스피노자의 견해는 인간 정신의 자기 인식이 신체 인식과 상관적인 한, 인간 정신은 스스로를 알지 못한다는 것이다.

관념의 적합성과 부적합성 간의 차이를 보여주는 또 하나의 방식은 관념의 원인을 살펴보는 것이다. 대상에 대한 관념이 내가 소유한 다른 인식으로부터 나온 것이라면, 즉 정신 자체가 그 대상에 대한 관념의 원인이라면 그 관념은 적합하다. 인과적으로나 논리적으로 올바르기 때문이다. 그러나 만일 외부 물체에 대한 내 관념이 내 지성 안에 있는 다른 관념이 아니라 나의 감각 경험에서 내안에 생긴다면, 즉 내 신체에 대한 관념과 그 외부 물체에 대한 관념과의 상호작용에 의해 내 안에 생긴다면, 참이면서 적합한 이해로부터 단절되고 말 것이다. 이런 경우 결국 부적합한 인식이 되는

———
카를 읽는다』, 그린비, 2014, p.287에서 가져왔다.

것이다.[21]

인간 안에 자리한 무한한 가능성을 지적한 스피노자는 다른 한편으로 이것이 바로 적합한 인식과 부적합한 인식의 차이를 설명하는 중요한 전제라고 한다. 따라서 우리 안에 있는 참인 관념은 신神이 인간 정신의 본성을 통해 설명되는 한, 신 안에 있는 적합한 것이다.

5. 닫는 말: 종교의 순기능이 있을까?

하라리는 21세기 인류에게 무한한 가능성을 제시한다. 죽음을 극복하고 행복을 성취하여 아쉬움이라곤 없는 삶을 누릴 날이 멀지 않은 듯하다. 하지만 그의 지적대로 이는 양극화 현상을 낳을 수 있다. 아니, 앞으로의 세계는 양극화가 극에 달할지 모른다. 왜냐하면 발전된 의학과 편리함을 제공하는 기술과 세상 이치를 알려주는 정보를 소유할 수 있는 계층이 그렇지 못한 계층과 심각하게 격차를 벌려나갈 것이기 때문이다. 불행한 사실은 그처럼 벌어지는 격차사회에서 종교가 일익을 담당하리라는 점이다. 종교가 민족주의의 시녀, 과학발전의 훼방꾼, 소수자 차별의 첨병 노릇을 하고 있어서이다.

---

21   내들러, 『에티카를 읽는다』, p.287.

양극화에 대한 하라리의 입장은, 한마디로 불가항력이라는 것이다. 그는 비단 자유주의 시장이라는 경제 분야에서뿐 아니라 첨단 기술 산업이 발전에 발전을 거듭한 기술사회에서도 같은 입장을 취한다. 그가 누차 강조하듯이, AI가 현대 사회에서 맡아 수행할 분야가 점점 늘어나고, 어느 순간부터 인간의 힘이 미처 AI의 능력을 능가하지 못하면 많은 분야를 넘겨주어야 한다. 은행의 현금출납원, 방직공장 노동자, 암 연구원, 전투기 조종사 및 드론 조종사, 마침내 경찰도 자리를 내주어야 할지 모른다. 그렇게 세상이 진행돼 나가면 자연히 많은 직업들이 사라질 테고 결국 많은 사람들이 일자리를 잃고 말 것이다. 말하자면 기술문화를 소유한 자와 그렇지 못한 사람 사이에 심각한 격차가 생기는 것이다.

엄청난 과학기술의 발전과 미처 생각지 못했던 생명공학의 진보, 그리고 진일보한 의학은 20세기와는 전혀 다른 삶을 인류에게 제공한다. 또한 세상이 돌아가는 모양을 알려주는 막대한 양의 정보는 인간의 가능성에 폭발적인 활력을 불어넣는다. 하라리는 이를 두고 "인본주의는 떠오를 때부터 몰락의 씨앗을 품고 있었다. 인간을 신으로 업그레이드하려는 시도는 인본주의의 논리적 귀결인 동시에 인본주의에 내재된 결함을 드러낸다."[22]라고 한다. 그러면서 인본주의의 몰락이 오히려 좋은 일일지도 모른다는 말을 서

---

22 하라리, 『호모 데우스』, p.103.

승지 않는다. 마치 신의 영역이었던 초월과 인간의 영역인 세상의 조화와 균형을 추구해왔던 종교에게 내리는 사망선고처럼 들린다. 종교인인 필자의 귀에 그렇다는 말이다.

하라리가 지적한 바와 마찬가지로 과학기술 발전의 목적은 호모 데우스, 혹은 슈퍼 인간의 출현에 있는 것 같다. 그처럼 하라리는 인본주의의 몰락을 예견하지만, 필자의 눈에는 이것이 오히려 극단적 인본주의일 수 있다. 자연을 자연 그대로 받아들이는 게 아니라 인위적인 강제력을 동원해서라도 인간에게 유용하게 만들어 보겠다는 의도가 숨어 있기 때문이다. 이 대목에서 필자에게 드는 의문들이 있다.

그 정도로 인간이 중요할까? 자연을 거부하면 과연 우리 손에는 무엇이 남을까? 그렇다면 진실한 삶이란 무엇인가? 후손에게 물려줄 수 있는 정신적인 가치는 무엇인가? 아비와 어미가 자식에게 '나는 이렇게 살았다'라고 자신 있게 말할 수 있는 부분은 무엇인가? 나는 어디에서 왔고 어디로 가는가? 오래 살고 건강하게 사는 게 과연 인간의 존재 이유인가? 슈퍼 인간이 등장하면 과연 온 자연이 행복해질까?

결코 그렇지 않다. 요즘 이루어지는 과학기술 발전과 생명연구 방향의 약점은 초월을 과소평가하는 데 있다. 이른바 유전자 만능주의, 생명과학 만능주의의 소산이다. 하지만 인간에게 시공을 초월하고 생명을 창조할 능력이 생겼다고 해서 초월이 사라지지는 않는다. 이는 앞서 거론한 네 학자가 지적한 바이기도 하다. 그리스도교적으로 말해, 선악과를 따먹어 하느님의 지혜를 훔쳐냈다고 해서 창조주 하느님과 같아질 수 없는 것과 마찬가지 이치다.

종교에 순기능이 있다면 한쪽으로 치닫는 세상에 균형을 제공하는 것이다. 베르그송과 스피노자와 장학성과 순자가 지적했듯이 인간은 불완전한 존재이고, 그런 인간이 만들어 낸 문명 역시 불완전하다. 인류에게는 발전을 향해 부단 없이 진보하려는 성향이 농후하지만 또한 과잉의 오류를 저지를 가능성도 다분하다. 순자의 말대로 물러날 수 있어야 한다. 비록 하라리는 호모 데우스로의 진보를 내다보지만 이는 또한 인간의 무한한 가능성을 신의 경지로 끌어올려보겠다는 뜻이기도 하다. 그러나 아무리 노력해도 여전히 도달하지 못하는 그 이상의 영역은 언제나 있기 마련이다. 그 영역은 언제나 비결정성으로 남아 있고(베르그송), 행동과 앎이 유리되게 만들어(장학성), 결국 인간 정신 스스로 절대 알지 못하는 범위가 있다는 사실을 깨닫게 해(스피노자), 도道에 따라 스스로 자신을 교육하도록 요구한다(순자). 이곳이 바로 종교가 그 진가를 발휘할 수 있는 지점이다.

하라리의 분석처럼 종교는 인류 역사의 다양한 분야에서 부정적인 영향을 끼친 게 사실이다. 하지만 이는 일견 종교의 본질을 왜곡하는 분석이다. 인간이란 본디 자신이 생각할 수 있는 범위 이상을 생각하려 한다. 철학자 레비나스(E. Levinas, 1906~1995)는 이런 사태를 두고 형이상학적 욕망이라 불렀는데, 주장을 옮겨보면 "형이상학적 욕망은 그것을 단순히 보충해서 완성할 수 있는 모든 것의 너머를 욕망한다. 형이상학적 욕망은 선함과도 같다. 형이상학적 욕망에서 욕망된 것은 그 욕망을 채우지 못하고, 그 뜻을 깊어지게 할 따름이다."[23] 오늘날 인류에게 지금 필요한 것은 겸손의 지혜다.

마지막으로 구약성서 이사야서의 한 대목을 옮겨보겠다.

"누가 손바닥으로 바닷물을 되었고 장뼘으로 하늘을 재었으며 되로 땅의 먼지를 되었느냐? 누가 산들을 저울로 달고 언덕들을 천칭으로 달았느냐? 누가 주님의 영을 지도하였으며 누가 그분의 조언자가 되어 그분을 가르쳤느냐? 그분께서 누구와 의논하시어 깨우침을 받으셨고 누가 그분께 올바른 길을 가르쳐 드렸느냐? 누가 그분께 지식을 가르쳤으며 슬기의 길을 깨치시게 하였느냐? 보라, 민족들은 두레박에서 떨어지는 물 한 방울 같고 천칭 위의 티끌같이 여겨질 뿐. 진정 그분께서는 섬들도 먼지처럼 들어 올리신다. 레바논은 땔감으로도 모자라고 그곳 짐승들은 번제물로도 모자란다. 민족들 모두가 그분 앞에는 없는 것이나 마찬가지, 그분께는 아무것도 아니며 헛것으로만 여겨진다.

23 E. 레비나스, 김도형 외 2인 번역,『전체성과 무한』, 그린비, 2018, p.28.

너희는 하느님을 누구와 비교하겠느냐? 그분을 어떤 형상에 비

기겠느냐?"

(이사 40 : 12-18)

소유와 존재의 삶의 방식에서 바라본
호모 사피엔스의 미래

———————————————— 송용민(신부, 인천가톨릭대학교 교수)

1. 탐욕의 시대, 무엇이 나를 살게 하는가?

철학자이자 문화비평가인 한병철[1]은 그의 철학 에세이 『피로사회』
에서 "시대마다 그 시대에 고유한 주요 질병이 있다"[2]고 지적한 바

---

[1] 한병철은 독일 문학과 가톨릭 신학을 전공하고, 1994년에 하이데거에 관한
논문으로 박사학위를 받은 후, 2000년에 스위스 바젤 대학에서 데리다에
관한 논문으로 교수자격을 취득하였다. 현재 독일 칼스루에(Karlsruhe)의
조형예술대학 교수로 재직 중이며, 한국에서 2011년 출간한 『권력이란 무
엇인가?』로 소개된 바 있다. 그는 2010년 독일에서 소개된 『피로사회』를 통
해 주목받는 문화비평가로 독일에서 사회적 반향을 일으킨 바 있다.

있다. 그는 현대 사회를 비평하는 방식들 가운데 시대를 병리학적 현상을 통해 분석하면서 다음의 세 가지 현상을 통해 우리 시대를 '피로사회'로 규정한 바 있다.

첫째, 나와 남 사이의 뚜렷한 경계선을 긋고 나와 다른 타자를 이질적인 요소로 바라보며 방어적 반응을 갖추는 면역학적 부정성에서 벗어나 오늘날에는 이질성이 자아의 결함을 보완, 성장시켜주는 긍정성의 과잉으로 해석되어, 과잉생산, 과잉가동, 과잉 커뮤니케이션으로 인한 신경증적 폭력이 발생하고 있다.

둘째, '해서는 안 된다'는 금지의 부정성이나 '~해야 한다'라는 규율로 통제된 사회에서 오늘날은 '무한정한 할 수 있음'이 강조되는, 그 결과 할 수 있다는 능력의 긍정성에 빠진 성과사회로의 패러다임으로의 전환은 개인으로 하여금 '소진 증후군', 곧 성과를 향한 압박으로 인해 다 타서 꺼져버린 탈진한 영혼의 표현이 나타나고 있다.

셋째, 오늘날은 인간의 활동적 삶의 가치가 극대화되어 만족할 수 없는 성과의 결핍 속에서 극단적인 허무를 느끼며 존재의 결핍은 물론 초조와 불안이라는 신경과민에 빠지는 병리현상을 겪는 개인이 늘고 있으며, 현대인은 산만한 주의력과 단순한 분주함으로 사색적 삶을 잃고 극단적 피로와 탈진상태로 인해 폭력적 피로

---

2   한병철, 김태환 역, 『피로사회』, 문학과 지성사, 2012.

에 빠지고 있다.

  필자는 현대인이 겪고 있는 긍정성의 과잉과 성과를 향한 압박,
그리고 이로 인한 신경과민과 피로현상이라는 병리학적 시대 분석
과 비평이 오늘날 자본주의와 인본주의 문명의 병폐로 광범위하게
펼쳐지고 있는 '인간의 '탐욕'[3]이라는 병리적 현상과 무관하지 않
다고 본다. 탐욕은 '만족할 줄 모르는 것'이며 소유욕, 성욕, 명예욕
과 더불어 자기중심주의와 인색함, 더 나아가 중독이라는 병적 현
상이라고도 볼 수 있다.[4]
  우리가 다루는 유발 하라리의 문명 비판에도 이러한 인간 탐욕
의 미래에 대한 비판이 담겨 있다. 40억 년의 지구 역사에서 7만
년 전 처음 출현한 호모 사피엔스가 단일종으로서 지구 생태계를
변화시킨 독보적인 존재가 되었고, 오늘날 인류는 생존을 위한 기
본적 욕구를 넘어 '탐욕'이라는 욕망의 병리 현상을 극단적으로 겪
고 있기 때문이다.

---

3 본래 '탐욕'이란 단어는 그리스어로 pleonexia, 곧 pleon과 echein에서 비
   롯한 말로, '더 많이 가지려 하다'란 뜻으로 소유욕과 충족할 줄 모름, 방종
   을 뜻한다. 안셀름 그린, 『탐욕』, 황미하 역, 바오로딸, 2019, pp.29~30.
4 욕구라는 뜻의 독일어 'Sucht'는 수많은 병을 의미하는 'siech'에서 유래했
   는데, 이는 존재에 대한 결핍을 채우려는 소유욕이 병리 현상임을 뜻한다.
   안셀름 그린, 『탐욕』, p.36.

필자는 유발 하라리가 주장하는 '호모 사피엔스'[5]가 '호모 데우스'[6]가 될 것이라는 예견과 분석에는 나름의 이유가 있다고 본다. 곧 인간이 지닌 탐욕이라는 본성이 현대 기술혁명과 자본주의 신화를 만나 "자연선택을 지적 설계로 대체하고, 생명을 유기체에서 비유기적 영역으로 확장"[7]해 나가려 할 뿐만 아니라, 신 없는 극단적 인본주의에 내재된 결함을 넘어 인류 스스로 자신의 종種을 업그레이드하고자 하기 때문이다. 그러나 인류의 미래를 밝힐 자유주의와 세계화는 "대중을 제물로 소수 엘리트에게 힘을 건넨 거대 사기"[8]라는 결론에 이르렀고, 현대의 생명기술과 정보기술의 혁명은 인류의 경제와 사회뿐 아니라 인간의 신체와 정신까지 재구성할 수 있게 되었으며, 심지어 생태계학적 붕괴와 기술적 파괴라는 두려운 결과를 가져오고 말았다. 현대 자본주의는 경제 성장을 통한 인간의 행복을 약속하는 듯하지만, '탐욕'이라는 괴물을 품고 있는 '야수 자본주의'의 속성은 생태학적 위기와 지구 종말이라는 기술적 파괴의 두려움을 일으키고 있는 것이 사실이다.

필자는 유발 하라리의 문명 비판이 호모 사피엔스가 지닌 양면

---

5   유발 하라리, 조현욱 옮김, 『사피엔스』, 김영사, 2015.

6   유발 하라리, 김명주 옮김, 『호모 데우스』, 김영사, 2017.

7   유발 하라리, 전병근 옮김, 『21세기를 위한 21가지 제언』, 김영사, 2018, p.109.

8   유발 하라리, 『21세기를 위한 21가지 제언』, p.23.

성, 곧 인류세를 이루며 집단 신화를 통한 이타적 협력과 소통으로 지구 생태계를 지배해온 놀라운 능력만큼이나 인간이 스스로 자기 존재의 원천에서 벗어나 이기적 욕망으로 공감과 관계의 그물망은 물론 생태계 파괴를 가져온 탐욕의 부정성을 적나라하게 지적하고 있다고 생각한다. 그러나 오늘날 인류가 극단적 자본주의의 병폐 속에서 욕망과 탐욕의 시대를 살고 있다는 점을 굳이 부정하지 않더라도, 과연 호모 사피엔스가 이러한 탐욕의 부정성에만 빠져 더 이상 자신의 존재론적 원천에 대한 갈망과 초월에로의 자기완성의 희망을 송두리째 잃어버린 것은 아니라고 생각한다. 이 점은 인간의 행복의 기준이 소유와 탐욕의 방식만이 아니라, 존재에 대한 사랑과 공감능력, 상상을 현실로 만드는 창의력과 현재를 긍정하고 의미를 기획하며 미래를 희망하는 초월에로의 감각과 무관하지 않다는 사실을 말해준다.

필자는 이미 고전이 된 에리히 프롬의 『소유냐 존재냐』에서 분석한 인간의 두 가지 존재방식에 대한 물음이 60여 년이 지난 오늘날에도 여전히 유효한 질문이며, 유발 하라리의 전작을 관통하고 있는 물음의 기조가 되는 물음이라고 생각한다. 따라서 소유와 존재의 두 가지 인간의 존재방식을 기초로 유발 하라리가 비판하는 '종교'의 기능성에 대한 문제제기와 '호모 데우스'가 되려는 인간 존재의 행복의 기준이 무엇인지를 종교인의 입장에서 성찰하고, 가톨릭 신학자로서 그리스도교가 호모 사피엔스의 미래에 어떤 희망의 이야기를 전할 수 있는지 찾아보고자 한다.

2. 호모 사피엔스의 행복, 그 기준은 무엇인가?

유발 하라리는 호모 사피엔스가 인류 역사에서 결코 극복할 수 없는, 그래서 수많은 사상가와 예언자들이 신의 거대한 계획이거나 불완전한 인간 본성의 일부로 치부해버린 '기아, 역병, 전쟁'을 21세기 인류는 상당 부분은 이미 극복했으며, "전례 없는 수준의 번영, 건강, 평화를 얻은 인류의 다음 목표는 과거의 기록과 현재의 가치를 고려할 때 불멸, 행복, 신성이 될 것이다"[9]라고 밝힌 바 있다. 오늘날에는 자연적 기근보다 정치적 기근이 더 문제가 되었고, 인류를 괴롭힌 전염병은 현대 의학기술의 비약적 발전으로 이겨내고 있으며, 여전히 지구촌에 전쟁과 폭력, 테러리즘이 난무하지만, 이 문제들은 이제 무력한 인류가 이해할 수도 통제할 수도 없는 불가피한 비극이 아니라고 말한다. 이제 호모 사피엔스의 과제는 굶주림, 질병, 폭력으로 인한 사망률을 줄인 다음에 노화와 죽음 그 자체를 극복하는 것, 사람들을 더 행복하게 만드는 것이며, 인류를 신으로 업그레이드하고, '호모 사피엔스'를 '호모 데우스'로 바꾸는 것이라고 하였다.[10]

---

9   유발 하라리, 『호모 데우스』, p.39.

그렇다면 호모 사피엔스가 호모 데우스로, 곧 과거에는 상상할 수 없던 신의 영역이 인간의 기술혁명으로 현실이 되고, 생명공학과 유전자공학으로 인간의 수명이 과거와는 비교가 되지 않을 만큼 늘어나는 미래가 된다면 과연 인간은 더 이상 고통과 죄의식에 시달리지 않고, 죽음의 두려움을 넘어 행복한 인간이 될 수 있을까? 21세기 인류가 찾는 개인적인 행복은 인류를 괴롭혀온 기아, 역병, 전쟁이라는 굴레에서 벗어나 물질적 풍요와 기대 수명의 증가와 건강, 그리고 전쟁 없는 평화와 번영으로 이어질 수 있을까?[10]

하라리는 인간 행복의 기준에 대한 수많은 학자들의 최근 논의와 유사하게, 인류가 역사 속에 추구해온 행복의 기준들을 검토하고 이에 문제를 제기하였다. 물질적 풍요와 질병 치료, 안락과 세계 평화에도 불구하고 자살률이 증가하고 주관적 행복감이 늘지 않는 이유는, 행복이 객관적 조건보다 기대치에 달려 있으며, 행복의 조건이 좋아져도 만족도가 높아지는 것이 아니라 기대치가 높아지는 데 문제가 있다는 점을 지적한다.[11] 행복은 자아의 현실과 기대치가 일치할 때 얻어지는 감정이기 때문이다. 특히 현대인이 느끼는 행복감은 경제적, 사회적, 정치적 상황이 아니라 인간의 생화학적 조건에 달려 있다고 말한다. 한마디로 행복은 고통이 없는, 그 순간

---

10   유발 하라리, 『호모 데우스』, p.39 참조.
11   유발 하라리, 『호모 데우스』, p.58 참조.

에 신체적 감각이 유쾌한지 불쾌한지에 달려 있다는 말이다. 문제는 이 유쾌한 감각이 지속되지 않고 불쾌한 감각으로 바뀌어버릴 때마다 인간의 기쁨과 슬픔이 교차한다는 것이다. 마치 칼릴 지브란이 그의 저서 『예언자』에서 "기쁨은 가면을 벗은 그대들의 슬픔"이라고 말한 것과 비슷하다.[12]

하라리는 현대 세계의 행복의 문제를 진화의 관점에서 파악한다. 곧 인간은 생존과 번식의 기회를 늘리기 위하여 유쾌한 감각으로 보상받는 생화학적 기제를 발전시켰지만 행복 그 자체에 대한 정신적 감각을 발전시키지는 못했다고 본다. 현대인이 짜릿한 감각을 얻기 위해 스포츠 경기, 포르노, 게임, 쇼핑 등에 몰두할수록 기대치가 상승하고, 채워진 기대가 일상이 되어버리는 반복된 불만 상태에 빠질수록 인간의 행복감은 지속될 수 없다. 이를 위해 인간이 추구하는 생화학적 기제의 조작은 필연적인 결과이다. 약물 치료는 현대인에게 필수가 되어가고, 국가가 정치안정, 사회질서, 경제성장을 강화하기 위한 생화학적 조작은 물론이고 뇌의 조작과 유전자 조작까지도 할 수 있는 세상이 되고 있다. "자본주의

---

12 "그대들 기쁠 때 가슴속 깊이 들여다보라. 그러면 알게 되리라, 그대들에게 기쁨을 주었던 바로 그것이 그대들에게 슬픔을 주었음을. 그대들 슬플 때에도 가슴속을 다시 한 번 들여다보라. 그러면 그대들, 그대들에게 기쁨을 주었던 바로 그것 때문에 이제 울고 있음을 알게 되리라." 칼릴 지브란, 강은교 역, 『예언자』, 문예출판사, 1995. pp.39~40.

라는 거대 조직에게 행복은 곧 쾌락"[13]이라는 유발 하라리의 지적
은 적절하다.

문제는, 이러한 행복에 대한 기준에서 본다면 호모 사피엔스가
추구하는 행복의 조건은 스스로 자신의 생물학적 기질을 신처럼
제어하려는 데 달려 있다는 점이다. 생명공학, 사이보그 공학, 비유
기체 합성은 인간이 자신을 신으로 업그레이드하는 길이다. 생명
공학자는 사피엔스의 몸의 유전암호를 고치고 뇌 회로를 바꾸며,
생화학 물질의 균형을 바꾸어 신체를 변형시킬 수 있다. 더 나아가
유기체를 비유기적 장치들과 융합하여 인간의 고통을 유발하는 신
체 장기들을 대체하고, 마침내는 완전한 비유기적 존재를 설계하
여 지금까지 상상하지 못했던 인조인간의 미래로 인류 자체를 바
꾸게 된다면, 호모 사피엔스는 사라지고 호모 데우스가 되어 과거
에는 상상하지 못했던 신성의 능력을 획득하지 말라는 법이 어디
있느냐는 것이다.

유발 하라리의 이러한 예측에 우리가 당혹감을 갖는 이유는, 호
모 사피엔스로서 인간이 추구하는 행복은 이러한 소유적 욕망에만
달려 있는 것이 아니라는 점을 삶의 체험과 지혜를 통해 얻고 있기
때문이다. 특히 인간 존재의 결핍에 대한 태도는 진화적 관점에서
보다 정신적 변용의 관점에서 특이점이 발생한다. 하라리도 지적

---

13 유발 하라리, 『호모 데우스』, p.68.

하듯이, 무절제한 쾌락 추구가 가져다주는 행복감이 절대적 행복의 기준이 될 수 없고, 쾌감을 추구하는 것이 인간 고통의 근원임을 깨닫게 된다면 차라리 진정한 행복은 쾌락을 빠르게 뒤쫓는 것이 아니라 놓아주는 것이라는 불교적 시각에 공감을 표현할 만하다. 우리의 감각이 덧없고 무의미한 동요에 불과하다는 것을 깨닫는다면 더 이상 인간이 욕망의 노예가 되지 않기 때문이다. '멈추면 비로소 보이는 것들'[14]을 찾아가는 구도의 여정이 현대인에게 절실한 시대인 것만큼은 분명하다.

그러나 과연 호모 사피엔스는 행복에 대한 초월적이고 정신적 평정을 이야기하는 종교의 길을 선택하게 될까? 유감스럽게도 그렇지 않다. 유발 하라리는 미래 사회가 추구하는 인공지능, 나노기술, 빅데이터, 유전학 등의 기술혁명이 인류의 미래와 행복에 어떤 영향을 끼칠지 가늠할 수 없고, 누구도 브레이크를 밟을 수 없다는 현실은 현대 자본주의가 추구하는 무한 성장의 경제원리가 인간의 불멸과 행복, 신성을 위한 쉼 없는 동력을 제공해주고 있다는 사실을 지적한다. 그러나 우리가 생각할 점은 이러한 예측이 현실이 되지 않기를 바라기보다는 우리가 다른 선택을 할 수 있는 여지가 남아 있다는 사실이다. 인류가 추구하는 불멸, 행복, 신성은 인본주의의 논리적 결론인 동시에 인본주의에 내재된 결함들을 드러내기

---

14 혜민, 『멈추면, 비로소 보이는 것들』, 쌤앤파커스, 2012.

때문이다. 무엇이 참된 불멸이고 행복이며, 신성을 얻는 길인지 아직 물음들이 남아 있기 때문이다.

3. 소유냐? 존재냐? 오래된, 그러나 여전히 유효한 질문

"우리는 지독하게 불행한 사람들끼리 모여 집단을 이루고 있다. 외로운 사람, 걱정 많은 사람, 의기소침한 사람, 파괴적인 사람, 남에게 의지하여 살려는 사람, 시간을 아끼려고 그렇게 애쓰다가 그 시간을 허송해버리고서도 기뻐하는 사람 등."[15]

사회심리학자인 에리히 프롬(Erich Fromm, 1900~1980)은 그의 저서 『소유냐 존재냐』(To Have or To Be)에서 인간 경험의 서로 다른 두 가지 기본 양식을 면밀하게 관찰하여 이 둘의 근본적 차이를 분석하고 두 생존 양식을 심층적으로 고찰한 바 있다. 그는 인류가 소유와 존재의 삶의 방식에 따라 다양한 문명 체계를 발전시켜 왔다고 설명한다. 특히 20세기 인류는 "무한한 생산, 절대적 자유, 무한한 행복의 삼위일체가 무한한 발전이라는 새로운 종교의 핵을 형성"[16]하여 현대인의 소유 양식에 바탕을 둔 욕망의 종교에 귀의

15　에리히 프롬, 박병진 역, 『소유냐 존재냐』, 육문사, 1993, p.23.
16　에리히 프롬, 같은 책, p.18.

하고 있다고 비판한다. 앞서 언급한 현대인이 겪고 있는 현실은 호모 사피엔스가 지닌 양면성의 단면일 수 있다. 중요한 점은, 인류는 소유의 방식과 존재의 방식 어떤 한 가지 양식으로만 살아오지 않았다는 점이다. 단지 현대 사회의 변형되고 조작된 가치관과 교육, 사회 정치적 원리와 언론이 균형과 조화를 필요로 하는 인간의 삶에 부조화를 만들어 왔다는 점은 분명하다. 호모 사피엔스는 두 날개를 갖고 조화롭게 날지 못하는 대신, 부러진 날개로 애써 날아보려고 애쓰는 병든 種종이 되었는지도 모른다.

그렇다면 에리히 프롬이 말하는 소유와 존재라는 두 가지 삶의 양식이 유발 하라리가 말하는 호모 사피엔스의 미래에 어떤 의미를 갖게 될까?

1) 소유의 방식에서 본 삶과 죽음

유발 하라리는 호모 사피엔스가 세계를 지배할 수 있었던 힘은 이들이 타고난 '스토리텔러'로서 이야기를 통한 상호주관적 의미망으로 상호협력 체제를 만들 수 있는 능력 때문이라고 말한다. 인간은 동물들과 비슷한 생화학적 알고리즘에 의해 감각·감정·욕망을 지니고, 비슷한 정서적 유대감도 갖지만, 약 1만 2천 년 전 시작된 농업혁명을 통해 상호주관적 연결망의 확대와 강화를 이루어냈고, 농업경제에 입각한 관료제를 정당화하기 위하여 유신론에 근거한 우주론적 신화를 토대로 강력한 협력집단을 형성할 수 있었다고 주장한다. 객관적 실재와 주관적 경험의 이중 현실로 살아가는 동물들과는 달리, 신·국가·기업과 같은 실재하지 않는 허구를 현실로 이야기하는 상호주관적 실재 인식을 통해 상상의 질서에 대한 믿음을 갖고, 여럿이 유연한 소통을 하며 흔들림 없는 위계질서와 대규모 협력 네트워크를 만들 수 있었기에 세계를 지배할 수 있었다는 논리이다.[17]

집단 신화는 인간이 신으로부터 자연을 지배할 권한과 불멸의 영혼을 갖고 있다는 신성화의 과정을 이룰 수 있게 해주었으나, 19세기 이후 과학혁명으로 인해 신 없는 인간의 유토피아를 꿈꾸는 인본주의 종교가 탄생했다. 그리고 그 결과 더 이상 신으로부터 존재의 근거 해명을 필요로 하지 않는 고유한 자아에 대한 신념을 가진 인간은 주관적 의식과 마음의 독특한 경험을 호모 사피엔스로의 고유한 정체성으로 확립해왔다.

그러나 하라리는 20세기 이후 발전된 뇌 과학과 유전공학 등 기술혁명의 결과로 인간 자아의 고유성은 뉴런의 상호작용을 통한 의식적이고 무의식적인 알고리즘의 산물에 불과한 것이 되고, 윤리적 판단의 중심이 되는 인간의 '자유의지'마저도 물리적·화학적 법칙의 지배를 받는 유전자, 호르몬, 뉴런 때문이라는 점을 강조하였다.[18] 그래서 욕망을 소유하는 불멸의 자아는 존재하지 않으며,

---

17 유발 하라리, 『호모 데우스』, pp.218~219 참조.

빅데이터로 무장된 외부 알고리즘에 의해 인간의 자유의지가 지배되고, 최근 공상과학영화의 주제로 자주 드러나듯이, 인간이 컴퓨터 과학과 생물학을 기반으로 생성된 단일 네트워크에 종속된 개체가 되며, 심지어 인간의 경험이 신성화된 만물인터넷에 종속되어 데이터 패턴으로 전락하는 '데이터교'의 신도들이 될 것이라고 예측한다.[19]

유발 하라리의 이러한 문명 비판의 기조에는 인류의 '진화'라는 관점에서 종으로서 인류가 추구하는 것이 무엇인지를 분명하게 보여준다. 진화의 관점에서 보면 인류가 간직해온 '신에 대한 믿음'으로서의 종교 역시 "인간 상상물의 산물이고, 인간 상상력은 생화학적 알고리즘"[20]에 불과한 것이 된다. 종교는 인간의 사회 구조에 초

---

18 유발 하라리, 같은 책, 제8장 '실험실의 시한폭탄', pp.386~419 참조.

19 유발 하라리는 인간이라는 종은 단일한 데이터 처리 시스템, 개인은 시스템을 이루는 칩에 비유한다. 그래서 역사 전체는 이 시스템의 효율을 높이는 과정으로 이해될 수 있고, 연산능력이 뛰어난 전자 알고리즘에 기반을 둔 빅데이터는 인간의 욕망과 능력을 데이터로 수집해 장악하고, 효율성의 관점에서 인간의 정치, 경제, 사회적 시스템을 업그레이드할 것이라는 예측이 가능하다고 말한다. 그 결과 호모 사피엔스가 지켜온 권위와 의미의 원천들은 파괴되고. 인간 중심적 세계관은 데이터 중심의 세계관으로 이동하는 새로운 종교혁명이 일어날 것이라고 예고한다. 유발 하라리, 『호모 데우스』, 제11장 '데이터교', pp.481~544 참조.

20 유발 하라리, 같은 책, p.534.

인적 정당성을 부여하고 인간의 규범과 가치를 정당화하는 원리로 전락하는 것이다.[21]

하라리의 이러한 문명 비판의 기저에는 에리히 프롬이 비판하는 인간의 소유 방식의 삶의 양태들이 깔려 있다. 프롬에 따르면, 소유하는 생존 양식이란 세계에 대한 나의 관계를 소유하고 점유하는 관계로, 나 자신까지 포함한 모든 사람과 모든 사물을 나의 재산으로 만들려 하는 관계를 뜻한다. 곧 소유는 "어떤 것을 가지고 나의 내부에 영원히 보관"[22]하는 행위이며, 보다 많이 갖고자 하는 양적 욕망의 속성을 갖는다. 호모 사피엔스가 지구를 지배하는 과정은 자연에 대한 지배와 착취는 물론 타자의 소유에 대한 침해와 약탈, 이기적 탐욕과 권력욕에 물든 배타적 증오와 기만, 그리고 적자생존과 경쟁 속에서 약자에 대한 무관심으로 일관되어 온 것이 사실이다. "탐욕은 소유 지향의 당연한 결과"[23]이다.

인생의 목표가 모든 욕구의 충족이라는 쾌락주의자의 외침이 영혼의 이익이 아닌 물질적, 금전적 이익을 의미하게 된 후 현대인에게 행복은 "하나의 탐욕으로부터 다른 탐욕으로의 끊임없는 추이"[24]임을 간파한 에리히 프롬은, 18세기 산업혁명과 자본주의 이

---

21   유발 하라리, 같은 책, p.252 참조.
22   에리히 프롬, 『소유냐 존재냐』, p.52.
23   에리히 프롬, 같은 책, p.169.
24   에리히 프롬, 같은 책, p.22.

후 극단적 쾌락주의와 무한정한 이기주의는 오늘날 더 이상 인간이 추구하는 삶의 영적 가치에 유익한 것보다는 그 자체로 욕망의 대상이 된 정치적, 경제적 제도를 위해 무엇이 좋은지를 찾는 세상으로 탈바꿈하고 있다고 비판한다. 그 결과 현대 사회는 더 이상 윤리적이고 종교적으로 충만한 삶에 대한 요구보다는 인간의 신체적 생존에 필요한 것이 우선시되고, 인간의 마음의 변혁은 인간 영혼 스스로의 변화보다는 급격한 경제적, 사회적 변혁을 통해 인간 마음의 변혁을 가능하게 하는 조건들에 좌우되기에 이른 것이다.[25]

소유의 존재양식에서 보면 인간의 신에 대한 믿음도 유발 하라리의 비판처럼, 참된 신성의 체험을 통한 내적 확신이 아닌, 이미 체계화된 신념을 맹목적으로 소유하여 사회 질서를 유지하는 원리로 남용하거나, 기존의 신념 체계에 반대되는 것을 위협으로 인식하여 철저하게 배타하는 호모 사피엔스의 이기적 속성에 불과한 것이 된다. 신앙의 대상인 신神을 마주하는 방식에 있어서도, 소유 양식은 신이 자신의 신념을 흔들리지 않게 붙잡아주는 든든한 보루가 될 수는 있으나, 그러한 신은 인간이 스스로 만들어 낸 신이자 집단 신화에 근거한 우상이 되고 만다. 신이 우상이 되는 순간 인간은 신을 소유할 수 있게 되고, 동시에 그 신에 굴복함으로써 그 우상이 되어버린 신이 오히려 나를 소유하기 시작하는 것이

---

25 에리히 프롬, 같은 책, p.29 참조.

다.[26] 그 결과 신은 나의 체험과는 무관하게 불변의 이념이 되고, 수많은 삶의 맥락에서 제기되는 실존적 물음을 던지는 일 없이, 그리고 스스로 그 해답을 찾아 나서는 일 없이 이른바 우상화된 신의 확실성에 발을 딛고 자신이 원하는 욕망을 이루기 위한 도구로 전락하고 만다.[27] 하라리가 역사 속의 제도종교에 대해 날카로운 비판을 가한 점은 19세기 이후 무신론과 논리 실증주의에 의해 제기된 종교 비판과 맥을 같이한다고 본다.[28]

---

26 에리히 프롬, 같은 책, pp.73~74 참조.

27 현대 사회의 종교의 세속화를 비판하는 대부분의 기조는 종교가 추구하는 본래 가치가 세상의 속됨과 불안, 미움과 거짓, 죄와 고통은 물론 죽음 너머의 완전함, 영원함, 거룩함, 선성과 참된 지혜에로의 인간 희망의 근거를 밝혀내는 것임에도 불구하고, 종교의 역사가 오히려 지배세력과 결탁하여 세속적 영광을 스스로 누리거나, 사회의 지배계급이 되어 종교적 가치를 세속적 가치로 둔갑시키려는 일체의 시도에 있다. 이 점은 한국사회의 종교들이 사회의 불의와 부정을 비판하는 예언자적 기능을 수행하며 스스로 세상의 불완전성을 넘어 완전함을 드러내는 표징이 되지 못하고 있다는 비판을 받기에 충분하다.

28 유발 하라리의 종교 비판과 문명사회의 미래에 대한 예측은 19세기 이후 합리적 이성에 부합하지 않는 인간의 신앙 행위가 "인간의 자기 투사로서의 신에 대한 허상"(포이에르바흐), 또는 "나약한 인간 심리의 의존적 결핍 현상"(프로이트)으로 치부되거나 '민중의 아편'(칼 맑스) 혹은 "실증할 수 없는 것, 말할 수 없는 것에 침묵"(비트겐슈타인)하라고 폄하한 무신론자들과 논리 실증주의자들의 흐름을 잇고 있다고 본다. 이러한 흐름은 최근 출판되어 대중의 관심을 얻고 있는 서적들, 곧『만들어진 신』(리처드 도킨스),『인

그러나 필자는 유발 하라리의 입장이 사회심리학자 에리히 프롬이 언급한 현대인의 소유의 삶의 양식이 만들어 낸 문명의 비극으로 보인다. '신'에 대한 믿음의 인간학적 신뢰 행위는 물론, 종교의 기초 원리인 '사랑'이나 '자비'와 같이 소유할 수 없는 도덕과 종교적 가치들이 그 대상을 구속하고 지배하는 소유 방식으로 해석될 때 신과 사랑은 인간의 독점적 소유 대상으로 전락하고 이기적 욕망의 도구가 되어 버리기 때문이다. 인생의 의미를 찾아가는 과정에서도 소유 방식의 삶은 타자와의 만남과 대화 속에서 현재의 의미를 재생산하고, 미래를 희망하는 과정에서조차 타자와 그 희망을 공유하거나 공동의 미래로 선취先取하는 노력을 일으키지 않고 무지와 무관심으로 이기적인 거짓 평화에 안주하게 만든다.

소유 방식은 호모 사피엔스에게 죽음마저도 전혀 다른 차원으로 해석된다. 유발 하라리가 지적하듯이, "역사를 통틀어 종교와 이념은 생명 그 자체를 신성시하지는 않았다. 종교와 이념은 언제나 세속적인 존재 위의 어떤 것 또는 그런 존재를 초월한 뭔가를 신성시했고, 따라서 죽음에 꽤 관대했다. …… 죽음의 순간은 의미가 폭발하는 신성한 형이상학적 경험"[29]이기 때문이다. 그러나 21세기 새로운 기술혁명의 시대에 죽음이 지닌 초월적이고 종교적인 의미

간화된 신』(레자 아슬란)에서도 이어지고 있다.

29　유발 하라리, 『호모 데우스』, p.40.

가 해명되는 것이 아니라 "해결할 수 있고 해결해야만 하는 기술적 문제"[30]가 되었다. 삶을 소유의 방식으로 이해하는 현대인에게 죽음은 죽음 자체에 대한 두려움이 아니고 "소유물을 잃는 것에 대한 두려움"이고, "자기 자아, 나의 소유물 및 나의 동일성을 잃는 데 대한 두려움"[31]이기에 극복해야 할 문제가 되어 버렸기 때문이다.

이러한 의식의 변화는 유발 하라리가 지적하듯 앞으로 노화와 죽음의 문제를 해결하기 위한 인류의 노력으로 이어질 것이다. 유전공학, 재생의학, 나노기술 등을 통해 죽음과의 전쟁이 일어날 것이고, 이러한 과학적 진보를 통해 죽음을 극복하려는 인류의 시도는 단순히 생명 연장을 위한 실험실에서 연구를 통해서가 아니라, 사회·정치·경제면에서 지배 권력가들로부터 착취당하는 인간들이 불평등한 현실을 직시하고 자기 생명 연장의 권리를 의회, 법정, 거리에서 주장하게 될 것이라는 유발 하라리의 예측은 설득력이 있다.[32]

만일 소유의 생존 방식만으로 호모 사피엔스의 행복과 미래가 보장되는 것은 아니라면, 인간은 어떤 다른 생존 방식을 선택할 수 있을까?

---

30   유발 하라리, 같은 책, p.41.

31   유발 하라리, 같은 책, p.188.

32   유발 하라리, 같은 책, p.51.

2) 존재의 방식에서 본 삶과 죽음

유발 하라리는 호모 사피엔스가 객관적 실재와 주관적 경험 이외에도 상호주관적 실재에 대한 믿음을 가지고 사는 존재라고 말한다. 인간은 실재하지 않는 허구에 삶의 의미를 찾아가며 자신이 믿고 있는 이야기와 집단의 제도가 지닌 든든한 지붕의 무게가 지탱해주고 있는 세상 속에 사는 스토리텔러이기 때문이라는 것이다. 그는 인간 삶의 의미란 결국 진실에 대한 이야기가 아니라, 허구를 진실로 믿고 합리화하며, 그 허구적 상상을 위해 자기희생과 다양한 형태의 종교적 의식을 통하여 집단적 신화에 묶여 있는 것이라고 비판한다.[33]

그러나 필자는 유발 하라리가 지적하듯이 집단 신화에 빠진 호모 사피엔스의 삶이 단순히 조작된 현실을 사는 것에 불과하다거나, 그가 자신의 한계를 넘어 신성, 불멸, 행복을 찾아가는 일을 멈추지 않으면 결국 스스로 새로운 종種으로의 진화를 선택하는 것이 운명이 될 것이라고 단순화하는 것은 적절하지 않다고 본다. 현실에 없는 것을 상상하고 과거를 회상하며 현실의 삶의 가치를 부여하는 '의미 그물망' 속에 살고 있다는 점이 오히려 호모 사피엔스가 지닌 본성적 가치이기 때문이다.

인간은 존재론적으로 의미를 추구하는 존재이며, 여기서 '의미'

---

33   유발 하라리, 같은 책, 제4장 스토리텔러, pp.218~276 참조.

란 일종의 "합목적성合目的性 체험"을 뜻한다.[34] 즉 인간은 삶의 여정 속에서 마주하는 다양한 사건들을 하나의 표징으로 인식하고, 그 표징이 자신의 지각 체계를 떠맡고 있는 이해 지평과 '부합하는지'에 대하여 끊임없는 물음을 던진다. 지각된 표징들이 자신의 실존적 의미, 즉 삶과 죽음의 본원의 물음과 맞닿아 있는 경우 인간은 비록 자신의 해석 지평과 부합하지 않는다 하더라도 이 표징들을 삶의 의미 체계에 적극적으로 편입하려는 '의미 기획'을 단행한다. 이때 받아들여진 의미들은 생의 이해 지평에 새로운 변화를 일으키고, 인간은 '삶의 의미'를 획득하기 위해 자신의 이해 지평을 확장하거나 타자의 이해 지평과 창조적으로 만나는 지평융합의 과정을 거친다.[35] 삶의 의미에 대한 질문이 유한한 인간의 실존적 종결인 '죽음'과 이를 초극하려는 초월에로의 희망과 맞닿아 있을 경우, 의미는 곧바로 인간이 종교적 삶을 가능하게 하는 조건이자 관문으로 여겨진다.[36]

---

34 R. Schaeffler, "Sinn": *Handbuch der philosopischen Grundbegriffe* Ⅲ, 1325: '의미'란 "감각의 지향성이 그보다 상위의 관련 체계에 규정되어, 포괄적인 맥락 속에서 개별적인 것들이 전체에로 질서를 잡는 것"이라고 말할 수 있다. H. Fries, *Fundamentaltheologie*, Freiburg, u.a., ²1985, p.28.

35 20세기 정신문화의 꽃이라고 불리는 해석학은 현존재로서 인간의 실존적 의미 물음과 의미 기획의 해석학적 순환 관계를 통찰함으로써 인간 존재를 '이해'라는 정신적 움직임으로 해명한 바 있다. 김경재, 「해석학과 종교신학」, 『한국신학논집』 19, 한국신학연구소, 1994, pp.53~66 참조.

이런 면에서 에리히 프롬은 인간이 단순히 소유의 생존양식만으로 사는 것이 아니라, 존재의 생존 양식을 선택하는 존재라는 점을 강조한다. 존재양식이란 세계와 확실하게 관련되어 있는 것이며, 철학적으로는 영속적, 항구적, 불변의 실체에 참여함으로써 얻게 되는 삶의 안정감이라고 말한다.[37] 존재양식이란 "아무것도 소유하지 않고, 무언가 소유하기를 갈망하는 일 없이 기쁨에 넘쳐 자신의 능력을 생산적인 일에 사용하며, 세계와 하나가 되는 생존 양식"[38]이며, "주체와 객체 사이의 살아 있는 과정"[39]을 뜻한다. 물론 오늘날 돈, 명성, 권력에 대한 탐욕이 삶의 지배적 주체가 되어 있는 현대 자본주의 사회체제 속에서, 소유방식이 아닌 능동적인 참여와 공유共有의 존재방식을 선택하기는 쉬운 일이 아니다.

그러나 존재양식이 지닌 참여적 방식은 실재하지 않는 상상력을 현실로 만들어 내는 창조적 이야기를 이끌어낸다. 자신의 입장을 확고부동한 것으로 인정하고 자신의 신념을 옹호하며 상대방을 자기 뜻대로 설득하려는 소유적 형태의 이야기와는 다르다. 존재양식의 이야기는 자신의 사고에 집착하지 않고 열어 놓으면서 타인의 생각과 관심이 자신 안으로 들어오는 것을 거부하지 않고 생

---

36 빅터 프랭클, 이시형 역,『삶의 의미를 찾아서』, 청아출판사, 2017 참조.

37 에리히 프롬,『소유냐 존재냐』, pp.49~50 참조.

38 에리히 프롬, 같은 책, p.40.

39 에리히 프롬, 같은 책, p.123.

생하게 대화에 참여하기에 새로운 생각과 가치가 발생하는 것을 불안해하지 않는다.[40] 인간이 추구하는 지식에 있어서도 존재양식은 지식을 소유하거나 아는 것을 물량적으로나 도식적으로 반복하지 않고, 오히려 지식을 공유하고, 자신의 지식을 절대화하지 않는다. 따라서 존재양식으로서 지식은 자신이 갇힌 "상식적 지각의 기만성을 깨닫는 일"[41]에서 시작하여 사물을 "보다 깊이 아는 것"[42]이다. 한마디로 호모 사피엔스가 지닌 '공감'과 '소통' 능력은 허구적 실재에 대한 상상을 토대로 현실에 대한 합리화와 사회적 질서를 유지하기 위한 집단 신화를 만들어 내는 도구에 불과한 것이 아니라, 역사 속에 생생한 현존재로서 자신의 존재의 원천을 찾기 위하여 관계 속에 더불어 살아가며 기쁨을 얻고 희망을 찾는 호모 사피엔스의 생존 방식이자 고유한 본성에 속한다.

"사람들을 결합시키는 최상의 것은, 한 인간에 대한 존경과 사랑을 공유하는 것, 사상·음악·미술·상징을 공유하는 것, 어떤 의식을 공유하는 것, 그리고 슬픔을 나누어 가지는 것이다. 공유의 경험은 두 사람 사이의 관계에 생명을 불어넣고, 또 그 생명을 유지해준다. 그것은 모든 위대한 종교적, 정치적, 철학적 운동의

---

40 에리히 프롬, 같은 책, pp.62~63 참조.
41 에리히 프롬, 같은 책, p.71.
42 에리히 프롬, 같은 책, p.72.

기반이다."[43]

에리히 프롬이 말하는 존재양식에 따르면, 인간의 신앙행위도 유발 하라리가 비판하듯 미신이나 우상숭배와 같이 어떤 특정 관념에 대한 이기적 믿음이 아니라 "내적 지향, 곧 하나의 마음가짐"이고, 이 경우 "신앙은 '가지고 있는 것(having)'이 아니라, 행위로서의 신앙 '속에' 있는 것"[44]이다. 계시종교에서 고백하는 인격적 하느님의 초월성과 영원성은 유한한 인간을 신의 영원성과 대비시키면서도 신의 생명으로 인간을 부르는 역사의 체험과 긴밀하게 연결되어 있다.[45]

---

43 에리히 프롬, 같은 책, p.173.

44 에리히 프롬, 같은 책, p.75 참조.

45 이 점은 그리스도교의 신관의 뿌리인 히브리인의 신 체험, 곧 모세가 호렙산에서의 하느님의 현존 체험에서 분명히 발생하였다(탈출 3,1-15 참조). 곧 모세가 체험한 하느님의 본질은 더 이상 이름을 부르고 소유의 대상이 되는 신화 속의 한 신이 아니라, 신의 이름조차도 언급할 수 없는 신비 그 자체이자, 존재의 바탕이며 모든 존재하는 것들의 가능 조건으로서 인간의 소유에서 벗어나 있는 새로운 신성의 체험이었다. 또한 탈출기 3장에서 모세는 불타는 떨기나무에 다가서는 매혹감과 동시에 자신의 유한하고 속됨에서 벗어날 것을 요청하는 신의 부르심을 들으면서 거룩함(聖)을 체험하는 인간의 양면적 감정의 독특함을 드러내 보여주었고, "나는 있는 나다"(탈출 3,15)라는 야훼 하느님의 자기 명명은 더 이상 신은 우상화된 형태로 인간 소유의 대상이 될 수 없고, 오히려 인간과 소통하며 관계하는 초월적 인격신임을

존재양식에 있어서 호모 사피엔스의 삶과 죽음도 그 자체로 인간이 조작하거나 연장할 수 있는 소유의 대상이 아닌, 사색과 관조의 대상이 된다. 인간이라면 누구나 실존적 마침인 죽음 앞에서 다음과 같은 질문을 피할 수 없다. "나는 아무런 희망 없이 죽음에 자신을 내맡길 것인가? 아니면 죽음 이후의 막연한 희망에 전 실존을 걸 것인가?" "왜 나의 생 안에서 고귀하게 간직해온 정신적 자산들, 즉 사랑, 충성, 고통, 책임, 자유 등은 아무런 의미 없이 끝나야 하는가?"[46] 설령 죽음 이후의 그 어떠한 종교적 희망에 자신을 내맡기지 않는 무신론자라 하더라도 인간은 이러한 생의 의미에 대한 궁극적 체험 없이 살아갈 수 없는 '종교적 인간(homo religiosus)'이라는 점은 분명하다.[47]

가톨릭 신학자 칼 라너(Karl Rahner)는 인간의 삶과 죽음의 의미를 다음과 같이 설명한다.

<hr />

명백하게 드러낸 것이다. 요셉 라칭거, 장익 역, 『그리스도 신앙 어제와 오늘』, 분도출판사, 2007, pp.118~139 참조.

46 칼 라너, 이봉우 역, 『그리스도교 신앙 입문』, 분도출판사, 1984, p.356.

47 흔히 인간을 '종교적 인간(homo religiosus)'이라고 부르는 학자들의 공통된 의견은 인간이 '신(God)'이라는 인격적이면서도 초월적인 존재를 명시적으로 인정하지 않는다 하더라도, 종교라는 것 자체가 이미 유한성을 넘어 무한성으로 자신을 투신하는 인간의 근본적 처지와 무관하지 않음을 강조하는 표현이라고 본다.

"우리의 삶은 본질적으로 우리가 영구히 머무르기를 바라는 그런 것이 아니다. 삶은 자연히 지금의 실존 양식의 종결을 지향하는 것이다. 만일 시간이라는 것이 종결되지 않는다면 시간은 미쳐버릴 것이다. 만일 영구히 존속한다면 그것은 의미 없는 지옥일 것이다. 만일 모든 것을 나중 기회로 연기할 수 있다면 어떠한 현시점도 소중하지 않게 될 것이다. 어떤 일도 진지하게 다루어지는 일이 없어질 것이다. 어떤 일도 전혀 중요성을 지니지 못한 허무에 빠질 것이다."[48]

인간은 누구나 자신이 살고 있는 시공간의 현실 속에서 아직 완성되지 못한 생의 역사를 체험한다. 자신이 원하지 않는 역사의 우연성(contingency)들 앞에서 실존적 불안을 느낀다. 그러나 만일 인간이 자신의 생의 지평에 불어닥친 불안과 고통 속에서도 이를 극복할 수 있는 그 어떠한 희망을 발견할 수 있게 된다면 이야기는 달라진다. 즉 인간이 "피할 수 없는 삶의 우연적 사건들을 보다 더 큰 전체적 맥락 속에서 이해되도록, 그리고 그 모순들을 견디어낼 수 있도록"[49] 만드는 주체적인 의미 기획은 시간의 불완전성 속에

---

48 칼 라너,『그리스도교 신앙 입문』, p.356.

49 H. Döring/F. X. Kaufmann, Kontingenzerfahrung und Sinnfrage: *Christlicher Glaube in moderner Gesellscahft.* hrsg. von F.Böckle, u.a., Bd. 9, Freiburg 1981, p.10.

서도 영원의 얼굴을 만날 수 있도록 이끌어주기 때문이다. 더 나아가 이 희망의 근거이자 지평이 단순히 주관적 자기 위안이나 투사가 아니라 인류에게 보편적 희망이자 참된 현실의 완성이라고 확신될 때 시간은 영원을 체험하는 장소가 될 수 있다. 라너는 영원이란 "시간 속에 시간 자체가 익어서 열매를 맺는 것"[50]이라고 말한다. 이 말은 인간은 본성상 자신이 시간을 지배하는 주인이라고 생각하는 동시에 철저하게 시간이라는 지평에로 자신을 내맡기는 일 없이는 그 완성을 기대할 수 없는 존재임을 말해준다. 따라서 한 인간이 죽음을 넘어선 영원을 체험한다는 말은 죽음 이후에나 발생하는 시간적인 표현이 아니다. 영원은 시간 안에서 자신의 생을 긍정하고 죽음까지도 긍정하면서 동시에 시간 이후에 나타날 어떠한 대가도 기대하지 않는 자유로운 결단 속에서 체험될 수 있는 그 무엇이기 때문이다.[51]

---

50 칼 라너, 『그리스도교 신앙 입문』, p.357.
51 이러한 체험은 우리들의 일상적인 체험 속에서도 흔히 발견된다. 인간은 시간에 얽매여 있으면서도 때로는 그 시간 속에 자신의 결단이 윤리적으로 올바르다고 판단하거나, 자신의 의미 기획이 충만한 상태에 도달했다고 판단되는 순간에, 흔히 일상에서 말하는 행복하다고 여기는 순간에 "지금 이대로 시간이 멈추었으면 좋겠다"는 소망을 피력한다. 시간이 멈추길 바란다는 것은 더 이상 시간이라는 제약 속에서 불완전과 미완성의 고통이 아닌, 충만된 시간, 더 이상 시간 안에서 바랄 것이 없는 영원한 그 무엇을 체험했음을 드러내는 단적인 예이다.

이런 점에서 존재양식으로 살아가는 인간은 죽음마저도 시간의 두려운 종말이나 불안한 미래로 여기지 않고, 시간 속에 체험하는 영원에로의 갈망이 실현되는 순간, 곧 시간의 완성을 희망하는 사건으로 체험한다. 모든 종교가 인간 현존재가 겪는 실존적 불안과 무의미의 체험을 넘어 죽음보다 더 강한 희망, 곧 죽음을 넘어서도 생의 의미 기획이 가능한 희망의 근거를 찾으려는 초월에로의 갈망 혹은 근원으로의 회귀를 포기하지 않고 있다는 사실은 바로 시간 속에 영원을 살아가는 인간의 근원적 관심, 곧 종교적 관심의 표현임을 일깨워준다.

4. 그리스도교는 호모 사피엔스의 미래와 행복을 보증해줄 수 있을까?

유발 하라리의 3부작, 『사피엔스』와 『호모 데우스』를 이어 『21세기를 위한 21가지 제언』의 3부작 속에 나타난 일관된 문명 비판은, 현실 세계에 대한 날카로운 비판은 물론 탐욕을 가장한 무한 성장의 자본주의 경제체제의 모순과 인본주의의 허상이 무엇인지를 밝혀주고 있다는 점에서 놀라운 통찰력을 보여준다.

유발 하라리의 문명 비판에는 호모 사피엔스가 허구에 불과한 상상을 현실로 만들어 내는 스토리텔러로 세계를 지배해왔다는 전제가 깔려 있다. 그렇다면 인류는 자기 존재를 긍정하기 위해 허구적 신화와 상상력을 필요로 할 뿐이고, 인간이 찾는 삶의 의미란 생존을 위해 어쩔 수 없이 수용해야 하는 현실에 대한 자기기만이 자 합리화에 불과한 것인가?

또 다른 그의 비판에는 '종교'가 인류 역사에서 집단적 신화에 뿌리를 둔 가장 큰 허상이고, "사회질서를 유지하고 대규모 협력을 조직하는 도구"[52]에 불과한 것인가? 호모 사피엔스의 미래에 종교는 아무런 가치를 갖지 못하는가? 무엇보다 인간이 세상에 존재하는 가장 큰 이유에 대하여, 또한 21세기 행복을 찾아 살아가는 인류에게 종교는 어떤 답을 줄 수 있을 것인가?

필자는 2천 년 전 이스라엘 나자렛에서 태어난 역사의 실존 인물인 '예수'를 인류의 구원자, 인간의 죄와 죽음을 십자가의 희생과 대속으로 신과 인간을 중재한 '그리스도', 곧 메시아라는 신앙을 고백하는 그리스도인의 한 사람으로서, 유발 하라리의 이러한 종교 비판과 미래 예측에 대하여 가톨릭 신학자로서 몇 가지 생각할 점을 언급하고자 한다. 동시에 그리스도교가 인류의 '축의 시대'를 이끈 한 종교로서 호모 사피엔스의 미래와 행복을 보증해줄 수 있는 '새로운 이야기'를 어디서 찾아야 하는지 되묻고자 한다.

① 첫째는, 소유가 아닌 존재를 사랑하는 '종교성'의 회복이다.

---

52   유발 하라리, 『호모 데우스』, p.256.

그리스도교는 유한한 인간이 스스로 궁극적 완전함에 이를 수 없고, 자기 존재의 근원에 대한 갈망과 초월을 통해 죽음을 넘어 영원한 생명에 대한 희망으로 사는 존재임을 고백해왔다. 특히 초월적 실재인 신과 인간의 만남과 합일은 신의 자발적이고 초월적인 계시의 형태인 하느님의 말씀을 수용하는 인간의 '들음'을 통하여 인류 역사에 전달되었으며, 역사의 실존 인물인 나자렛 사람 예수의 말씀과 행적 안에서, 더 나아가 예수 그리스도의 십자가에서 드러난 '하느님의 자기 비움'(필립 2,6-8 참조)을 통하여 인격적 사랑의 신비로 발전하였다고 고백한다. 이 사랑의 신적 신비는 하느님이 인류 구원을 위하여 자신을 온전하게 내어주는 전적인 자기 희생의 신비, 곧 '내어줌으로써 더 충만해지는' 신성의 비밀을 예수의 십자가에서 깨달은 그리스도인들의 신앙 고백으로 이어졌다.

따라서 그리스도인은 호모 사피엔스가 피할 수 없었던 소유와 지배라는 자본주의 문명사회 속에서 '내어줌으로써 충만해지는 사랑'을 일깨워준 예수의 '복음'의 가치와 기쁨을 인류 공동체에 선포하는 예언자적 소명을 받았음을 확신하는 이들이다. 그리스도인의 경전인 성경, 특히 예수의 가르침을 담은 신약성경의 중심에는 사람들이 "모든 탐욕이나 소유욕으로부터 벗어나야 하며, 소유의 구조로부터 자신을 완전히 해방시켜야 한다는 것, 그리고 역으로 모든 적극적 윤리 규범들은 존재, 공유共有 및 연대 감정의 윤리에 뿌리박고 있다"[53]는 점을 일관되게 강조해왔다. 그리스도인은 모든 존재의 원천과 궁극적 완성이 예수 그리스도를 통해 세상에 드러난 '하느님 나라'의 완성을 미래에 다가올 사건으로 미루는 일 없이 그리스도를 믿는 현재의 결단에서, 고통과 모순으로 일그러진 '세상'에서 이미 시작되었다고 확신하며, 역사의 종국을 시간의 연장 속에서 기다리지 않고, '지금-여기서' 미리 선취하는, 달리 말하면 종말의 사건을 현재 미리 맛보며 희망을 살아가는 이들이다. 따라서 그리스도인의 윤리는 본성적으로 소유와 욕망으로 일그러진 이기적 자아를 벗고 이타적 존재가 될 것을 요청한다. 세상이 궁극적 희망의 장소는 아니지만, 세상에서 그 희망이 시작되고 그 표징을 만날 수 있는 장소이기 때문이다.

예수 자신 역시 공생활을 시작하기 전에 먼저 사탄의 유혹을 받았으며 소유욕과 권력욕, 명예욕이라는 소유 구조의 삶을 철저하게 거부하고, 소유하지 않은 존재방식의 삶을 선택하는 것이 인간 삶의 원리라는 사상을 대표하는 인물로 등장하였다.[54] 초기 그리

---

53 에리히 프롬, 『소유냐 존재냐』, p.9. 예수의 가르침의 중심 주제가 담긴 산상 설교(마태오 복음 5장)에는 타인과의 관계에서 자신의 권리를 철저하게 단념할 것과 원수를 사랑하라(마태 5,44)는 계명을 통해 이기적 자아를 버리고 타인에 대한 판단을 중지하며, 아욕을 버리고 상대를 위해 전적으로 헌신할 것을 요청한다.

54 에리히 프롬, 같은 책, p.94. "사람은 빵만으로 살지 않고 하느님의 입에서 나오는 모든 말씀으로 산다."(마태 4,4), "주 너의 하느님을 시험하지 마라."(마태 4,7), "주 너의 하느님께 경배하고 그분만을 섬겨라."(마태 4,10).

스도인들은 이러한 예수의 가르침을 따라 공동 소유의 삶을 살았
고,[55] 부富에 대한 경고[56]와 가난한 삶에 대한 선택[57]과 타자를 향한
나눔과 희생의 삶이 심판 때에 하느님 나라에 들어가는 기준이 된
다고 가르쳤다.[58]

에리히 프롬은 중세의 신비사상가 마이스터 에크하르트를 소개
하면서, 예수가 가르친 마음의 가난이란 "내적인 빈곤, 곧 아무것
도 원하는 것이 없고, 아무것도 아는 것이 없으며, 아무것도 가진
것이 없는 자"[59]가 되는 것이라고 해석하였다. 그는 불교의 가르침
과 유사하게 탐욕, 곧 사물과 자아에 대한 욕망은 고통의 원인이
며, 아무것도 원하는 것이 없는 인간이란 어떤 것에 대해서도 탐욕
을 가지지 않는 인간임을 강조하였다. 그가 말하는 인간의 목적은
"완전한 존재에 도달하기 위해 자아의 속박, 자기중심성이라는 족
쇄, 즉 생존의 소유 양식이라는 족쇄를 제거하는 일"[60]이며, 궁극적

---

55 "신자들은 모두 함께 지내며 모든 것을 공동으로 소유하였다. 그리고 재산
과 재물을 팔아 모든 사람에게 저마다 필요한 대로 나누어 주곤 하였다."(사
도 2,4-5)

56 "너희는 자신을 위하여 보물을 땅에 쌓아 두지 마라. 땅에서는 좀과 녹이 망
가뜨리고 도둑들이 뚫고 들어와 훔쳐 간다."(마태 6,19).

57 "행복하여라, 가난한 사람들! 하느님의 나라가 너희 것이다."(루카 6,20).

58 "내가 진실로 너희에게 말한다. 너희가 내 형제들인 이 가장 작은 이들 가운
데 한 사람에게 해 준 것이 바로 나에게 해 준 것이다."(마태 25,40)

59 에리히 프롬, 『소유냐 존재냐』, p.99.

으로는 "사심이 없는 벌거숭이로 신에게 달려가 신과 접촉하고 신을 마음에 품는 것"[61]이라고 하였다. 그에게 존재란 "생명이며, 활동이며, 탄생이며, 재생이며, 유출流出이며, 유동流動이며, 생산 활동"[62]이라고 말한다.

인간이 추구해야 하는 참된 존재의 삶은 '자유'이지만, 이 자유는 "……로부터"의 자유가 아니라, "……로"의 자유로 발전해야 한다. 이러한 존재방식의 삶을 그리스도인은 예수의 복음으로부터 배웠으며, 소유의 삶이 아닌 존재의 삶이야말로 "독립, 자유, 비판적 이성"을 갖게 하며, 능동적으로 "자신을 새롭게 하는 것, 성장시키는 것, 흘러넘치게 하는 것, 사랑하는 것"[63]이자, "주려는 의지, 공유하려는 의지, 희생하려는 의지"[64]를 드러내는 삶의 방식임을 고백한다.

올바른 종교성의 회복이란, 이렇게 종교가 추구하는 소유와 탐욕으로부터의 자유와 세상 너머의 희망에 대한 초월적 가치들을 올바르게 이해하고 회복하는 노력이다. 유발 하라리가 역사의 제도종교를 사회질서 유지의 기능과 세속적 권력의 구조로 비판한

---

60   에리히 프롬, 같은 책, p.104.
61   에리히 프롬, 같은 책, p.101.
62   에리히 프롬, 같은 책, p.106.
63   에리히 프롬, 같은 책, p.137.
64   에리히 프롬, 같은 책, p.152.

것은, 종교가 신에 대한 믿음을 소유의 대상으로 삼아 우상이나 미신이 되어 버린 현실에 대한 비판이다. 종교란 말은 "개인에게 지향의 틀과 헌신의 대상을 제공하는 사고와 행위의 체계를 공유한 집단"[65]이기에, 올바른 종교성의 회복이란 개인의 신앙만이 아닌, 공동체 신앙의 지향과 가치에 대한 끊임없는 개혁을 필요로 한다.

따라서 오늘날 종교성의 회복에서 중요한 점은 특정 종교의 진리 주장이 아니라, 그 종교가 추구하는 가치가 인류의 공동의 희망과 미래를 촉진시키는지 마비시키는지에 대한 식별이 중요하다. 그리고 오늘날 호모 사피엔스가 직면한 종교성의 가치는 '휴머니즘적 종교성'의 회복에 있다. 인간을 둘러싼 사회생활의 요소들, 곧 노동, 여가, 인간관계의 모든 사회적 측면에서 종교가 본질적으로 추구해야 할 가치가 표현될 수 있어야 하며, 시대가 요청하는 "새롭고 무신론적이며 제도화되지 않은 종교성에 대한 추구"[66]가 그리스도교에 새로운 도전이 되고 있음을 의식해야 한다. 가톨릭교회의 경우 인류 역사 속에서 복음의 기쁨이 되지 못한 역사에 대한 성찰은 물론이고 자신을 복음서의 정신으로 전향시켜야 하는 과제를 안고 있는 것이다.[67]

---

65 에리히 프롬, 같은 책, p.199.

66 에리히 프롬, 같은 책, p.287.

67 프란치스코 교황은 최근 발표된 회칙을 통하여 가톨릭교회가 과거에 대한 성찰을 토대로 미래 인류에 희망이 되는 신앙의 지표들, 곧, 기쁨, 공존, 평

② 둘째는, "보편적 인류애와 공동체성의 회복"이다.

그리스도인으로 산다는 것은 개인의 욕망 성취와 타자와 무관한 개인 구원이라는 구도의 길을 뜻하지 않는다. 그리스도교는 하느님의 존재를 믿고, 하느님이 개별 인간의 영혼과 직접적인 관계를 맺을 수 있다는 점을 인정하지만, 그리스도인의 하느님은 사적 인간의 구원을 위한 존재가 아니다. 하느님을 인격적 존재로 믿는다는 것은, 인간의 시간과 공간이라는 구체적 역사의 현실 속에 하느님이 인간에게 자신을 '알 수 있도록'[68] 드러내셨다는 계시啓示의 역사성과 이를 수용하는 공동체적 '신앙 감각(sensus fidei fidelium)'[69]에 있다.

화, 희망이라는 주제를 계속해서 발표하고 있다. 회칙『복음의 기쁨』-현대 세계의 복음 선포에 관한 교황 권고, 한국천주교주교회의 2014; 회칙『찬미받으소서』-공동의 집을 돌보는 것에 관한 회칙, 한국천주교주교회의, 2015; 회칙『기뻐하고 즐거워하여라』-현대 세계에서의 성덕의 소명에 관한 교황 권고, 한국천주교주교회의, 2017 참조.

68 신약성경 요한의 첫째 편지 서두에 보면, 예수의 제자들이 자신들이 만난 나자렛 사람 예수 안에서 창조 이전부터 계셨던 하느님의 말씀이 사람이 되어, 곧 육을 취하시어 인류 역사 안에서 함께 사셨다는 고백을 다음과 같이 전한다. "처음부터 있어온 것, 우리가 들은 것, 우리 눈으로 본 것, 우리가 살펴보고 우리 손으로 만져본 것, 이 생명의 말씀에 관하여 말하고자 합니다."(1요한 1,1)

69 신앙 감각(sensus fidei)이란, 신앙을 수용하는 인간의 고유한 감각의 본능이 초자연적 실재를 수용하는 독특한 신앙 인식행위를 통하여 체험되는 원

인간은 역사 속에서의 실존이기에 비록 신과의 신비적 교류가 가능하다고는 하더라도 신과의 인격적 만남은 역사 안에서만 체험 가능하다. 동시에 인간은 육신과 정신을 갖고 있어 타자와 구별되는 고유한 정체성을 갖지만, 동시에 '세계 안의 현존재'이자 육신성肉身性을 지닌 인간은 타자와 불가분하게 결합되어 있다. 여기서 '육신성'이란 인간이 필연적으로 서로에서의 유래를 의미하며, 상호 의존관계를 기초로 인류 전체와 결합되어 있음을 뜻한다. 인간은 누군가로부터 이해되고, 인식됨으로써, 사랑받음으로써 살아가는 공동 존재이며, 언어와 친교를 통해 역사의 현실 속에서, 공동체 속에서 자아실현을 이루는 존재이기 때문이다. 따라서 "인간은 미래를 향해 사는 존재"이며, 인간의 미래는 "역사에 봉사하며 인간 실존이 터전을 이루는 집단적 테두리를 터놓거나 개혁"[70]할 때 이

리를 뜻한다. 그리스도교는 "교리와 실천을 파악하고 그에 동의하며, 잘못된 것을 배척하도록 해주는 복음의 진리에 대한 본능"이라고 말하며, 이 신앙 감각은 "믿음에 관한 일을 명확히 식별하며, 참된 지혜를 촉진하고, 진리를 선포할 수 있게 해주는 은사"라고 가르친다. 교황청 국제신학위원회, 「교회 생활에서의 신앙 감각」(2014), 송용민 역, 한국천주교주교회의 2016, 2항. 개별적 신앙 감각은 필연적으로 공감 행위를 통하여 '공동 본성(connaturalis)'을 갖게 되고, 공동의 신앙 고백을 이루어 연대를 가능하게 하는 교회의 원리이기도 하다. 종교적 의미로서 이 신앙 감각은 신적 계시를 수용하는 신앙이라는 행위를 일으켜주는 기초 원리이자, 공동체적 종교심의 바탕이라고 말할 수 있다.

루어지는 현실이다.

그리스도인은 개별 인간이 관계 속에서 타자와 결합되어 있고, 인류 공동체가 지닌 삶의 가치와 질서에 영향을 받기에 세상 속에서 자기 삶의 가치와 의미를 체험함으로써 살아가고, 심지어 죽음을 넘어서까지 자기 존재의 의미를 완성하는 존재임을 믿는 사람들이다. 이런 의미에서 예수를 인류의 구원자로, 곧 그리스도로 믿는 신앙에는 한 개인의 구원은 필연적으로 인류 전체의 구원과 결합되어 있으며, 인류 전체의 구원은 인류가 공동으로 추구하는 참된 구원, 곧 영원한 행복과 기쁨, 관계 속의 평화와 자유, 죄와 병, 죽음의 굴레를 벗는 치유와 해방의 현실이 역사의 한 인물인 예수 그리스도와의 인격적 만남, 곧 그분의 말씀과 업적, 더 나아가 십자가의 죽음과 부활을 통해 철회 불가한 방식으로 역사 안에서 이루어졌다는 독특한 크리스천의 현실을 말해준다.

필자는 진화의 관점에서 효율성과 기능성에 빠진 과학기술 문명의 영향으로 호모 사피엔스가 호모 데우스가 되려고 할 것이라는 유발 하라리의 미래 예측이 인간의 상호 인격성이 지닌 본성적 가치들을 너무 쉽게 폄하하고 있다고 생각한다. 인간은 적자생존과 무한경쟁을 넘어 삶의 의미를 공동으로 찾아가는 인간의 본성적 '공감능력'[71]을 지니고 있으며, 단순히 뇌와 유전자의 알고리즘에

――――――

70 요셉 라칭거, 『그리스도 신앙. 어제와 오늘』, pp.250~251.

종속되어 선택 의지가 사라진 인간이 아니라, 주체적으로 생의 전환을 가능하게 하는 초월에로의 결단을 이룰 수 있으며, 이에 공감하는 타자들과 연대할 수 있는 독특한 상호 주관적이고 창조적 구상력을 지니고 있음을 유발 하라리는 간과하고 있는 것이다.

또한 20세기 이후 '존재는 진리(verus est ens)'라는 형이상학적 논리가 종식되고, "진리는 만들어진 것(verum quia factum)"이며, 더 나아가 "이룰 수 있고 이루어져야 할 것(verum quia faciendum)"[72]이라는 기술 사고와 세계 변혁의 신념 속에 발전한 과학이 상상을 현실로 만들어 내는 힘이었다면, 인간의 의식이 단순히 뇌의 알고리즘의 결과이고 그래서 자유의지마저 뇌의 기능으로 전락할 것이라는 유발 하라리의 주장은, 인간의 상상력과 공감능력이 창조적 구상력으로 인간의 의식 혁명을 이룰 수 있는 가능성, 곧 공감과 감탄, 회심과 결단의 정신성을 무시한 채 인간을 단순히 생물학적 진

---

71 제러미 리프킨, 이경남 역,『공감의 시대』, 민음사, 2010; 제러미 리프킨은 21세기는 새로운 공감의 패러다임은 사회적 교감능력의 회복을 통해 분산적 협력과 상호간의 네트워크 결합으로 새로운 시대이며, 타인에 대한 배려, 동물과의 교감, 우리 삶의 절대적 조건인 생태계에 대한 공감인식을 포함한 공존능력을 필요로 하는 시대라고 역설하였다. 우리 시대는 진화에 대한 잘못된 근대이성의 해석에 맞서 공감이 지닌 인간 본성적 능력을 재발견하고, 인류의 공존과 지속 가능한 세상을 만들어 나가야 할 근본적인 관심에로 초대받고 있다는 점은 분명하다고 본다.

72 요셉 라칭거,『그리스도 신앙. 어제와 오늘』, pp.61~69 참조.

화의 관점에서만 바라본 것이라고 지적하고 싶다.

그리스도인은 예수 그리스도가 "모든 이를 위한 실존"이며, 모든 이의 상호 간 통교를 가능하게 해주는 개방된 실존임을 고백하기에, 그리스도인의 실존 역시 예수 그리스도의 실존에 가담하여 "자기 자신을 위한 존재에서 서로를 위한 존재로 넘어가는 것"임을 고백한다. 밀알 하나가 땅에 떨어져 죽지 않으면 한 알 그대로 남고, 죽으면 많은 열매를 맺는다(요한 12,24)는 예수의 말씀에는 자아의 상실을 통해서만 생명이 온다는 단순한 법칙을, 우주와 인류가 자기희생으로 서로를 살게 하고, 자기희생에 서로 의존하며 살고 있다는 사실의 고백이 담겨 있다. 이런 의미에서 예수 그리스도의 복음이 이념과 가치관의 양극화, 부와 지식의 세습과 권력화 속에서 인류 역사에 보편적 형제애와 인류를 상호 결합시켜 주는 사회적 보편 가치들을 재확인하고, 이를 인류의 미래를 열어줄 새로운 '이야기'로 회복하는 노력이 어느 때보다 절실하다고 본다.

③ 셋째는, "실천을 통한 개혁과 변혁의 공동 의지"이다.

그리스도교는 2천 년 전 예수 그리스도 사건을 역사 속에서 기억하고 이야기하며 그리스도의 복음의 가치를 삶의 현장에서 구현하려는 실천적 종교심에 뿌리를 두고 발전하였다. 물론 역사 속에서 그리스도교가 세속 질서와 타협하고, 종교의 순수한 가치를 잃거나 잘못 해석해온 역사가 없지 않았으나, 시대의 위기 속에서 가난과 자기 비움의 수도 전통과 복음적 개혁의 정신을 잃지 않았으며, 그리스도의 복음을 현실 안주와 타협에 '위험한 기억'(요한 밥티스트 메츠)으로 받아들여 고정된 인식을 변혁하며 강렬한 신성의 체험을 일으키는 종교심을 중요하게 지켜왔다.[73] 이를 토대로 그리스도교는 공동의 기억을 통한 이야기 공동체를 형성하고, 왜곡된 현재를 비판하고 희망으로 연대하는 실천의 위상을 회복할 수 있는 계기를 만들어 왔다.

에리히 프롬은 "소유가 사용에 의해 감소되는 어떤 것에 기초하고 있는 반면, 존재는 실제로 삶을 살아 나아감에 의해서 성장"한다고 말한다. 따라서 "이성의 힘, 사랑의 힘, 예술적·지적 창조의 힘 등 모든 본질적인 힘은 그것이 발현되는 과정을 통해 성장"하며, "존재에 있어서의 나의 안정에 대한 유일한 위협은 나 자신 속에 있다"[74]는 점을 강조한 바 있다. 이 말은 소유 방식의 삶에 젖은

---

73 이 점은 해석학의 실천적 면모를 사회적 관심으로 신학화한 요한 밥티스트 메츠의 정치 신학에서 만날 수 있다. 메츠는 인간이 지닌 기억의 능력이 현실의 안이함으로부터 해방시키는 '위험한 기억'이 될 때 비로소 인간 공동체의 관계를 변화시키는 이야기의 힘으로, 그리고 그 이야기에 공감하고 희망을 공유하는 이들의 연대하는 힘으로 세상을 복음의 빛으로 변화시키는 신학의 실천성을 회복할 수 있다고 밝힌 바 있다. 이에 관하여 참조: J. B. Metz, *Glaube in Geschichte und Gesellschaft*. Studien zu einer praktischen Fundamentaltheologie. Mainz ⁵1992, pp.197~210.

74 에리히 프롬, 『소유냐 존재냐』, p.167.

현대인의 문제란 참된 쉼과 내적 평화를 얻지 못하게 만드는 내면의 또 다른 자아로부터 지배당하고 있음을 암시한다. 과거처럼 외적인 지배와 강요에 대해 인간은 실천적인 연대를 통해 저항하지만, 내면의 불안정과 불만족은 현대인으로 하여금 자신을 사색과 쉼에 놓아두지 못하는 죄의식을 낳고, 자기 계발이라는 미명하에 무한 경쟁으로 내몰아버리는 위기를 낳고 있다.

이런 점에서 오늘날의 종교는 호모 사피엔스가 겪게 될 어두운 미래를 극복하기 위한 "새로운 인간학"을 필요로 한다. 곧 존재방식의 삶을 살아갈 것을 요청 받고 있는 것이다. 그리고 "존재에 바탕을 둔 사회를 실현시키기 위해서는 모든 사람들은 자신의 경제적 기능과 시민으로서의 기능에 능동적으로 참여하지 않으면 안된다"[75]며, 에리히 프롬은 "새로운 윤리, 자연에 대한 새로운 태도, 인간적 연대 의식. 협력이 필요하다"[76]고 역설한다. 그리고 존재적 사회 건설에 필요한 기준들을 열거한 바 있다.[77]

---

75 에리히 프롬, 같은 책, p.260.

76 에리히 프롬, 같은 책, p.282.

77 에리히 프롬이 말하는 존재 사회 건설의 기준은 다음과 같다. ①기업 광고와 정치적 선언에 있어서 모든 세뇌적인 방법이 금지되어야 한다. ②부유한 나라들과 가난한 나라들 사이의 격차가 좁아져야 한다. ③현대의 자본주의 사회 및 공산주의 사회의 대부분의 악은 연간 수입을 보장해줌으로써 사라질 것이다. ④여성은 가부장적 지배로부터 해방되어야만 한다. ⑤정부, 정치가, 시민들에게 지식을 필요로 하는 모든 문제에 대해 조언해주는

유발 하라리가 지적하듯이 인류가 추구하는 불멸과 신성, 행복의 추구가 기성 종교의 틀이 아닌 새로운 종으로의 진화의 과정이 되어야 한다는 필연성은 존재하지 않는다. 역사 속의 종교가 허구적 집단 신화에 매여 세속 질서와 타협한 권력구조를 갖게 된 점은 비판 받을 만하지만, 그렇다고 종교가 추구하는 본래적 가치마저 무의미하다고 폄하하는 것은 적절하지 않다고 본다. 단지 그러한 가치들을 추구하는 호모 사피엔스의 실천적 결단과 연대성이 아직 완성되지 못했다고 말하는 편이 맞다고 본다. 호모 사피엔스는 자연 선택의 과정 속에서도 자기 존재의 근원을 되돌아보고, 그 어떤 외부적 개입 없이 스스로를 성찰하고 새로운 선택을 할 수 있는 자유로운 존재라는 점을 그리스도교는 한결같이 강조해왔다. 이 자유와 선택의 의지가 호모 사피엔스에게 주어져 있다는 점은 존재 양식으로서 삶과 죽음을 대하는 정체성의 근거이자 미래를 향한 희망의 근거라는 점을 잊어서는 안 될 것이다.

임무를 띤 최고 문화 협의회가 설립되어야 한다. ⑥효과적인 정보를 효과적으로 전파할 수 있는 체제가 확립되어야 한다. ⑦과학 연구의 결과를 산업과 국토방위에 적용해서는 안 된다. ⑧원자 무기의 무장해제가 이루어져야 한다. 에리히 프롬, 『소유냐 존재냐』, pp.269~280 참조.

눈부신 생명과학, 생로병사의 고통으로부터 해탈할 수 있을까?

———————————— 심원(스님, 대전 청화사 주지, 법보신문 논설위원)

21세기 인류가 직면할 미래에 대해서 각 분야 석학들이 다양한 의견을 내놓고 있지만, 역사학자인 유발 하라리만큼 큰 반향을 불러일으킨 사람은 드물 것이다.

　그는 '사피엔스 신드롬'을 일으키며 전 세계적으로 폭발적 반응을 불러온 『사피엔스』에 이은 두 번째 대작인 『호모 데우스』에서 지구를 정복한 인류가 '과학기술의 힘으로 만들어 낼 미래'를 펼쳐 보이고 있는데, 그의 결론은 21세기 인류는 '호모 데우스'를 향해 나아가고 있다는 것이다.

　"인류는 지금까지 이룩한 성취를 딛고 더 과감한 목표를 향해 나아갈 것이다. 전례 없는 수준의 번영, 건강, 평화를 얻은 인류의 다음 목표는, 과거의 기록과 현재의 가치들을 고려할 때, 불멸, 행복, 신성이 될 것이다. 굶주림, 질병, 폭력으로 인한 사망률을 줄인 다음에 할 일은 노화와 죽음 그 자체를 극복하는 것이다. 사람들을 극도의 비참함에서 구한 다음에 할 일은 사람들을 더 행복하게 만드는 것이다. 짐승 수준의 생존투쟁에서 인류를 건져 올린 다음 할 일은 인류를 신으로 업그레이드하고, '호모 사피엔스'를 '호모 데우스'로 바꾸는 것이다."[1]

이처럼 인류가 굶주림과 질병으로 인한 사망률을 줄이고 드디어는 노화와 죽음을 극복해서 불멸이라는 꿈의 영역을 넘볼 수 있도록 한 데는 생명과학의 발전이 지대한 영향을 미쳤음은 재론의 여지가 없다. 현재 생명과학은 단지 인간의 수명을 연장하고 인간의 몸과 마음의 기능을 향상시키는 정도가 아니라, 드디어는 인간의 손으로 새로운 생명을 만들어 낼 수 있는 단계에 접어들었다. 만약 '신'의 특성을 '불멸'과 '생명 창조'의 능력이라고 한다면 분명 인류는 신의 영역에 다가서 있다고 할 수 있다.

---

1   유발 하라리, 김명주 옮김, 『호모 데우스』, 김영사, 2017. p.39. '호모 데우스HOMO DEUS'에서 '호모HOMO'는 '사람 속을 뜻하는 학명'이며, '데우스 DEUS'는 '신GOD'이라는 뜻이다. 즉 '신이 된 인간'이라는 의미이다.

본 논문에서는 하라리가 예견한 것처럼 이렇게 '업그레이드되어 호모 데우스가 된 인류는, 과연 인간의 존재적 한계인 생로병사라는 괴로움(苦)으로부터 자유로워질(解脫) 수 있을까' 하는 문제를 불교적 관점에서 살펴보고자 한다.

과학 분야에 문외한인 논자가 '생명과학'을 언급하는 것은 다소 무모한 작업이긴 하지만, 본 심포지엄이 학술적 탐구에 목적을 둔 것이 아니라, 하라리가 던진 과제에 대해 종교인의 시각에서 성찰해보고자 마련된 자리이기에, 논자가 이해한 범위에서 살펴보고자 한다.

1. 생명과학의 시대

1) 생명과학은 어떻게 발전해왔나 – 게놈(Genome) 시대

2019년, 새천년이 시작된 지 20년쯤 지난 지금, 우리 인류는 그야말로 경험해보지 못한 새로운 시대를 맞고 있다. 인공지능, 나노기술, 뇌 과학 등 다양한 분야에서 과학기술이 비약적으로 발전했지만, 특히 최근 수십 년간 창출된 생명과학의 성과는 우리 인간의 몸과 마음뿐 아니라 온 지구의 생명들에까지 심대한 영향을 미치고 있다.

이러한 생명과학기술의 발달에는 현미경과 X선의 발명이 중요한 역할을 했다. 현미경 덕분에 세포를 발견할 수 있었고, X선의 발명은 DNA의 이중나선 구조의 발견을 가능하게 했다. 여기에 첨단 정보기술은 데이터의 대량 수집과 신속한 처리를 용이하게 하여 드디어 생명과학은 유전자를 편집하고 합성할 수 있는 단계까지 도달했다.

그 과정에서 중요하게 기록될 만한 사건을 살펴보면 다음과 같다.

생명기술	내용
세포의 발견 (1665년)	1665년 영국의 로버트 훅이 현미경을 이용하여 세포를 발견. 1675년 네덜란드의 안톤 판 레이우엔훅이 고배율 현미경을 이용하여 최초로 미생물을 발견.
백신 개발 (1796년)	1796년 영국의 에드워드 제너는 소의 우두 바이러스를 이용하여 천연두 백신을 만들었음. 이후 광견병, 장티푸스 등 다양한 질병 예방 백신 개발 시작됨.
유전 법칙 발견 (1865년)	1865년 오스트리아의 멘델은 완두콩의 유전 실험을 통해 식물의 형질에 대한 유전 법칙 발견. 멘델의 유전 법칙은 1900년 이후 여러 학자에 의해 증명되면서 유전학 및 육종학의 발달에 크게 이바지함.
DNA 구조 발견 (1953년)	1953년 제임스 왓슨과 프랜시스 크릭이 X선을 이용하여 유전 정보를 가진 DNA의 이중 나선 구조 발견, DNA 구조 모형 완성.
복제 양 돌리 (1996년)	1996년 스코틀랜드의 로슬린 연구소에서 이언 윌머트와 키스 캠벨이 핵 이식 기술을 이용하여 복제 양 돌리를 탄생시킴. 돌리 이후 여러 과학자가 쥐, 소, 토끼, 고양이, 개 등의 복제에 성공.

이러한 일련의 생명과학의 발전은 '인간 게놈 프로젝트(HGP: Human Genome Project)'로 꽃을 피우게 된다. 1953년, 제임스 왓슨과 프랜시스 크릭이 DNA의 이중나선 구조를 발견한 이후, 생물학은 더 기본적인 구성요소를 찾아가는 분자생물학 방향으로 연구가 계속되었다. 그 결과 오늘날 유전의 모든 원리를 분자 수준에서 설명이 가능하도록 하는 경지에 도달하였다.[2]

유전자란 생물체에서 특정 단백질을 만들어 내는 염기서열을 말하며, 생물체 안에 들어 있는 전체 유전자 순서를 '유전체', 즉 '게놈'이라 한다.[3] 생물학의 입장에서 본다면 이 게놈을 밝혀내는 것

---

2 "생물학의 관점에서 20세기를 한 단어로 요약하면 '유전자의 세기'였다고 이야기할 수 있을 것이다. 20세기에 들어서며 기계론적 세계관의 관점에서 생명체 안에서 물리적·화학적 원리를 따라 움직이며 생명체의 뚜렷한 속성을 설명해주는 실체로서 유전자가 발견되었다. 또 유전자를 이루는 물질인 DNA의 발견과 그 화학적 구조를 밝히는 연구가 이어졌고, 유전자 작동 방식에 대한 연구가 가속화되어 분자생물학의 시대를 열게 되었다."〈열린 연단 "29강. 생명 공동체와 생명과학기술의 도전"〉. 송기원(연세대학교 생화학과 교수), 2019.11.07. https://openlectures.naver.com/contents?contentsId=143482&rid=2949#literature_contents
이하 '합성생물학' '유전자 가위' 등에 관한 과학계 동향은 위 강연을 참조하여 정리하였다.

3 인간의 유전 정보는 DNA라는 분자구조로 존재하며 4가지 화학적 암호인 A·G·T·C 등의 염기서열로 표기되어 있다. 이들 넷은 서로 쌍을 이루는데, A는 G와 C는 T와만 결합한다. 이들의 순서가 유전 정보이며, 이 순서를 알

이야말로 인간을 이해하는 열쇠라 할 수 있기 때문에, 인간 유전체의 암호를 전부 읽어내면 생명현상의 본질을 이해할 수 있을 것이라는 원대한 희망 속에 '인간 게놈 프로젝트'가 진행됐다.

1980년대 후반부터 논의되어온 이 연구과제는 미국의 국립보건원(NIH)과 에너지부(the U. S. Department of Energy)의 공동 후원 하에 1990년 10월 1일 인간 게놈 프로젝트(HGP)가 정식 출범하였다. 이후 전 세계 18개국의 연구진들이 참여하는 국제 컨소시엄으로 발전하였고, 1998년에는 미국의 민간 생명공학회사인 셀레라 제노믹스사(Celera Genomics)가 이 계획에 뛰어들면서 HGP와 경쟁을 하게 되자 유전자 해독 작업은 급물살을 타기 시작했다.

그 결과 2005년까지 완료하기로 한 애초의 목표가 2003년으로 앞당겨졌고, 2000년 6월에는 HGP와 셀레라 제노믹스사가 공동으로 인간 게놈 지도 초안을 완성하여 발표했으며, 마침내 애초 목표보다 2년여가 빠른 2001년 2월에 두 회사는 전체 인간 게놈 지도를 완성했다고 공식 발표함으로써 역사적인 프로젝트가 완료되

아내는 과정을 '염기서열 분석' 또는 '해독'이라 한다. 게놈이란 생물체를 구성하고 기능을 발휘하게 하는 모든 유전 정보를 보유한 유전자의 집합체로서, 인간의 경우 23쌍의 염색체(46개 염색체로서 남자의 경우 22쌍 + XY, 여자의 경우 22쌍 + XX) 중 1세트의 염색체군(23개 염색체)을 말하며, 부모로부터 자손에 전해지는 유전물질의 단위체를 뜻하기도 한다.(다음백과 https://100.daum.net/encyclopedia/view/b18a0917a)

었다.

인간 게놈 지도의 완성으로 생명과학은 새로운 도약의 시대를 맞이하게 된다.

2) 합성생물학(Synthetic Biology)

'인간 게놈 프로젝트'를 통해 인간의 모든 유전 정보가 해독되고, 생명체 정보를 분석하여 데이터를 축적하게 되자, 그 성과를 바탕으로 합성생물학과 유전자 편집기술(Genome Editing)[4]이 생명과학의 새로운 흐름을 추동하기 시작했다.

기계론적 생명관의 정점인 합성생물학은 인간이 생명체를 지적으로 설계하는 새로운 시대를 열어가고 있다.

합성생물학이란 생명체의 기본 구성단위인 유전자 수준부터 직접 설계하고 합성해 하나의 온전한 생명체나 세포 소기관, 단백질들로 구성되어 있는 생체 시스템을 만들어 내는 것을 통칭[5]하지만 아직 명확한 개념으로 정립된 것은 아니다. 연구자의 의도에 따라 다양하게 정의하고 있으나 '생명체계를 창조하거나 조립하여 합성한다'는 점에서는 공통성을 담고 있다. 이러한 의미로 '합성생물학'

---

4   유전자 편집기술은 통상적으로 '유전자 가위'라 하는데, '가위'라는 용어가 부정적 어감이 강하니 '유전자 편집'으로 사용하자는 관련 분야 학자들의 제안이 제기되기도 했다.

5   김종우 등 공저, 『생명과학, 신에게 도전하다』, 동아시아, 2017, p.18.

이란 용어를 처음 사용한 학자는 폴란드 출신의 유전학자로 미국 위스콘신대학교 교수였던 바슬라프 시발스키(Waclaw Szybalski)로 알려져 있다.[6]

또 합성생물학 분야의 전문연구자로 꼽히는 스탠퍼드대학교의 에릭 쿨(Eric Kool) 교수는 "합성생물학은 공학적인 개념을 생물학에 적용한 것으로 현재의 생물계로서는 할 수 없는 일을 수행할 수 있도록 재설계 과정을 거쳐 생명체나 바이오 시스템을 만드는 데 그 목적이 있으며 …… 먼저 새로운 표준화, 규격화된 생물 부품을 만들어 내고 그 부품을 서로 조립해서 하나의 소자를 만든 후, 이를 조립해 새로운 하나의 바이오시스템을 만드는 것이다"[7]라고 정

---

6 송기원에 의하면, 지금의 의미와 유사한 '합성생물학'이라는 단어는 바슬라프 시발스키(Waclaw Szybalski)가 처음 사용한 것으로 보인다고 한다.(송기원, 『포스트 게놈 시대』, pp.23~24)
실제로 Szybalski는 1978년 DNA의 특정 염기서열 부분을 인식해 절단할 수 있는 제한 효소(restriction enzyme)를 발견한 공로자들에게 노벨상이 수여되자 과학 학술지 『진(Gene)』에 기고한 글에서 다음과 같이 'synthetic biology'라는 단어를 사용하였다. "The work on restriction nucleases not only permits us easily to construct recombinant DNA molecules and to analyze individual genes, but also has led us into the new era of synthetic biology where not only existing genes are described and analyzed but also new gene arrangements can be constructed and evaluated."(Szybalski, Waclaw., Skalka, Ann., "Nobel prizes and restriction enzymes", Gene 4.3, 1978. pp.181~182.

의하기도 하였다.

결론적으로, 합성생물학은 미국의 대통령 생명윤리연구 자문위원회가 "기존 생명체를 모방하거나 자연에 존재하지 않는 인공생명체를 제작 및 합성하는 것을 목적으로 하는 학문"[8]이라고 간략하게 정의한 것과 같이, 자연 세계에 존재하지 않는 전혀 새로운 생명을 설계하여 제작하거나, 이미 자연 세계에 존재하는 생물의 시스템을 재설계하여 제작하는 두 가지 분야를 포괄하며, 이를 위해 여러 공학기술에서 적용하는 부품화, 표준화, 모듈화라는 공학적 개념을 생물학에 도입한 복합적 학문 영역이라 할 수 있다.[9]

합성생물학 연구의 목적은 한마디로 정의하기는 힘들지만 연구 방향에 따라 다음과 같이 세 부류로 정리할 수 있다.

① 첫 번째 접근은 크레이그 벤터(J. Craig Venter)로 대표되는 진영으로,[10] 합성생물학을 이용해 지구에서 처음으로 생명체가 탄생

---

7   송기원, 위의 책, p.43 재인용.

8   the Presidential Commission for the Study of Bioethical Issues, "New Directions : The Ethics of Synthetic Biology and Emerging Technologies", 2010.

9   "Synthetic biology"(Wikipedia, https://en.wikipedia.org/wiki/Synthetic_biology)

10 크레이그 벤터는 게놈 프로젝트에 참여해 세계 최초로 인간 유전체 지도를 완성한 것으로 유명한 미국의 유전학자이자 기업가이다. 그는 프로젝트 종

한 그 비밀을 밝히겠다는 것이다. 어떻게 물질에서 생명으로 급격한 변화가 가능했는지의 과정을 이해해 생명의 본질을 밝혀내는 것을 목적으로 한다. 합성생물학을 통해 궁극적으로 생명체에 대한 완벽한 근본 지식을 얻겠다는 의도이다.[11]

이러한 목적으로 화학물질에서 시작해 생명체의 구성요소를 만들고 더 나아가 궁극적으로 생명체까지 만들어 가는 과정을 통해

료 후 곧바로 '합성생물학의 시대가 도래할 것'이라고 단언하고 연구에 매진하였다. 드디어 2010년 5월, 크레이그 벤터 박사의 연구팀은 자연 상태의 마이코플라즈마 미코이데스(Mycoplasma mycoides) 박테리아 유전체를 모방한 합성 게놈을 만들어 냈으며, 마이코플라스마 카프리콜룸(Mycoplasma capricolum) 박테리아의 세포에 주입하는 데 성공하였고, 이렇게 다른 박테리아 세포에 넣어진 합성 게놈은 자기복제와 번식 등의 생명체 기능을 제대로 구현해냈다. 자연의 '원본 게놈'을 흉내 낸 '사본 게놈'을 인간의 손으로 만든 셈이다.

"지난 5월 21일(미국 시각) 미국 생명공학자 크레이그 벤터가 이끄는 연구팀이 게놈을 합성의 인공기술로 제작했으며, 그것을 박테리아 세포에 넣어 제대로 작동시키는 데 성공했다는 연구 보고서(「화학적 합성 게놈에 의해 제어되는 박테리아 세포의 창조」)를 과학저널 〈사이언스〉 온라인판에 발표했다. …… 이번처럼 유전체 전체를 인공으로 만들어 만든 '인공 게놈 합성생물체'는 처음이다."(한겨레신문, 오철우, 2010. 05. 24,http://scienceon.hani.co.kr/28597)

11 크레이그 벤터, 김명주 역, 『인공생명의 탄생』, 바다출판사, 2018.
    "나는 진정한 인공생명을 창조해서 우리가 생명의 소프트웨어를 이해하고 있다는 사실을 보여줄 생각이다."

생명의 작동 원리를 밝히고자 하는 것이다. 이를 위하여 과학자들은 단순한 화학물질에서 시작해 생명체의 구성요소를 합성해 만들고 더 나아가 생명체까지 가는, 이른바 '아래에서 위로(Bottom-up)' 방식을 취하고 있다.[12] 기존 분자생물학의 환원적 접근을 거꾸로 해서 가장 작은 화합물 단위부터 만들어 조립하면서 생명체의 작동 법칙을 밝히고자 하는 방법이라고 할 수 있다.

② 두 번째 진영의 과학자들은 공학적 접근 방법을 택하는데, 생명체와 그 구성단위인 세포를 하나의 복잡한 기계장치로 보는 인식에서 출발한다. 이들은 합성생물학의 목적을 생명체를 제작하기 쉽게 하는 것이라 보았다. 이를 위해 생명체의 생명현상을 컴퓨터의 부품처럼 단순화시켰으며, 이 작업을 통해 인간에게 유용한 특성과 물질을 대량으로 얻고자 하였다.[13] 다시 말해 이들의 궁극적

---

12 바텀업 방식은 화학물질에서 시작해 생명체의 구성요소를 하나하나 만들어 내는 방식이다. 그래서 합성생물학 관련 영문저술에는 종종 '무에서 유를 창조한다'는 의미에서 'Starting from scratch'라는, 즉 '처음에서 시작한다'는 뜻의 관용어구가 등장한다. 미생물의 유전자 염기서열을 하나하나 만든 후 이들을 연결시켜 인공유전체를 합성하는 것이다.

13 현재 의약품 생산, 환경오염 물질 제거, 에너지 생산 등 인간의 다양한 목적대로 재 디자인된 생명체를 이미 개발했거나 개발 중에 있다. 대표적인 성과로는 말라리아 치료 물질인 아르테미시닌(artemisinin)을 합성해내는 경로를 파악한 뒤, 이 과정에 관여하는 유전자들을 조합하여 아르테미시닌을

목표는 '가장 효율적인 유전자를 이용한 생산 설비의 구축'에 있으며, 이를 위해 세포를 생산 공장으로 이용하고자 하는 것이다.[14]

이들은 생명체를 DNA라는 정보를 지닌 유전자 회로로 구성된 하나의 컴퓨터 또는 기계라고 파악하고, 그 바탕 위에 유전체를 변형하는 전체 과정을 DNA, 부품(Parts), 설비(Device), 시스템(Systems) 등 4단계로 구분해 개념적 위계를 제시했다. 여기서 DNA는 유전물질, 부품은 DNA 결합단백질같이 기본적인 생물학적 기능을 수행하는 장치, 설비는 인간이 요구하는 기능을 수행하도록 부품들이 다양하게 조합된 장치, 그리고 시스템은 다양한 설비의 조합물을 의미한다. 또 그는 설비와 시스템 수준에서 스위치를 비롯한 작동환경을 구현해 자체적으로 하나의 독립 기능을 수행하는 표준부품을 만들어 내고, 이를 건축물의 벽돌에 비유해 바이오브릭(Biobricks)[15]이라고 칭했다.

생성하는 새로운 대장균과 효모를 만들어 낸 것이라 할 수 있다. 공학적 접근법은 하나의 온전한 생명체의 형태가 아니더라도 특정 기능을 수행하는 기관만을 합성해내기도 한다.

14 이 진영을 이끌고 있는 학자 중 한 사람인 미국 스탠퍼드대 드루 엔디(Drew Endy)는 합성생물학의 목적을 '생명체를 제작하기 쉽게 하는 것이다. 이를 위해 생명체의 생명현상을 컴퓨터 부품처럼 단순화시키고 이로부터 인간에게 유용한 특성과 물질을 대량으로 얻는 것이다'라고 정의하기도 했다.

15 엔디가 설립한 바이오브릭 재단(BioBricks Foundation)의 홈페이지에는 1,500개 이상의 바이오브릭이 등록돼 있으며 누구나 무료로 사용할 수

이 그룹의 합성생물학은 자연계에 존재하는 생명체의 유전자를 변형시켜 인간의 의도에 맞춘 생명체를 생산해내는, 일종의 탑다운(Top-down) 방식에 해당한다고 할 수 있다.

③ 세 번째로는 '기존의 생명체와는 다른 특성을 갖는' 새로운 생명체를 만들어 내고자 하는 진영이다. 지구상의 모든 생명체는 기본 생체분자의 구성성분, 염기서열의 구조 및 20세기 생명과학이 밝혀낸 '센트럴 도그마'[16] 등 많은 특성들을 공유하고 있다. 그런데 이 진영의 연구 목적은 이런 현재의 생명현상 유지 기전에서 벗어나는 완전히 다른 생명체를 만들고자 하는 것이다. 즉 지구상의 생명체들과는 다른 화합물로 이루어진 생명체를 직접 디자인하고 만들어 내고자 하는 시도로서, 현재 성과가 조금씩 축적되고 있다. 최근에는 기존 네 종류의 염기에 더하여 인위적인 두 종의 염기를 DNA 유전 정보로 갖는 반-인공적(semi-synthetic) 생명체를 만들

있다.

16 'Central Dogma'란 프랜시스 크릭이 1958년에 발표한 분자생물학의 중심 원리로, DNA는 복제(Replication)를 하고, 이때 복제된 DNA 중 하나를 틀로 삼아 전사(Transcription)하면 RNA가 되며, RNA를 번역(Translation)하면 단백질(protein)이 된다는 것이다. 이와 같이 유전 정보의 방향은 DNA에서 RNA로, RNA에서 단백질로 전달되며, 그 반대 방향으로는 전달되지 않는다는 것이 이론의 핵심이다.

었고,[17] 이들 정보를 인식하여 생체 기능을 수행하는 단백질로 만들기 위해 필요한 mRNA, tRNA, 리보솜(ribosome)을 모두 인위적으로 만들어 성공적으로 생명체를 작동시켰다는 보고가 있었다.[18]

이 진영 과학자들은 이런 시도로 생명체의 유전 정보의 양을 늘릴 수 있고, 이것이 새로운 형태와 기능의 생명체를 만들어 내는 플랫폼이 될 것으로 예측하고 있다. 이러한 시도는 NASA에서 진행하고 있는, 지구와 물질 구성이 다른, 지구가 아닌 행성이나 위성 등의 환경을 지구와 비슷하게 만들기 위해 인공 생태계를 구성하여 인간이 살 수 있도록 만들고자 하는 테라포밍(Terraforming) 계획의 일부로도 진행되고 있다. 지구가 아닌 곳에서 생명현상이 가능할 수 있는 생명체를 만들어 내려는 것이다. 이러한 연구는 앞으로 생명에 대한 정의를 근본부터 바꾸어놓을 수 있는 연구로 미래에 큰 영향력을 행사하게 될 가능성이 높다.

3) 크리스퍼(CRISPR) 유전자 가위 기술에 의한 DNA 혁명

유전자 가위 기술이란 제한효소 기작을 응용하여 특정 유전자의

---

17 Yorke Zhang, et al., "A semisynthetic organism engineered for the stable expansion of the genetic alphabet", Proceedings of the National Academy of Sciences USA 114(6); 1317-1322, January 2017.

18 Yorke Zhang, et al., "A semi-synthetic organism that stores and retrieves increased genetic information", Nature 551; 644-647, November 2017.

DNA를 잘라 유전자 기능을 교정하는 기술로, 1세대의 '징크 핑거 뉴클레이즈(Zinc Finger Nuclease)'와 2세대인 '탈렌(TALEN)'을 거쳐 현재는 3세대 '크리스퍼(CRISPER-Cas9)' 기술까지 발전해왔다.

2012년부터 과학계에서 확산되기 시작한 크리스퍼 유전자 가위 기술은 생명체의 유전체를 아주 쉽게 교정·디자인·변형할 수 있게 해주는 기술로, 합성생물학의 추세에 기름을 붓고 불을 붙이는 효과를 가져왔다.[19]

사실 인류는 오랫동안 유전체 내의 잘못된 정보를 수정하고자 하는 욕망을 가지고 있었다. 그 주된 원인은 유전체 내 특정 유전자의 정보에 변이가 생겨 제대로 생체 기능을 수행하지 못하는 정보를 제공해 발생하는 유전병 때문이었다. 인간의 유전병은 약

---

19 "2012년부터 급속도로 발달하기 시작한 CRISPR 유전자 가위 기술은 생명 과학계의 다양한 분야에서 혁신을 가능하게 했고, 그 결과로 파생되는 여러 가지 윤리 문제들은 생명과학계를 넘어 전 세계 과학계에 큰 파장을 일으키고 있는 화두가 되었다 〈사이언스〉는 2013년 그해 가장 영향력 있는 과학적 성과로 CRISPR 기술을 선정했고, 2015년 또다시 CRISPR 기술을 가장 중요한 10대 발견으로 꼽으며 그중에서도 가장 중요한 발견으로 언급했다. 2014년 〈MIT 테크놀로지 리뷰〉는 CRISPR를 이용한 유전자 교정을 10대 혁신 기술 가운데 하나로 선정하고 이를 활용한 '맞춤 아기' 탄생이 멀지 않았다고 예측했다. 또 2016년 8월 권위와 대중성을 모두 갖춘 〈내셔널 지오그래픽〉은 "DNA 혁명"이란 제목을 단 표지 기사로 CRISPR 기술에 의한 혁신과 명암을 대서특필했다. …… 또 과학에 관심이 크지 않은 일반인들도 2013년 이후 매해 가을만 되면 이번 해에 CRISPR가 노벨상을 받는 것 아닌

700여 가지 이상 알려져 있고, 그중 단 하나의 유전자 변이에 의해 발생하는 유전병이 다수를 차지한다. 유전병은 인류가 인간 유전체 계획을 실행하게 한 주된 이유였으며, 과학자들은 1980년대 이후 원하는 유전자를 임의로 세포 내로 들여보내 발현시킬 수 있는 DNA 재조합 기술이 보급되기 시작하면서 '유전자 치료'를 꿈꾸게 되었다. 그러나 크리스퍼 유전자 가위가 발견되기 전까지는 30억 인간 유전체 DNA 염기쌍 중 특정 유전 정보만을 정확하게 수정하거나 정상 유전자를 정확히 유전체 내에 삽입하는 것이 기술적으로 어려워 일반적으로 시도되지 못하고 있었다. 크리스퍼 유전자 가위 기술의 발견으로 드디어 인류는 인간을 포함한 모든 생명체의 유전체에서 원하는 정보를 아주 특이적으로 잘라내거나 원하는 다른 것으로 교체할 수 있는 도구를 손에 넣게 된 것이다.

'CRISPR-Cas9'은 유전체 내에서 원하는 특정 유전자 부위만을 선택적으로 자를 수 있도록 해주는 특이성이 탁월한 유전자 가위다. 이 유전자 가위는 유전체 내에서 자르고자 하는 유전자 부위를 지정하는 역할을 하는 CRISPR 유전자와 실질적으로 유전자를 자르는 가위 역할을 하는 Cas9 단백질로 구성되어 있다.

합성생물학을 비롯한 생명과학, 생명공학 분야에서 유전자 가위는 매우 중요한 방법적 위치를 차지한다. 왜냐하면 이 기술은 외부

가 예측하고 있다." 송기원, 위의 책, pp.101~102.

로부터 유전체 내로 원하는 유전자를 도입하거나 생명체가 원래 가지고 있는 유전자를 잘라내는, 혹은 다른 유전자로 바꾸는 과정을 쉽게 가능하게 하여 유전체 내에서 유전자 정보가 개편된 새로운 유전 형질을 가지고 있는 생명체를 손쉽게 제작할 수 있게 해주기 때문이다.

이 기술은 단지 분자생물학 연구에만 그치지 않고 이미 세균부터 곤충, 동식물, 사람에 이르기까지 적용되지 않은 생물체가 없을 정도로 많은 생물체에서 다양한 목적으로 이용되고 있다. 또 이 기술은 2013년 이래로 매년 가장 혁신적인 과학기술 10선 중 첫 번째로 꼽히고, 관련된 논문 수가 폭발적으로 증가하고 있으며, 이 기술을 응용하는 벤처기업들로 막대한 자본이 몰리고 있다.

크리스퍼 유전자 가위 기술을 일컬어 'DNA 혁명'이라 칭할 만큼 생명공학 연구에서 크리스퍼 유전자 가위 기술의 위치는 독보적이다.

크리스퍼 유전자 가위 기술은 유전자의 기능을 연구하는 분자생물학 실험실에서 다양한 모델 동물에 빠르게 적용되었다. 뿐만 아니라 다양한 생물체에 응용되어, 이미 말라리아모기를 멸종시킬 수 있는 방법, 뿔 없는 소, 인간에게 장기를 이식하기 위한 돼지를 개발했고, 현재 멸종한 매머드를 재생시키는 프로젝트가 진행 중이다. 또 크리스퍼 유전자 가위 기술은 에이즈 완치 및 암 면역 치료 등의 성공을 통해 인간의 다양한 질환에 대한 새로운 치료법을 제시할 수 있는 기술로 각광받고 있다.

그런데 문제는 인간을 대상으로 한 유전자 편집 논란이 심각하다는 점이다.

2015년 4월, 중국 중산대학교의 황쥔주(黃軍就) 교수 연구팀은 크리스퍼 유전자 가위 기술을 이용해 인간 배아의 유전자를 편집했다는 연구 결과를 발표한[20] 이후로, 2017년 7월에는 크리스퍼 유전자 가위 기술을 인간의 수정란에 성공적으로 적용했다는 논문을 발표했다. 또 다음해인 2018년 11월에는 중국의 과학자 허젠쿠이(賀建奎)가 이 기술을 인간 수정란에 적용시켜 에이즈에 면역력을 띤 쌍둥이 여아를 탄생시켰다는 보고를 내놓았으며, 12월에는 과학저널 〈네이처〉가 선정한 올해의 10대 인물에 뽑히기도 했다.[21]

---

20 "이 연구에서는 불임클리닉에서 제공받은 '폐기된' 인간 배아를 대상으로 크리스퍼를 이용해 베타지중해성 빈혈에 관여하는 HBB 유전자를 편집하는 실험을 진행했다. 인간의 배아를 이용한 황쥔주 교수의 연구는 발표되기 이전부터 많은 논란을 불러일으키며 과학자들을 두 진영으로 양분시켰다. 크리스퍼-카스9 기술의 선구자 중 한 명인 제니퍼 다우드나를 비롯한 17명의 과학자들은 인간 배아의 유전자 변형을 시도하는 연구를 당장 중단해야 한다고 강력히 주장했다. 반면, 조지 처치를 비롯한 반대 진영에서는 인간 배아 유전자 편집을 통해 의미 있는 과학적 성과를 얻을 수 있으며, 정해진 가이드라인을 따른다면 문제될 것이 없다는 입장을 보였다." 김종우 등 공저, 『생명과학, 신에게 도전하다』, 동아시아, 2017, pp.113~114.

21 YTN Science(2018.12.19.) "'유전자 편집 아기' 中 과학자, 네이처 선정 10대 인물"

그리고 2019년 〈네이처〉가 선정한 '과학계 10대 인물'에 '크리스퍼 번역자'라는 별명이 붙은 중국의 줄기세포 학자 등홍쿠이 박사가 선정되었다. 그는 백혈병에 걸린 HIV 감염자한테 유전자 가위로 편집한 다른 사람의 조혈모세포를 넣어주었는데, 이 세포는 에이즈 바이러스의 수용체인 CCR5가 없는 백혈구를 만들어서 더 이상 HIV에 감염되지 않게 만든 것으로, 2년이 지난 지금도 CCR5가 없는 세포들이 이 환자의 몸에 남아 있다고 한다.[22]

이와 같이 유전자 교정이나 편집을 인간 수정란에 적용하는 기준과 맞춤 아기 문제 등이 현재 세계적으로 과학계의 가장 중요한 이슈가 되고 있다. 인간이 다른 생물은 물론 인간 자신을 대상으로 유전자 편집을 하기 시작했기 때문인데, 처음 시작이 어렵지 일단 허용이 되면 걷잡을 수 없이 질주할 것을 우려하지 않을 수 없다.[23]

"21세기 바이오 혁명으로 불리는 크리스퍼 유전자 가위 기술, 이 기술을 이용해 과학계의 금기를 깬 중국의 과학자 허젠쿠이가 과학저널 '네이처'가 선정한 올해의 10대 인물에 뽑혔습니다. 허 교수는 지난달 인간 배아의 유전자를 편집해, 에이즈에 면역력을 띤 아기가 태어났다고 주장했습니다."
https://science.ytn.co.kr/program/program_view.php?s_mcd=0082&s_hcd=&key=201812191643398012

22 YTN Science(2018.12.19.) 〔과학본색〕"2019 네이처 선정 '과학계 10대 인물'"
https://science.ytn.co.kr/program/program_view.php?s_mcd=0082&s_hcd=0017&key=201912191648263804

4) 포스트 게놈 시대 - 호모 데우스[24]

2016년 시작된 '인간 게놈 프로젝트: Write'가 98% 완성되어 현
재는 유전체 정보를 써나가는 '포스트 게놈 시대'에 접어들었다.
DNA 구조 발견으로부터 시작된 분자생물학의 발전은 '인간'의 정
체성을 분자 수준으로 바꾸어 놓았고, 가공할 만한 위력의 크리스
퍼 유전자 가위 기술은 합성생물학의 새로운 지평을 열면서 인간
을 포함한 모든 생물체를 근본적으로 조작이 가능한 대상으로 만
들고 있다.[25]

---

23 국민일보(2019.12.30.) "'유전자 편집 아기' 만든 中 과학자 허젠쿠이(賀建奎)
징역 3년형이 선고… '마지노선 넘었다'"
http://news.kmib.co.kr/article/view.asp?arcid=0014080104&code=6113
1811&sid1=int&cp=nv2
-연합뉴스(2019.06.04.) "에이즈를 일으키는 HIV(인체면역결핍바이러스) 막
는 유전자 변형이 사망률을 높인다."…중국의 '인간 유전자 편집' 논란가중
https://www.yna.co.kr/view/AKR20190604146400009?input=1195m
위의 기사에서 보듯, 생명윤리 문제에서부터 유전자 편집 아기의 안전성과
실효성 문제, '유전자 차별'이 가져올 사회 불평등 문제 등이 사회적 이슈가
되지 않을 수 없다.

24 유발 하라리는 그의 저서 『호모 데우스』에서 지금의 인류를 '호모 사피엔
스'라 한다면, 새로운 과학기술의 혜택으로 엄청난 능력을 갖게 된 인류를
'호모 데우스'라 명명하고 책 제목으로 사용했다.

25 "이미 이스라엘이나 중국 등에서는 이 두려움이 사실로 실현되고 있는 듯
하다. 예로 2015년 12월에 열린 인간유전체 교정 정상회담에 참가한 이스

여기에 크리스퍼 유전자 가위 중에서도 최고의 정교함을 자랑하던 Cas9 유전자 가위보다도 더 정교하다는 '크리스퍼(CRISPR) Cpf1'이 등장하고,[26] CRISPR-Cas9 시스템의 비표적(off-target) 문제를 해결할 수 있는 새로운 유전자 편집기술인 '프라임 편집 (Prime editing)'이 개발됨[27]으로 해서 이제 인류는 자신의 지적 설계에 의해 생명을 디자인하고 조립하는, 그야말로 '호모 데우스'가 되어가고 있는 것이다.[28] 1997년 제작된 SF영화 'GATACA'나 소설

　　라엘의 에파랏 레비-라하드 박사는 '이스라엘은 이미 정부 차원에서 유전자 진단 비용을 지급하고 있지만, 이는 모든 유전 질환을 예방할 수는 없으므로 '크리스퍼 기술의 인간 배아에 대한 임상적 이용'을 원칙적으로 찬성한다'는 발언을 했다." 송기원, 위 강연.

26 연합뉴스(2016.06.07.) "정확성 높은 새 유전자 가위 '크리스퍼(CRISPR) Cpf1' 생쥐 유전자 교정 첫 성공" https://www.yna.co.kr/view/AKR20160 606032600017

27 Nature, Super-precise new CRISPR tool could tackle a plethora of genetic diseases, 2019.10.21.; BRIC, 〔바이오토픽〕 "프라임 편집: 새로운 초정밀 CRISPR 도구, 다양한 유전병 치료의 선봉에 설 듯", 2019.10.22. ; BioINwatch, "브로드연구소, CRISPR-Cas9 시스템의 비표적(off-target) 문제를 해결할 수 있는 새로운 유전자 편집기술인 '프라임 편집(Prime editing)' 개발", 2019.11.07.
https://www.bioin.or.kr/board.do?num=291584&cmd=view&bid=issue

28 WEEKLY BIZ(2019.10.11.) "'인간 게놈 프로젝트: Write' 98% 완성, 창조주가 된 인간⋯ 바이오 경제 폭발한다." "합성생물학(Synthetic Biology) 분야를 선도하는 과학자 중 한 사람인 조지 맥도널드 처치(Church) 박사 등을

『멋진 신세계(Brave New World)』에서 보았던 '맞춤 아기'도 기술적으로는 이미 가능한 단계에 들어섰다.

소설과 영화에서 이미 오래전에 경고한 바와 같이 거칠 것 없이 질주하는 생명과학의 발전은 인류에게 '생명윤리'에 대한 심각한 문제를 던지고 있다. 마냥 환영할 수만은 없는 일이다.

결핍의 한계를 넘고 싶은 개인의 욕망을 어디까지 허용하고, 어떻게 제어할 것인가에 대한 진지한 논의가 필요하다. 문제는 어디까지가 이 기술을 적용해야 하는 예방과 치료가 꼭 필요한 질병이고 어디부터가 단순히 능력을 증가시키는 욕망인지 그 구분이 쉽지 않다는 것이다.[29] 하나의 생명체이면서 우리 자신을 포함한 모

중심으로 2016년 6월, 인간 유전체 정보를 합성해 새로운 생명을 만들어 내는 '인간 게놈 프로젝트: 쓰기(write)'를 시작하였다. 그리고 2019년 10월, 처치 박사는 '법적·윤리적 틀을 벗어나 기술적 완성도만 놓고 본다면 합성생물학을 통해 인간 유전체를 98%까지 그대로 재현할 수 있다'고 장담했다."

[29] BIOTECH POLICY RESEARCH CENTER(생명공학정책연구센터) "인간배아에 대한 유전자 교정기술 적용 첫 승인" 2016년 2월 1일 불임치료와 배아 연구를 주관하는 영국의 인간생식배아관리국(HFEA, Human Fertilisation and Embryology Authority)은 프랜시스 크릭 연구소 과학자들이 인간배아의 유전체를 연구용으로 교정하는 것을 승인했다고 발표했는데, 이것은 인간배아에 대한 유전자 교정기술 적용을 국가가 공식적으로 승인한 첫 사례로 세계적인 반향을 불러일으켰다.(2016-02-16)
https://www.bioin.or.kr/board.do?num=258211&cmd=view&bid=issue

든 생명체의 지적 설계자가 된 인간이 욕망하는 것은 무엇이며, 인간은 어떤 존재여야 하는지 '인간의 정체성'에 대한 성찰이 절실히 필요하다.

생명과학 분야에서 제기된 이러한 논쟁들은 매우 중요한 의제이기는 하지만, 본 논문에서 다루기엔 지면에 한계가 있으므로 위에서 살펴본 바와 같이 '호모 데우스'를 가능케 한 생명과학의 발전을 언급하는 정도로 그치겠다.

2. 생로병사 - 피할 수 없는 근본 고통

1) 생명과학의 시대에도 생로병사의 괴로움은 여전히 진행형이다

생명과학의 발전으로 '인간은 이제 생명체의 지적 설계자로서의 힘을 갖게 되었다'고 아무리 강조하더라도, 평범한 인간에겐 이러한 사실이 그다지 피부에 와 닿지 않는다. 현실적으로 우리는 호모 데우스가 아니라 여전히 호모 사피엔스일 뿐이다.

나의 유전자를 잘 해독하여 문제점을 찾아 유전자 가위로 잘라 편집하고 합성하여 성능을 향상시켜도 모든 질병을 피해갈 수 없다. 또 망가진 장기는 인공장기로 교체하고, 탄력 잃은 피부처럼 노화된 조직은 재생하며, 뇌기능을 향상시키고, 부러진 팔다리는 보

&cPage=50&cate1=all&cate2=all2

수하여 끊임없이 관리하여도 영원한 젊음을 보장할 수 없다. 인간의 수명이 현재보다 몇 배 늘어나 200세, 300세로 살게 할 수는 있겠지만 끝내 죽음을 면할 수 없다. 생로병사의 괴로움은 인류가 호모 데우스가 된다 해도 '인간이 인간인 한' 여전히 진행형이다.

생로병사生老病死, 말 그대로 인간은 누구나 태어나 늙고 병들어 죽는다. 태어날 때 어떻게 태어났는지, 나는 모른다. 그냥 그렇게 세상에 왔다. 때로 죽음을 말하긴 하지만 나의 경험이 아니다. 죽은 자는 말이 없다. 그러나 태어남과 죽음 사이, 삶의 과정에서 늙음과 병듦은 피할 수 없는 괴로움으로 엄연히 존재한다.

아주 다행스럽게, 온전한 정신과 신체의 장애 없이 일생동안 큰 병치레 하지 않고 제 손과 제 발로 움직이며 죽는 날까지 다른 사람 신세지지 않을 수 있다면, 또 가진 재산이 넉넉하여 구차하게 남에게 의지하지 않을 수 있다면, 그래서 노년이 되어서도 우아하고 품위 있게 문화생활을 하며, 인문학 강연에 참석하여 지적 사치도 누릴 수 있다면, 이만하면 늙어감도 그다지 나쁠 것 같지 않다. 그러나 이런 행운을 누릴 수 있는 사람이 몇이나 될까?

예로부터 신화로 전해지는 '쿠마에 시빌(Cumaean Sibyl)' 이야기는 육체의 젊음이 보장되지 않을 때 영원한 삶은 축복이 아니라 지독한 저주임을 보여주는 상징적 이야기로, 영생을 꿈꾸는 인간에게 그녀는 통렬한 풍자의 주인공이 되어왔다.[30]

그런데 최근 인간의 수명이 길어지면서 생겨난 사회 현상 중 하나는, 움직이지도 못하고 의식도 희미하지만 그래도 목숨은 붙어 있어 요양병원 침대에 누워 연명치료로 하루하루를 보내는 노인들이 급격하게 늘고 있다는 것이다. 이야말로 의료 기술의 발달이 가져온 21세기 쿠마에 시빌의 저주가 아닌가!

또 늙음의 괴로움은 '신체의 쇠락'이라는 그 자체로서의 괴로움도 있지만, 쇠락하는 신체에 거의 예외 없이 따라오는 갖가지 '병고'가 더해져 괴로움은 배가된다. 게다가 돌봐줄 부양자가 없이 홀로 남겨지거나, 경제적으로 궁핍한 상황에 놓인 노인들에게 삶은 그 자체로 괴로움일 수밖에 없다.

현대 사회에서 늙음은 개인을 넘어선 사회문제[31]로 대두된 지 오

---

30 "무녀 Sibyl은 나폴리 근처의 쿠마에(Cumaean)에서 살고 있었다. 아폴론 신은 뛰어난 지혜와 미모를 지닌 그녀를 몹시 사랑하여 한 가지 소원을 들어 주겠다고 했다. 그녀는 한 줌의 모래를 들고 와서, 이 모래의 숫자만큼 생일을 갖게 해달라고 말했다. 그런데 무녀는 오랜 생명만을 요구했지 젊음을 요구하지는 않았다. 이후 그녀가 아폴론의 사랑을 거부하자, 그는 무녀의 육체를 늙게 만들어 버렸다. 그녀는 아무리 세월이 흘러도 죽지 않았고 그녀의 육체는 세월이 가면서 점점 쪼그라들어 항아리에 보존되다가, 결국 그녀의 목소리만 남게 된다. 영원의 축복은 그녀에게 가장 견딜 수 없는 저주가 되었다." 이 이야기는 T.S 엘리엇의 시 '황무지(The Waste Land)'에 인용되었고(1922), 미켈란젤로는 〈시스티나 성당의 천정화〉에 쿠마에 시빌을 그려 넣었다.

31 전정수, 「사회변화와 노인문제」, http://cafe.daum.net/jungjsu. "현대 사회의 사회·경제·심리적 상황의 변화는 노인세대를 경제적·신체적·심리적

래이다. 평균수명 연장과 저출산 등으로 고령화가 심화되면서[32] 노인문제는 다양한 형태의 사회문제로 표출되고 있는데, 이른바 '노인의 사고四苦'라 칭해지는 노인의 경제적 빈곤, 노인의 보건의료문제, 노인의 무위無爲·무료無聊, 노인의 사회적 소외 등이 그것이다.[33] 많은 사람들이 꿈꾸는 안락한 노후는 극히 일부에게만 주어지고, 대부분의 사람은 하류인생으로 전락할 가능성이 크다.[34]

인 의존성을 증가시키고 있으며, 이는 개인의 문제지만 개인만의 문제는 아니기 때문에 사회적 차원에서의 복지정책적 뒷받침이 필요하게 된다."

32 우리나라는 2000년에 노년 인구 비율이 7%를 넘어 고령화 사회(Aging Society)에 진입하였고, 예측보다 1년 빠른 2017년에는 14%를 넘는 고령사회(Aged Society)로 진입했으며, 2026년에는 20%를 넘는 초고령 사회(post-aged society)에 진입할 것으로 예상된다.

33 오근재, 『퇴적 공간』, 민음인, 2014. '퇴적 공간'은 도시의 인위성에 밀려나고 속도에 적응하지 못한 노인들이 상류로부터 떠밀려 내려 하류에 쌓인 모래섬처럼 몰려드는 모습을 지칭하여 저자가 만든 단어로, 서울의 탑골공원, 종로 3가, 낙원동 뒷골목 등이 바로 우리 주변에서 볼 수 있는 '퇴적 공간'이다. 사회적으로 용도 폐기되고 주류 사회로부터 구조적으로 배제된 노인들이 지닌 소외의 실상과 고독의 감정을 묘사하고 있다.

34 2016년 일본에서 출간되어 베스트셀러가 된 『하류노인』(후지타 타카노리)은 노인문제의 심각성을 적나라하게 보여주고 있는 책이다. '하류노인'이란 빈곤으로 보통의 생활을 영위할 수 없어 하류생활을 강요당하는 노인을 칭하는 말로, 일본 사회 노인문제의 실정을 상징하는 신조어가 되었다. 전 세계적인 경제 불황, 기대수명의 증가, 가족 관계의 붕괴 속에서 고령 사회가 진행되는 선진국에서의 노인빈곤이 점점 더 심각해지고 있으며, 특히 세계

어떠한 혁신적 생명기술도, (어쩌면 그런 일이 일어날 수도 있지만) 전혀 새로운 형태의 인류가 되지 않는 한, 인간을 생로병사의 고통으로부터 해탈케 하지는 못할 것이다. 생명과학의 발전이 인간의 조건을 개선하여 생로병사의 괴로움을 잠시 유예하거나 완화시킬 수는 있지만 완전한 해결책이 되지 못한다. 불가능하다. 왜냐하면 인간은 만족하지 못하는 존재이고, 인간의 욕망은 항상 더 많은 것을 요구하기 때문이다.

2) 고통도 행복도 과학이 아니다

생로병사는 상호주관적 실재가 아니다. 하라리 식 표현을 빌자면 허구도 아니고, 이야기도 아니다. 한 인간에게 있어서는 고품로 경험되는 실재이며, 인간이라면 누구라도 피할 수 없는 보편적 사건이다.

하라리가 말한 대로 21세기의 인류는 20세기까지 인류가 직면했던 핵심 난제인 '기아, 역병, 전쟁'으로부터 어느 정도 벗어났다고 할 수 있다. 이런 문제가 이해할 수 없고 통제할 수 없는 불가피한 비극이 아니라, 인간의 능력으로 관리할 수 있고 개선할 수 있는 난제가 되었다는 의미에서 그러하다. 21세기에 들어와 전례 없

에서 가장 빨리 고령화가 진행되고 있는 일본의 고령화 문제는 더하다. 노후 절벽에 매달린 대한민국의 미래를 앞서 보여주고 있다.

는 번영, 건강, 평화를 얻은 인류는 '불멸, 행복, 신성'을 새로운 목표로 추구하고 있다. 그중에도 행복이 최종의 목표다. 불멸을 성취하고 신성을 획득하는 것도 결국 인간이 최고의 행복을 얻기 위한 조건이라 생각하기 때문이다.

지난 세기에 비해 최근 몇십 년 동안 삶의 여건은 비교할 수 없을 정도로 좋아졌다. 하지만 그에 비례해 인간의 만족도가 높아진 게 아니라 오히려 인간의 기대치가 그보다 높아졌다. 삶의 조건이 나아지면 나아질수록 인간의 기대치도 따라 부풀어 오른다. 수명과 질병에 관해서도 마찬가지다. 100년 전에 비해 두 배나 수명이 연장되었어도 여전히 더 오래 살고 싶어 하고, 수많은 질병을 치료할 수 있게 되었지만 여전히 지금보다 더 건강한 몸을 유지하기를 원한다.

물질적 성취만으로는 만족이 오래가지 않는다. 돈이나 명예, 쾌락을 맹목적으로 추구하면 그만큼 더 비참해질 뿐이다. 행복지수가 GNP 성장률과 비례하지 않으며, 선진국 자살률이 가난한 개발도상국보다 높고, 척박한 삶을 살았던 조상들보다 훨씬 풍요로운 삶을 누리는 현대인이 더 불행하다는 사실이 이를 대변하고 있다.

행복의 유리천장은 심리적인 기둥과 생물학적 기둥에 의해 떠받쳐진다. 행복은 객관적 조건보다 기대치에 달려 있고, 조건이 나아질수록 기대는 높아진다. 또 생물학적으로 볼 때 기대와 행복은 경제적·사회적·정치적 상황이 아닌 우리의 생화학적 조건에 의해

결정된다. 사람을 비참하게 만드는 것은 불쾌한 감각이고, 행복하게 하는 것은 유쾌한 감각이다. 그런데 유쾌한 감각은 지속성이 없어 순식간에 불쾌한 감각으로 바뀐다. 따라서 끊임없이 더 나은 것을 찾고 더 강한 자극을 추구하지만, 끝내 행복은 다가가면 사라지는 신기루처럼 허망할 뿐이다.

생명과학은 만족할 줄 모르는 인간 쾌락을 영원히 지속하도록 몸과 마음을 재설계하려고 할 것이다. 그러나 한순간도 쾌감이 멈추지 않도록 끊임없이 쾌감을 제공하는 제품과 치료법을 개발하는 생화학적 방법을 동원한다 하더라도 결코 진정한 해법이 될 수 없다.

3) 생로병사에 대한 불교의 교설과 해법

고통의 문제, 즉 '고와 고의 소멸'은 불교의 처음과 끝을 관통하는 핵심적 주제라 할 수 있다. 불교가 형이상학적 담론에 천착하는 것을 금기시하는 이유도 그것이 '고의 소멸'에 도움이 되지 않는다고 여기기 때문이고,[35] 일관되게 번뇌의 단멸을 근본 수행으로 삼는

---

35 『중아함경』 제60권 221, 「전유경箭喩經」. 본 경전에서 '세상이 영원한가, 영원하지 않은가? 목숨이 곧 몸인가, 몸과 목숨이 다른 것인가?'라는 등의 형이상학적 문제에 대해 부처님은 침묵하셨다. 이에 후련하게 답해주지 않는다고 불만을 토로하는 만동자(鬘童子 말룽끼야뿟따)를 불러놓고 부처님은 유명한 '독화살의 비유'를 들어 깨우치게 한다.

것도 번뇌 그 자체가 '악惡'이기 때문이 아니라 번뇌가 고를 확장·심화(增長)시키기 때문이다.

일반적으로 불교 경전에서는 고를 네 가지, 혹은 여덟 가지의 범주로 나누고 있다.

네 가지 고苦는 생生·로老·병病·사死를 말하며, 여덟 가지의 고는 앞의 네 가지에 '애별리고愛別離苦'·'원증회고怨憎會苦'·'구부득고求不得苦'·'오음성고五陰盛苦'의 네 가지를 더한 것이다.[36]

부처님은 위의 형이상학적 질문은 독화살을 맞은 사람이 이것부터 풀어야 독화살을 뽑겠다고 우기는 것과 같이, 지혜로 나아가는 질문이 아니며, 깨달음과 열반으로 나아가는 질문이 아니기 때문에 대답을 않고 침묵을 지킨 것이라고 말한다. 무엇보다도 급한 것은 독화살을 뽑는 일이다. 설사 10가지 질문을 모두 푼 자라 해도 그가 생로병사 등의 괴로움을 벗어날 수는 없기 때문이다.

36 〈中阿含經 卷第七 (三〇) 舍梨子相應品 象跡喩經第十〉(대정장 권제1, p.464), "云何苦聖諦? 謂生苦、老苦、病苦、死苦、怨憎會苦、愛別離苦、所求不得苦、略五盛陰苦."

어떤 것을 괴로움에 대한 성스러운 진리라고 하는가? 이른바 태어남은 괴로움이요, 늙음도 괴로움이며, 병듦도 괴로움이요, 죽음도 괴로움이다. 원수를 만나는 일도 괴로움이요, 사랑하는 이와 이별하는 것도 괴로움이다. 구해도 얻지 못하는 것도 괴로움이며, 간략히 줄여서 5성음(盛陰: 色·受·想·行·識 오온으로 이루어진 인간의 삶 자체, Pañca upādānakkhandā)이 괴로움이다.

〈中阿含經 卷第三 (一三) 業相應品 度經第三〉(대정장 권제1, p.435), "比丘! 若有覺者便知苦如眞, 知苦習、知苦滅、知苦滅道如眞. 云何知苦如眞? 謂生苦、

이것은 인간의 생물적 한계에서 필연적으로 수반되는 고통과, 삶에서 경험하는 탐욕과 갈망, 미움과 분노, 불안과 좌절, 그리고 에고(ego)에 대한 집착과 상실감 등의 다양한 고통을 여덟 가지 범주로 나눈 것이다. 이러한 사고·팔고라는 범주는 고통을 생물적·정서적·인지적 측면에서 유형화한 것이고, 일반적으로 통괄해서 표현할 때는 '일체개고一切皆苦'라고 한다.[37] '일체개고'의 '고苦'는 일상의 구체적이고 개별적인 고통이라기보다는 모든 인간에게 적용되는 보편적이고 근원적인 고苦를 의미한다.

(1) 사문유관四門遊觀

'일체 존재의 실존적 현실태는 고(一切皆苦)'라고 하는 불교의 세계

老苦、病苦、死苦、怨憎會苦、愛別離苦、所求不得苦、略五盛陰苦, 是謂知苦如眞.";〈中阿含經 卷第七 (二九) 舍梨子相應品 大拘絺羅經第九〉(대정장 권제1, p.462), "云何知苦如眞? 謂生苦、老苦、病苦、死苦、怨憎會苦、愛別離苦、所求不得苦、略五盛陰苦, 是謂知苦如眞";〈中阿含經 卷第二十七 中阿含 林品 達梵行經第五〉(대정장 권제1, p.600), "云何知苦? 謂生苦、老苦、病苦、死苦、怨憎會苦、愛別離苦、所求不得苦、略五盛陰苦, 是謂知苦."

37 고(苦: 산스크리트어 Duhkha)란 감각적, 생리적 고통뿐만 아니라 심리적 고통도 포함한다. 고苦의 본질은 한마디로 '자기 뜻대로 되지 않을 때 느끼는 일체의 감정'이라고 할 수 있다. 이러한 고는 욕망에서 비롯되는 고통, 무지無知에서 비롯되는 고통, 인간 존재 그 자체의 실존에서 비롯되는 고통, 무상無常에서 비롯되는 고통 등으로 분류하기도 한다.

관은 삼법인, 사성제의 교리로 체계화되었다. 하지만 교리 이전에 부처님은 '인간의 고통'에 대해 진지하게 성찰하였던 바, 이러한 사실은 출가 계기를 서술한 '사문유관四門遊觀'에 잘 드러나 있다.[38] 사문유관은 싯달타 태자가 출가를 결심하게 되는 직접적인 계기가 된 사건으로 알려져 있는데『수행본기경修行本起經)』,『불본행집경佛本行集經』등의 불전문학에서 중요한 위치를 차지한다. 경전에 따라 약간의 차이는 있지만, 싯달타 태자가 동서남북 네 문을 통해 경험한 일들은 비슷하게 서술되어 있다. 요약해 보면 다음과 같다.

카필라성 호화로운 왕궁에서 인생의 부정적인 모습을 대면할 기회가 거의 없었던 싯닷타 태자는, 어느 날 성 밖으로 나들이를 나갔다가 병듦, 늙음, 죽음과 같은 비참한 삶의 실상을 접하게 된다. 동쪽 성문에서는 주름진 얼굴에 뼈만 앙상한 노인이 굽은 허리로 지팡이에 의지해 걸어가는 것을 보았고, 남쪽 성문 근처에서는 고통에 못 이겨 신음하는 병자를 만났으며, 또 서문에

---

38 "불교의 경우 싯다르타의 출가와 깨달음이라는 일련의 서사와 불교의 교리는 긴밀하게 교직되어 있다. 싯다르타의 출가의 근본동기를 전하고 있는 서사인 사문유관은 싯다르타가 마주치게 되는 인생의 근본적인 문제의식이며 동시에 불교 전통을 일관하는, 핵심적 세계관이기도 하다." 조성택,「불교적 행복–비판적 이해와 현대적 재구성을 위한 시론」,『철학논집』제44집, 서강대학교 철학연구소, 2016년 2월, p.148.

서는 죽은 시체를 운반하는 장례 행렬과 맞닥뜨렸다. 늙고 병들어 죽어가는 그 참상을 목격한 태자의 충격은 이루 말할 수 없었다.[39] 인간으로서 피할 수 없는 생로병사라는 문제를 깊이 생각하게 된 것이다. 그러다 마지막 북쪽 성문에서 출가 사문을 만나면서 구원의 희망을 갖게 되고, 이 모든 문제의 근본적인 해결을 위해 출가할 뜻을 굳히게 된다.

이상의 이야기와 같이, 네(四) 개의 문門을 거닐다(遊) 보고(觀) 출가를 결심하게 되었다 하여 이 일련의 사건을 사문유관이라 한 것이다.

또 중아함에서는 네 개의 문을 별도로 명시하지는 않으나, 늙고 죽음의 고통에 대한 고뇌가 당신의 직접적인 출가 동기였다고 부처님이 스스로 회상하는 대목이 서술되어 있다.

"제자들아, 내가 아직 위없는 정각을 깨닫기 전 구도자일 때 이렇게 생각했다. '나도 반드시 태어나 늙고 병들어 죽어야 하는 존재이고, 슬픔에 빠지고, 번뇌에 빠지게 될 존재다. 그런데도 오히려 태어나고 늙고 병들고 죽게 만드는 것을 추구하였고, 슬픔

---

39 『불본행집경』의 「출봉노인품出逢老人品」, 「도견병인품道見病人品」 「노봉사시품路逢死屍品」에 상세히 기술되어 있다.

에 빠지게 하고 번뇌에 빠지게 하는 것만을 추구하고 있지 않았
는가? 나는 이제 결단코 태어남과 늙음과 병듦과 죽음과 슬픔과
번뇌가 없는 위없이 안온한 열반의 세계를 추구해야겠다'라고.
제자들아, 나는 그때 젊은 동자로서 맑고 깨끗한 얼굴과 검은 머
리의, 한창 나이 29세였다. …… 나는 머리를 깎고 가사를 걸치
고 출가하였다."[40]

이 경에서 말씀하신 '생로병사의 괴로움으로부터 벗어난 열반의
세계를 추구함'이라는 출가의 동기는 수행의 목표로 이어졌고, 깨
달음 이후에는 곳곳의 경전에서 설법의 형태로 표현되는데, 사성
제가 대표적인 것이다.[41]

---

40 〈中阿含經 卷第五十六 (二〇四) 晡利多品 羅摩經第三〉(대정장 권제1, p.776),
"我本未覺無上正盡覺時,亦如是念 : '我自實病法, 無辜求病法, 我自實老法, 死
法, 愁憂慼法, 穢汚法, 無辜求穢汚法, 我今寧可求無病無上安隱涅槃, 求無老、
無死、無愁憂慼, 無穢汚無上安隱涅槃耶?' 我時年少童子, 清淨靑髮, 盛年年
二十九 …… 我剃除鬚髮, 著袈裟衣."

41 "사문유관 서사와 짝을 이루는 불교교리가 바로 고집멸도의 사성제다. ……
사성제의 첫 번째 진리인 '모든 것은 고(一切皆苦)'라고 하는 통찰은 싯다르
타가 출가 전 사문유관에서 목격하였던 인생의 근본적인 고의 문제와 다르
지 않다. 그 고의 문제를 해결하기 위해 싯다르타는 출가하였고 수행을 통
해 깨달음을 얻은 바 그 결론이 바로 사성제였다. …… 사성제는 붓다 자신
의 경험이자 제자들을 위한 가르침이기도 한 것이다. 사문유관의 서사 그리
고 사성제의 교리는 오랜 불교전통을 통해, 그리고 오늘에까지도 불교적 세

(2) 사성제四聖諦

사성제는 '네 가지의 성스러운 진리'로, 의사가 아픈 환자의 상태를 정확히 진단하고 적절한 처방으로 병을 치료하듯이, 인간의 실존적 고통을 통찰하고 그에 대한 원인을 규명하여, 번뇌를 소멸하고 고통으로부터 벗어난 열반을 증득하게 하는 진리를 말한다.

네 가지 진리는 존재의 현실이 괴로움이라고 바르게 아는 진리인 '고성제苦聖諦', 그러한 괴로움이 어떻게 일어나는지 원인을 통찰하는 진리인 '고집성제苦集聖諦', 괴로움의 소멸에 대한 거룩한 진리인 '고멸성제苦滅聖諦', 괴로움의 소멸에 이르는 방법에 대한 거룩한 진리인 '고멸도성제苦滅道聖諦'를 가리킨다.

사성제四聖諦의 교설은 초기경전의 하나인 『전법륜경』[42]에 상세하게 서술되어 있다. 그리고 중아함의 『상적유경』에서는 코끼리 발자국 비유로써 사성제가 모든 가르침 중에서 가장 으뜸가는 진리임을 강조하기도 한다.

계관의 근간이 되고 있다." 조성택, 위의 책, p.149.

42 『불설전법륜경(佛說轉法輪經)』(대정장 권제2, p.503)은 부처님이 정각을 이룬 후 최초의 설법 장면을 담고 있는 경으로, 여기서 사성제가 설해졌다는 것은 사성제의 위상을 상징적으로 보여주는 것이다. 이 경에서는 "苦爲眞諦, 苦由集爲眞諦, 苦集盡爲眞諦, 苦集盡欲受道爲眞諦"로 사성제를 표현하고 있다.

존자 사리자가 여러 비구들에게 말하였다. "여러분, 모든 동물의 발자취는 다 코끼리의 발자취 속에 들어옵니다. 코끼리의 발자취는 그 크기가 동물 중에 으뜸입니다. 그와 마찬가지로 모든 훌륭한 진리는 다 네 가지 성제 안에 포섭됩니다. 그 네 가지란 고苦의 성제, 고의 발생의 성제, 고의 멸진滅盡의 성제, 고의 멸진에 이르는 길의 성제입니다."[43]

부처님의 상수 제자인 사리자 존자가 비구들에게 말한 바와 같이 '고'라는 세계관을 바탕으로 한 사성제는 부처님의 최초 설법에서 설해진 후, 모든 불교 교리를 섭수하는 구조 체계로 자리잡게 된 것이다.

(3) 삼법인三法印

사성제에서 정비된 '고'에 대한 교설은 삼법인을 통해 한층 명료한 이론 틀을 갖추게 된다.

---

[43] 〈中阿含經 卷第七 (三○) 舍梨子相應品 象跡喩經第十〉(대정장 권제1, p.464.), "爾時, 尊者舍梨子告諸比丘 :「諸賢! 若有無量善法, 彼一切法皆四聖諦所攝, 來入四聖諦中, 謂四聖諦於一切法最爲第一. 所以者何? 攝受一切衆善法故. 諸賢! 猶如諸畜之跡, 象跡爲第一. 所以者何? 彼象跡者最廣大故. 如是, 諸賢! 無量善法, 彼一切法皆四聖諦所攝, 來入四聖諦中, 謂四聖諦於一切法最爲第一. 云何爲四? 謂苦聖諦, 苦習(集)、苦滅、苦滅道聖諦."

삼법인三法印은 제행무상諸行無常·제법무아諸法無我·일체개고一切皆苦의 세 가지를 가리키는 용어로, 법인(法印: dharma mudra)은 '법의 도장', '법의 표지標識'라는 의미다. 삼법인은 불교의 특징을 단적으로 보여주는 교설로서 불교의 연기사상을 이해하는 관문이 된다. 초기 경전에서 세 명제를 '삼법인'이라는 용어로 특정하지는 않으나 그 내용이 곳곳에서 설해지고 있다.[44]

교설의 내용을 살펴보면, 먼저 '제행무상'은 시간적 관점에서 '모든 존재는 항상함이 없다', '세상만물은 생멸 변화한다'는 것이며, '제법무아'는 연기적 관점에서 '이 세상 모든 존재는 조건에 의해 생겨난 것으로 나라고 할 만한 실체가 없다'는 것이며, '일체개고'

---

[44] 일반적으로 초기경전에서는 '제행무상, 일체개고, 제법무아'의 세 가지를 삼법인이라 하지만 북전에서는 '일체개고' 대신에 '열반적정涅槃寂靜'을 포함시키기도 한다. 혹은 아예 네 가지 모두를 합해 사법인이라 한 곳도 있다. "원래 상좌부로 대표되는 남방불교에서는 제행무상, 제법무아, 일체개고를 세 가지 특징, 즉 삼특상(三特相, Three Marks/Characteristics of Existence) 이라고 부른다. 반면에 설일체유부로 대표되는 북방불교에서는 제행무상, 제법무아, 열반적정을 세 가지 법의 도장, 즉 삼법인(三法印, Three Dharma Seals)이라고 부른다. 삼특상은 초기불교의 빨리어 원문인 'ti-lakkhana'의 번역이고, 삼법인은 대승불교의 산스크리트어 원문인 'tri-dharma mudra' 의 번역이다. 초기, 대승, 선, 밀교 등 다양한 불교 전통들이 함께 공존하는 미국의 경우 체계적 구분 없이, 삼특상의 제행무상, 제법무아, 일체개고에 열반적정을 더해 사법인이라고 부르는 이들도 있다." 「서광스님의 치유적 불교읽기〈삼법인①〉」, 법보신문, 2011.07.19.

는 '무상(변함)이고 무아(영원한 나와 내 것은 없음)인 모든 존재는 괴로움(苦)'이라는 것이다.

일체개고라는 현실인식은 '존재 그 자체에 고라고 하는 고정된 성질 혹은 실체가 있다'는 의미가 아니며, 또한 '고의 원인이 현실 또는 존재 그 자체에 있다'는 의미도 아니다. 도리어 올바른 지혜를 통해서, 모든 존재는 생멸 변화하며 고정된 실체가 없다는 것을 분명히 알게 되면 집착에 기반한 고로부터 벗어나 열반에 이를 수 있다는 것을 역설한 것이라 할 것이다.

다시 말해 삼법인은 인간을 포함한 모든 존재는 변화하는 것으로 불변의 실체라는 것이 있지 않다는 것을 통찰해야만 괴로움으로부터 자유로울 수 있음을 설한 교설인 것이다.

유발 하라리는 삼법인을 다음과 같이 해석하는데, 간결하지만 핵심을 잘 짚어내고 있다.

"부처는 우주의 세 가지 기본 현실을 설파했다. 모든 것은 끊임없이 변하며, 지속적인 본질이란 없으며 완전히 만족스러운 것도 없다. 우리는 몸과 마음, 은하계의 가장 먼 곳까지 탐사할 수 있다. 하지만 변하지 않는 것, 영원한 본질을 지닌 것, 우리를 완전히 만족시킬 것은 결코 만날 수 없을 것이다. 고통은 사람들이 이 사실을 음미하지 못하기 때문에 생겨난다."[45]

이어서 그는 고통이 어떻게 형성되고 어떻게 확장되는가에 대해 이렇게 말하고 있다.

"사람들은 어딘가에 어떤 영원한 본질이 있으며, 그것을 찾아서 연결만 하면 완전한 만족을 얻을 수 있을 거라고 믿는다. 그 영원한 본질을 때로는 신이라 부르고, 때로는 국가, 때로는 영혼, 때로는 진정한 자아 때로는 진실한 사랑이라 부른다. 그리하여 사람들이 그것에 집착하면 할수록 예정된 실패에 따른 실망과 참담함도 커진다. 설상가상, 집착이 크면 클수록 그런 사람이 염원하는 목표와 자신 사이를 가로막고 있는 것처럼 보이는 모든 개인과 집단, 제도를 향한 증오심도 커진다."[46]

(4) 불교의 해법

사고팔고四苦八苦의 구체적 고통이든, 존재일반에 대한 보편적 고통이든(一切皆苦), 고통의 문제에 대한 불교적 해법은 기본적으로 '모든 존재는 생멸 변화하며 고정된 실체는 없다'고 통찰하는 것에서 출발한다. 이러한 연기론적 세계관은 초기불교와 아비달마불교에 이어, 중관 사상, 반야공 사상, 유가유식 철학 등에도 그대로 수

---

45 유발 하라리, 전병근 옮김, 『21세기를 위한 21가지 제언』, 김영사, 2018. p.458.
46 유발 하라리, 위의 책, pp.458~459.

용된다.[47] 그러나 대승불교는 승원을 위주로 한 개인 수행 중심의 아비달마불교를 비판하면서 일어난 불교혁신 운동으로, '개인의 행복은 타인과의 관계 속에서 완성되어야 한다'는 것을 기치로 내세웠다. 더 나아가 고통받는 중생을 구제하는 것을 자신의 구제, 즉 해탈열반보다 우선되는 가치로 삼아야 한다고 강조한다.

　고통의 문제에 접근하는 방식이 개인을 넘어 사회적 차원으로 확장된 것이다. 부조리한 제도나 역사문화적인 편견과 억압으로 인한 사회적·집단적 고통을 외면하고서는 개인의 행복이 완성될 수 없다는 성찰이 반영된 것이다. 이와 같이 '보살 정신'으로 상징되는 대승불교는 중생구제의 실천행을 최우선으로 하며, 참된 깨달음은 자비심을 바탕으로 한다는 가르침을 곳곳에서 펼쳐나간다.

---

47 "『반야심경』은 대승불교의 대표적 경전의 하나이며, 불교의례에서 늘 독송되는 경전이다. 이 『반야심경』의 핵심적 주제이자 시작은 다음과 같다. …… 관자재보살이 '오온이 모두 공함을 환하게 알게 되어(照見五蘊皆空)' 일체의 '괴로움과 불행'으로부터 벗어나게 되었다는 것이다. 이는 곧 '지혜의 완성'을 뜻하는 반야바라밀의 공덕이다. 반야바라밀이란 일체의 분별과 집착을 여의고 사물을 있는 그대로 보는 바른 인식을 뜻한다. 요컨대 '나'라는 존재가 공空하다는 인식이 바른 인식이며 이는 곧 지혜의 완성, 반야바라밀의 실천을 통해 모든 '괴로움과 불행(苦厄)'으로부터 벗어날 수 있다는 것이다. …… 고의 보편성을 이해함으로써, 그리고 사태와 사물을 있는 그대로 직시함으로써 고를 치유한다고 하는 것은 불교의 매력적인 전통이며, 오늘날에도 여전히 유효한 측면이 있다." 조성택, 위의 논문, pp.138~139.

경전의 경우, 대승 경전의 꽃이라 할 수 있는 『화엄경』의 「보현행원품」[48]과 『법화경』의 「관세음보살보문품」[49]이 대표적인 것으로, 고통받는 중생을 구제하는 것이 보살의 궁극적 사명임을 잘 보여주고 있다.

또 의례의식의 경우, 법회의 마지막에 대중이 합송하는 '사홍서원(四弘誓願: 네 가지 커다란 서원)'의 순서[50]에서 이러한 정신이 반영되고 있는데, '번뇌를 끊어 해탈열반을 증득하겠다'는 개인 수행에 대한 맹서에 앞서 '고통받는 중생을 제도하겠다'는 서원을 맨 첫머리에 둔다는 것은 이타행의 보살정신이 얼마나 중요한지 대변해주

---

48 「보현행원품」의 내용을 노래로 만든 찬불가 '보현행원'은 고통받는 중생에 대한 애틋함을 잘 표현하고 있다. "내 이제 엎드려서 원하옵나니, 영겁토록 열반에 들지 맙시고, 이 세상에 중생을 굽어 살피사, 삼계화택 심한 고난 구원하소서, 허공계와 중생계가 다할지라도, 오늘 세운 이 서원은 끝없어오리."

49 관세음보살은 대자대비한 마음의 상징으로 여겨지는데, 고통받는 중생의 목소리를 널리 듣고, 위난에 처한 중생이 관세음보살을 부르면 어디든지 달려가 구원한다고 한다. 이러한 관세음보살의 자비심은 '관음기도문'에 다음과 같이 잘 표현되어 있다.

"언제 어느 곳에나 나타나지 않는 곳 없으시며, 크고 깊은 원력과 대자대비로 고난과 액난을 구해주시는 관세음보살님께 귀의합니다(南無普門示現 願力弘深 大慈大悲 救苦救難)."

50 사홍서원四弘誓願: 衆生無邊誓願度, 煩惱無盡誓願斷, 法門無量誓願學, 佛道無上誓願成.

는 것이다.

3. 맺는말

대개의 경우, 욕구하는 그 무엇이 충족되지 않으면 고통을 느끼기 때문에, 고통을 없애기 위해 욕망의 대상을 얻으려 하고, 이는 쾌락의 추구로 이어진다. 혹은 본래 갖추어져 있던 조건(인간의 몸과 마음 포함)이 훼손되거나 망가짐으로써 고통이 초래될 때, 이를 개선하거나 회복함으로써 고통을 경감하고자 한다.

생명과학자들의 연구는 주로 후자에 목적을 두고 발전해왔다. 그 결과 약품과 의료기술을 개발하여 인류를 괴롭혀온 많은 질병에 대처할 수 있게 하였다. 또 몸과 마음의 기능을 향상시켜 노화를 늦추고 대폭 늘어난 수명을 가능케 하였다.

불교적 견지에서 말한다면, 이러한 생명과학자들의 연구는 가히 보살행이라 할 만하다. 중생을 고통으로부터 구원하는 일에 적극적으로 앞장서는, 그런 실천행을 하는 사람을 보살이라 하기 때문이다. 생명과학자들의 연구는 당연히 권장하고 환영할 일이다.

그러나 아무리 생명과학이 발전한다 하더라도 인류를 생로병사의 고통으로부터 완전히 해방시키지 못한다. 한계가 있다. 어느 날 새로운 형태의 질병이 느닷없이 출현하거나, 변종의 슈퍼 바이러스가 첨단의 의료기술조차 무력화시킬 수 있다. 또한 과학의 발달에 힘입어 인간의 기능이 향상된다 하더라도, 노화의 속도를 늦추거나 수명을 200세까지 연장시킬 수는 있다 하더라도 언젠가는 늙어 죽음의 문 앞에 서게 될 것이기 때문이다.

사람과 물자의 신속한 이동을 위해 발전된 대륙 간 교통망도 바이러스나 세균의 전파에 더없이 좋은 수단이 된다. 그로 인해 예전엔 에피데믹(epidemic; 지역적 유행) 정도로 종결될 수 있었던 바이러스나 세균의 감염이 팬데믹(pandemic; 세계적 대유행)으로도 이어질 수 있다는 사실은 인류에겐 새로운 공포가 아닐 수 없다.

다른 한편, 고통은 인간이 체험하는 감정이라는 점에서 과학은 한계를 가질 수밖에 없다. 노화나 질병, 그것 자체와 그로 인한 고통이란 감정 현상은 별개 사건이며, 감정은 본래적으로 인간 자체에 속한 것이다. 그렇기 때문에 고통이 어떻게 발생하고, 어떻게 확장되며, 어떻게 해야 고통이 사라지는지, 다시 말해 고통이란 감정을 다스릴 수 있는 능력이 있어야 고통으로부터 자유로울 수 있다. 그러한 힘은 오직 고통을 느끼는 바로 그 사람에게서 나오며, 이러한 능력을 갖추게 하는 것은 과학의 영역이 아니다.

그래서 생명과학이 아무리 발전한다 하더라도, 생로병사의 고통이 경감되기는 하겠지만 그것으로부터 인간이 해방될 수는 없다. 바로 이러한 점에서 종교의 지혜가 요청되는 것이다.

인류 역사에서 목격해온 바에 의하면, 인간은 생명과학의 어떤 성과에도 만족하지 않을 것이다. 성취한 결과물에 대한 희열이 무디어지는 것에 비례해 더 큰 목표가 눈앞에 주어지고, 기대치는 한층 더 높아질 것이다. 만족하지 않음은 행복하지 않다는 것이며, 행복하지 않다는 것은 괴로움이 존재한다는 것이다. 결국은 다시 고통 속에 놓이게 될 것이다. 과학의 눈부신 발전에도 불구하고 고통의 문제 해결은 그다지 큰 진전이 없다.

'생로병사'라는 그 사건조차 제행무상, 제법무아의 연기적 현상임을 명확하게 깨닫는다면 그로부터 야기된 2차, 3차 번뇌로부터 자유로울 수 있다. 괴로움도 행복도 결코 외부에서 오는 것이 아님을 통찰한다면 두 번째 화살을 피할 수 있다.

'화살의 경전'이라는 이름의 「전경箭經」에서 부처님은 다음과 같이 말씀하신다.

〈두 번째 화살은 맞지 마라〉

"어리석고 무지한 중생은 감각기관으로 어떤 대상을 접촉하면 괴롭다는 느낌, 즐겁다는 느낌, 괴롭지도 않고 즐겁지도 않다는 느낌을 갖는다. 지혜롭고 많이 아는 거룩한 성자도 감각기관으로 어떤 대상을 접촉하면 그와 같은 느낌을 갖는다. 그렇다면 어리석은 중생과 지혜로운 성자의 차이는 무엇이겠는가?"

"어리석고 무지한 중생은 감각기관으로 어떤 대상을 접촉하면 괴롭고, 즐겁고, 괴롭지도 않고 즐겁지도 않다는 느낌을 갖는다. 그런 뒤 이들은 곧 근심하고 슬퍼하고 눈물을 흘리며 울고 원망

하고 울부짖느니라. 이는 즐겁거나 괴롭거나 즐겁지도 괴롭지도
않다는 느낌에 집착하고 얽매이기 때문이니, 비유하면 어떤 사
람이 첫 번째 화살을 맞은 뒤에 다시 두 번째 화살을 맞는 것과
같으니라.

그러나 지혜롭고 거룩한 성자는 감각기관으로 어떤 대상을 접촉
하더라도 근심과 슬픔과 원망과 울부짖음과 같은 증세를 일으
키지 않는다. 그때는 몸의 느낌만 생길 뿐 생각의 느낌은 생기지
않는다. 이는 즐겁거나 괴롭거나 즐겁지도 괴롭지도 않거나 하
는 느낌에 집착하지 않고 얽매이지 않기 때문이니, 비유하면 어
떤 사람이 첫 번째 화살을 맞았으나 두 번째 화살은 맞지 않는
것과 같으니라."[51]

불교는 생명과학의 연구와 성과가 생로병사의 괴로움을 경감시
켜 인류의 행복을 증진시키는 데 기여하고 있다는 사실을 결코 부
정하거나 폄하하지 않는다. 오히려 칭찬하고 장려한다. 다만 생명
과학의 발전이 최종적 해결책이 될 수 없다고 하는 것은, 위에서
언급했듯이 생로병사에 대한 고통은 궁극적으로 인간의 주관적 체
험이기 때문이다.

기대한 것과 성취한 것, 욕구와 만족감이 적절한 긴장과 균형을

---

51 『잡아함』 17권 470경, 「전경箭經」.

유지하는 중도의 태도를 가질 것, 괴로움이 어떻게 형성되고 표출되는가를 있는 그대로 보는 여실지견의 지혜를 갖출 것, 이것이 불교의 기본 입장이다. 여기에 타인의 고통을 먼저 생각하고, 고통받는 중생을 제도하고자 하는 보살의 실천행을 더한 것이 '고통의 문제'에 대하여 불교가 제시할 수 있는 해법이라고 할 수 있다.

생명과학을 비롯한 과학의 발전은 인류의 삶을 윤택하게 했으며, 보다 나은 환경을 제공해왔다. 그래서 드디어 인류가 '도달하지 못할 희망'이었던 영생과 불멸을 꿈꾸며, 생명창조의 능력까지 손에 쥐게 되었다. 신의 영역에 근접하여 호모 데우스가 되어간다. 그러나 이 모든 화려한 성과에도 불구하고 인간은 여전히 고통과 함께한다. 인간이기 때문이다. 이처럼 과학이 해결하지 못하는 인간의 고통을 근본적으로 다룰 수 있는 것은 종교의 역할로 남겨졌다.

생명과학의 시대, 종교의 역할이 더욱 분명해지고 종교인의 사명이 더욱 엄중해진 것이다.

유발 하라리, 고엔카 명상을 통해 통찰을 얻다

———————————— 김완두(스님(미산), KAIST 명상과학연구소 소장)

1. 호모 사피엔스와 종교의 미래

우리 인간은 지금 엄청난 변화의 폭류 속으로 휩쓸려가고 있다. 자고 일어나면 AI를 앞세운 신기술이 사회적·경제적 양극화를 부추기고, 인터넷에 접속하여 검색하는 순간 개인의 정보와 취향이 빅데이터에 저장된다. 마치 누군가가 자신의 생각과 삶을 실시간으로 들여다보는 것 같은 두려운 느낌이 들 정도로 AI 기술이 삶 깊숙한 곳으로 이미 들어와 있음을 실감한다. 하지만 통계를 살펴보면 첨단과학기술의 진보로 인하여 백 년 전 과거보다 역병과 기아와 전쟁의 빈도수가 줄어들어 더 오래 더 건강하게 더 풍요롭게 더 안전하게 살고 있으며, 나아가 신의 권능까지도 갖게 된다고 한다.

『사피엔스』, 『호모 데우스』, 그리고 『21세기를 위한 21가지 제언』이란 3부작의 저자 유발 하라리(Yuval Noah Harari)는 과학혁명이 역사의 종말을 불러올지도 모르고, 인류가 스스로 신이 되려 하는 길목에 놓여 있으면서도 진정 자신이 원하는 것이 무엇인지 모른 채 폭류 속에서 표류하고 있다고 인류의 미래를 걱정하고 있다. 과연 우리는 올바른 방향으로 가고 있는 것일까? 인간의 미래는 정말 장밋빛일까?

이런 엄중한 상황에서 종교인들은 어떤 생각을 하고 있으며, 종교의 역할은 무엇일까? 20여 년 전 영국 유학 시절에 매우 인상적인 패널 토론회에 참석한 적이 있다. 옥스퍼드대학교 인권 동아리에서 주최한 〈종교와 과학과의 대화〉라는 토론회였다. 최고 권위자나 전문가가 인류 전체에 영향을 미칠 수 있는 이슈를 놓고 벌이는 '멍크 디베이트'[1]라는 행사의 일종이었다. 21세기에는 첨단과학

---

1   금광 재벌인 피터 멍크가 설립한 캐나다 오리아재단이 2008년부터 주최하는 글로벌 토론회다. 국제 현안을 두고 세계 정상급 지식인이 참석해 2인씩 2개조를 이뤄 토론을 벌이는데, 연 2회 캐나다 토론토에서 열린다. 영국 공영방송인 BBC와 미국 공영방송인 CSPAN이 중계할 정도로 전 세계적으로 인기를 끌고 있다. 토론 전과 후 청중들을 대상으로 한 찬반 표결로 승패를 가린다. [네이버 지식백과] 멍크디베이트(시사상식사전, pmg 지식엔진연구소). 『사피엔스의 미래』는 2015년 11월에 실시된 멍크 디베이트를 엮은 책이다.

이 인간의 행복한 삶을 이끌어주는 주도적 역할을 할 것인지, 아니면 아무리 첨단과학 시대가 되더라도 인생의 행복과 불행의 문제는 종교의 몫이라는 것에 대한 격론이 벌어졌다.

약 600여 명의 신학도와 과학도들이 청중으로 참석했고, 저명한 신학자 3명과 과학자 3명이 번갈아가면서 종교무용론과 과학적 환원주의의 위험성을 서로 반박하는 열띤 논쟁의 장이었다. 흥미로웠던 점은 토론회 전에 종교 측의 입장을 지지하는 사람과 과학 측의 입장을 지지하는 사람의 숫자를 파악하여 놓고 양측의 '토론 배틀'을 모두 듣고 토론 전후의 찬반 투표를 비교해서 어느 팀이 승리했는지를 보여주는 점이었다. 종교에서 과학으로, 반대로 과학에서 종교로 입장을 바꾼 사람의 수를 알아보니 결과는 예견대로 과학자들의 논지에 호응하는 사람이 훨씬 많아 과학의 판정승으로 끝났다. 과학 측 패널 중 한 사람이 『만들어진 신』의 저자 리처드 도킨스였다.[2]

정말 종교의 역할이 줄어들어 결국 종교가 지구별에서 사라질까? 과학이 모든 것을 알게 되고 AI를 숭배하는 데이터교가 인간의 행복과 불행을 관장하게 될까? 결론부터 말하자면 종교는 사라지지 않을 것이며, 인간이 알 수 없는 영역은 여전히 남아 있을 것이

2   이재운·송암지원 저, 『아, 유마-그의 자취 없는 모습과 한국불교가 가야 할 길』, 보현도량 도솔산 도피안사, 2009(개정판), pp.12~13, 필자의 글에서 재인용.

다. 그러면 종교의 미래는 어떤 모습일까? '세속화 시대의 종교의
미래'를 진단한 찰스 테일러는 다음과 같은 이유로 종교의 미래는
긍정적이며 낙관적이라고 본다.

첫째, 현대인들은 겉으로는 개인주의의 성향이 강한 것 같지만
안으로는 종교 공동체에 참여하여 영적 감각을 추구하길 간절히
바란다.

둘째, 현대 사회에서 영적 추구는 일상적인 삶의 요구나 필요에
의해서 시작될 수 있지만 보다 깊이 있는 명상과 기도의 삶으로 발
전되기 마련이다.

셋째, 현대인들이 영적 추구의 삶을 지속적으로 실천하다 보면
정신적 고향으로서 종교 전통으로 돌아가게 될 것이다.[3]

하라리는 과연 찰스 테일러처럼 종교의 미래를 낙관적으로 생각
할까? 호모 사피엔스의 미래가 '호모 데우스'일까? 이 질문에 대한
하라리의 답변은 무엇일까? 이에 대해 위에 언급한 3부작과 언론
인터뷰 등을 살펴보며 하라리의 입장을 살펴볼 것이다. 2장에서는
하라리의 성장과정과 삶에 대한 문제의식을 살펴보고, 3장에서는
하라리는 명상 스승인 고엔카와의 만남을 통해서 어떤 가르침을

3　송현주, 「세계종교에서 '세속화'와 '탈세속화'의 동시적 전개-탈종교화 담
　　론에서 한국불교는 무엇을 배울 수 있나」, 『불교평론』 제79호, 2019, 가
　　을호.

받았고, 이로 인하여 청년 시절의 삶이 어떻게 질적으로 변형되었는지 살펴본다. 마지막으로 4장에서는 심포지엄의 큰 주제인 "호모 사피엔스의 미래가 '호모 데우스'일까?"라는 질문을 던져 종교의 미래에 관한 하라리의 입장을 살펴볼 것이다.

2. 유발 하라리의 삶

하라리는 유년 시절부터 고민이 많았고 끊임없이 호기심 가득한 질문을 하는 태도를 지녔다. 인간이란 어떤 존재이고, 세계는 어떻게 생겨났으며, 이 세상에서 인간 존재의 의미는 무엇인가, 왜 사는지, 왜 세상과 나 자신의 삶에 그토록 많은 고통이 있는지, 어떻게 하면 이 고통으로 벗어날 수 있는지, 죽음 이후의 인간은 어찌 되는지 등등, 인간의 삶과 직결된 문제에 대한 존재론적 질문이 청년 시절까지 지속되었다. 대학에 들어가서 공부를 시작했을 때, 이곳이야말로 삶에 대한 진리를 알 수 있으리라 생각했다. 하지만 실망스러웠고, 더욱 더 삶의 진리에 대한 회의적 태도만 증폭시켰을 뿐 여전히 인간에 대한 큰 질문의 만족스러운 답을 찾지 못했다. 오히려 반대로 구체적이고 좁은 질문에 초점이 맞춰지게 되어, 결국 옥스퍼드대학교에서 중세 병사들의 자전적 기록을 주제로 박사학위 논문을 쓰게 된다. 지적 유희의 소일거리로 다양한 철학책과 인문학 담론이 담긴 책들을 읽고 철학적 토론을 즐겼다. 하지만 이런 활동이 지적 즐거움은 주었을지언정 진정한 통찰에 이르게 하지는 못했다. 청년 하라리의 가슴 한켠에는 아직 풀리지 않는 삶에 대한 큰 의문이 남아 있어 그를 답답하게 하고 힘들게 하였다.

가슴에 삶에 대한 거대한 의문을 품고 사는 청년 시절 하라리의 모습과 더불어 놓치지 않아야 할 것은 차별받는 동성애자의 삶이다. 『사피엔스』, 『호모 데우스』 등의 책에도 성적 정체성을 짐작할 수 있는 대목들이 있지만, 그는 유튜브를 통해서 공개적인 커밍아웃을 하였다. '게이로 산다는 것(On Being Gay)'이라는 제목으로 동영상을 유튜브에 올렸다. 엄존했던 차별의 시선, 그 고통의 원천을 실질적으로 해결하려는 노력이 오늘의 하라리를 만드는 데 기여했을 것이다.

하라리는 어느 언론과의 인터뷰에서 자신의 배우자 이지크 야하브(Itzik Yahav)를 남편이라고 소개하며 성소수자의 차별에 대한 다음과 같은 소회를 밝힌다.

"텔아비브에는 자신을 드러낸 성소수자가 넘쳐난다. 하지만 예루살렘은 반대다. 이스라엘에서는 게이, 레즈비언끼리의 결혼이 합법이다. 하지만 차별이 존재한다. (유대교 율법학자인) 랍비가 좋아하지 않는다. 법적 차별은 없지만, 실질적 차별은 존재한다. 한 예로 유대교 남성과 기독교 여성의 결혼이 불법은 아니지만, 랍비가 허락하지 않는다. 게이 결혼도 마찬가지이다. 그래서 우리 부부는 캐나다에서 결혼했다."[4]

이 고백은 이성애자 독자를 불편하게 할 수도 있을 것이라는 기자의 질문에는 다음과 같이 과학자로서의 성적 정체성에 관한 입장을 분명히 밝힌다.

"자연스럽다, 자연스럽지 않다라는 표현이 있다. 이를 생물학으로 분류해야지, 그 기준을 종교나 신학에서 가져오면 안 된다고 생각한다. 신은 인간의 신체 기관이 각각 다 목적이 있다고 말한다. 다르게 사용하면 비자연스럽다는 것이다. 하지만 진실은 그렇지 않다는 걸 생물학은 말해준다. 실제로는 자연선택, 그리고 적응과 진화가 있을 뿐이다. 나는 과학자다. 과학은 내가 내 성적 정체성을 받아들이도록 도왔고, 내 성적 정체성은 나를 과학적 진실과 허구를 더 엄격히 구분하는 과학자로 이끌었다."[5]

하라리의 현 남편 야하브는 삶의 동반자이며 세계적인 베스트셀러 작가의 매니저이기도 하다. 야하브는 가슴에 삶에 대한 거대한

---

4 출처 : http://news.chosun.com/site/data/html_dir/2018/08/10/2018081002489.html

5 출처 : http://news.chosun.com/site/data/html_dir/2018/08/10/2018081002489.html

의문을 안고 영적으로 방황하고 있는 하라리에게 위빠사나 명상을 간절히 권유한다. 최소한 며칠만이라도 모든 책과 지적인 편력을 잠시 멈추고 자신의 몸과 마음을 성찰하는 시간을 갖자고 제안한다. 하지만 하라리는 명상을 뉴에이지 같은 미신 정도로 생각했고, 또 다른 허구나 신비로운 이야기 정도로 이해하고 있었다. 야하브의 권유를 여러 차례 거절했다. 진정 어린 권유와 끈질긴 설득으로 하라리는 마침내 2000년 4월에 야하브와 함께 10일 과정의 고엔카 위빠사나 수련회에 참석하게 된다. 이곳에서 하라리는 내면 성찰의 진정한 가치를 체득하며 완전히 새로운 방향으로 삶의 행로를 바꾼다. 이제 삶의 질적인 변화를 이끌어 낸 고엔카 명상의 특징이 무엇이며, 하라리는 고엔카 명상 과정에서 무엇을 체험했고, 어떻게 삶에 투영되어 나타나고 있는지를 살펴보겠다.

3. 고엔카 명상의 특징과 유발 하라리의 통찰

1) 고엔카 명상

고엔카(S.N. Goenka)는 미얀마 태생 인도인으로 위빠사나 명상 수행법을 전 세계적으로 전파한 지도자이다.[6] 고엔카가 개발한 위빠

---

6   고엔카(S. N. Goenka)의 일생에 대해서는 인터넷 등에 많은 정보가 나와 있
     다. 그의 가르침과 명상법은 공식 출판사인 미국 워싱턴 주 소재 파리야티
     출판사(Pariyatti Publishing)와 인도 뭄바이 소재 헤드쿼터인 위빠사나연구소

사나(vipassana) 명상 프로그램은 대중적으로 전 세계에 널리 퍼져 있다. 그는 성공한 사업가였으나 1955년부터 심한 편두통을 겪기 시작하면서 쇠약해졌다. 현대 의학을 통한 치료 방법을 찾지 못하던 중, 친구의 권유로 위빠사나 스승인 사야지 우바킨을 만나게 되었다. 고엔카는 처음에 명상을 배우기 주저했지만, 우바킨은 그를 제자로 받아들였고, 그 후로 14년 동안 우바킨 밑에서 명상 지도를 받았다. 45세 되던 1969년에 인도로 돌아와 뭄바이 인근 지역에 기반을 잡고 명상 코스를 개설한 이래 수많은 제자들을 배출했다.[7] 그의 위빠사나 명상 센터는 세계적인 네트워크로 성장하여, 현재 203개 정규 VMC(Vipassana Meditation Center) 센터와 139개 비정규 센터('non-center') 등 총 340여 장소에서 약 2,600회의 명상 코스가 연중 열리고, 일 년에 십육만 명의 대중이 명상코스에 참가한다고 한다.[8] 한국 고엔카 정규 명상센터[9]는 진안에 한 곳이 있다.

고엔카 명상 프로그램의 특징은 크게 내용과 형식 두 가지 측

(Vipassana Research Institute)를 통해 십여 종의 책으로 출판되어 있고, 대부분 PDF와 e-book 형식으로도 나와 있다.

7 조은수, 「고엔카 리더십−국제적 불교 리더십의 모델을 찾는다」, 『불교학보』 제82집, 동국대학교 불교문화연구원, 2018, p.171.

8 https://www.dhamma.org/en-US/locations/directory(2019년 11월 15일 access).

9 https://korea.dhamma.org/ko/

면으로 나누어 볼 수 있다. 첫째, 고엔카 명상의 내용은 붓다담마
(BuddhaDhamma)의 핵심을 바탕으로 어떤 종파적 성격이나 불교
(Buddhism)를 포함한 어떤 종교 문화적 배경을 배제하고 오직 자
신 스스로가 내면에서 찾아낸 진리(Dhamma)에 헌신하도록 이끈
다. 둘째, '자신이 하는 일이 아니라 담마가 하는 일이다'라는 모토
아래, 무아 정신에 기반한 투명한 운영방식이다. 위빠사나 명상의
순수성을 유지하기 위해서 명상은 절대로 사업이 되어서는 안 된
다고 가르친다. 전 세계에서 진행되는 코스와 센터는 모두 비영리
로 운영된다. 고엔카는 직접적으로든 간접적으로든 봉사에 대한
어떤 대가도 받지 않으며, 자신을 대신하여 코스를 지도하도록 인
가한 보조법사들 또한 마찬가지이다. 순수하게 인류에 대한 봉사
로, 도움이 필요한 이들을 돕기 위해서 위빠사나 명상을 나누고
있다.[10]

   이 두 가지 특징 중에서 하라리가 공감하고 받아들여 삶의 지침
으로 실천하고 있는 핵심 내용은 무엇일까? 코엔카 명상의 중요한
내용을 중심으로 살펴보면서 하라리의 삶에 어떻게 적용되고 있는
지를 살펴볼 것이다.

---

10   고엔카 S.N. 저, 담마코리아 옮김, 『고엔카의 위빠사나 명상』, 김영사, 2017,
     p.13.

2) 고엔카 명상의 특징과 하라리의 통찰

앞에서 말했듯이 하라리는 그의 동반자 야하브의 여러 차례 권유 끝에 고엔카 명상에 입문한다. 무엇이 논리 사유로 무장된 청년 하라리의 마음을 움직이게 했을까? 여러 가지 사실들 중에서 삶에 대한 사변적인 고민에 가득 찬 하라리의 복잡한 머리를 순간적으로 말끔히 정리하여 무장 해제하도록 했던 첫 번째 사실은 아마도 담마의 보편성과 해탈성이었을 것이다. 그의 스승 고엔카는 말한다. "붓다는 종파적인 종교를 가르치지 않았고, 보편적이고 해탈에 이르는 길인 담마를 가르쳤다." 프로그램 첫째 날부터 마지막까지 일관성 있게 강조하는 모토이다.

그의 가르침은 종교와 상관없이 담마의 본질로 바로 안내하여 왜곡과 편견으로 가득한 몸과 마음을 자유롭게 해준다. 참가자들이 자주하는 질문 중에 종교에 관련된 것이 있다. "선생님은 계속 붓다의 말을 인용하십니다. 불교를 가르치시는 것인가요?" 이에 대해 고엔카는 다음과 같이 답한다. "저는 '~주의'에는 관심이 없습니다. 저는 담마를 가르칩니다. 즉 붓다께서 가르치신 것을 가르칩니다. …… 그분께서는 어떤 배경의 사람이라도 유익함을 얻을 수 있는 삶의 기술을 가르치셨습니다. 무지한 것은 모두에게 해롭습니다. 지혜를 키우는 것은 모두에게 유익합니다. 기독교인이라면 훌륭한 기독교인이, 유대교인이라면 훌륭한 유대교인이, 무슬림이라면 훌륭한 무슬림이, 힌두교도라면 훌륭한 힌두교도가, 불자라면 훌륭한 불자가 될 것입니다."11

두 번째 저서『호모 데우스』에서 하라리는 '종교가 계약인 반면, 영성은 여행이다'라고 말하며 종교와 영성을 선명하게 구분한다. 물론 종교를 영성으로 가는 최고의 길로 생각하는 사람들의 비판을 감수하고 영적 여행은 제도적 종교가 갖는 권위와 규범성과는 반대의 길로 나아간다고 강조한다. 미지의 세계에 대한 진지한 탐색, 즉 '나는 누구인가?', '인생의 의미는 무엇인가?', '무엇이 선인가?' 같은 커다란 질문에서 영적 여행이 시작한다고 본다. 이처럼 고엔카의 가르침에서 제도적 종교와 영성의 차이를 분명히 한 점이 그가 그토록 목마르게 찾고 있었던 것이었을 것이다.

두 번째 사실은 고통과 괴로움에 관한 담마의 진실이다. 인간들이 보편적으로 겪고 있는 일상적 삶의 기본적 속성은 불만족스럽다는 것이다. 명상 프로그램 질문 시간에 한 참가자가 물었다. "선생님은 삶의 목표가 무엇이라고 생각하십니까?" 이에 대해 고엔카는 다음과 같이 망설임 없이 답한다. "고통으로부터 벗어나는 것입니다. 인간은 내면 깊이 들어가 실재를 관찰하고 고통으로부터 벗어날 수 있는 놀라운 능력을 가졌습니다. 이 능력을 쓰지 않는 것이 삶을 낭비하는 것입니다. 정말 건강하고 행복하게 살기 위해 이

---

11 고엔카 S.N. 지음, 윌리엄 하트 엮음, 담마코리아 옮김,『고엔카의 위빳사나 10일 코스』, 김영사, 2017, p.41.

능력을 사용하세요!" 고통스런 경험이 사람을 더 기품 있게 하고 성숙시켜 줌을 상기시키면서 명상에서 고통의 실제를 객관적으로 바라보도록 한다. 하지만 고통을 자신의 몸과 마음에 동일시하여 고통에 집착한다면, 항상 비참한 상태로 남아 있게 된다고 경고한다. 하라리는 유년 시절과 청년 시절, 고뇌에 찬 삶을 살아왔다. 고통과 괴로움에 대한 보편적 가르침은 하라리의 가슴과 공명하였을 것이다. 『21세기를 위한 21가지 제언』에서 하라리는 "인생의 의미는 무엇인가"가 아니라 "어떻게 하면 고통에서 벗어나느냐"이다라고 말한다. 우리 인간이 세계를 정복한 것은 허구적 이야기를 만들고 믿는 능력 덕분이었으며, 그래서 우리는 허구와 실재의 차이를 아는 데 서툴다. 차이를 무시하는 것은 우리에게 생존이 걸린 문제였다. 만약 그럼에도 차이를 알고 싶어 한다면 그 시작점은 고통이며, 세상에서 가장 현실적인 것은 고통임을 강조한다.

하라리의 마음을 움직이게 한 고엔카 명상의 세 번째 사실은 고통의 진실을 있는 그대로 바라보며 관찰하는 것이었다. 하라리는 『21세기를 위한 21가지 제언』 마지막 장인 "명상"에서 다음과 같이 고백하고 있다. "분노가 무엇인지 알고 싶은가? 화가 났을 때 몸에서 일어나고 지나가는 감각을 관찰해보면 알 수 있다. 내가 수련회에 간 것은 스물네 살 때였다. 아마 그전까지 분노를 일만 번은 경험했을 것이다. 하지만 분노가 실제로 어떻게 느껴지는지 관찰해보려고 하지는 않았다. 화가 날 때마다 분노의 감각적 실체보다 분노의 대상-누군가 한 일이나 말-에만 집중했다. 나는 열흘 동안 내 감각을 관찰하면서 나 자신과 인간 일반에 대해 알게 된 것이 그때까지 살면서 배운 것보다 더 많았다고 생각한다."[12] 그의 스승 고엔카는 화나는 행위를 통제한다는 게 일종의 억제 아니냐는 한 참가자의 질문에 다음같이 답변한다. "그렇지 않습니다. 당신은 무슨 일이 일어나든 그저 객관적으로 바라보는 방법을 배웁니다. 화가 나면서도 그 분노를 숨기고, 꾹 참으려고 하면, 그 말이 맞아요, 그것은 억제입니다. 그러나 당신은 그 분노를 바라봄으로써 그것이 사라진다는 것을 자연히 발견하게 될 것입니다. 객관적으로 관찰하는 법을 배운다면 당신은 그 분노로부터 자유로워질 것입니다."[13]

하라리의 마음을 움직이게 한 네 번째 사실은 담마의 세 가지 속성에 대한 가르침이다. 『21세기를 위한 21가지 제언』 20장 "의미"라는 주제를 다루는 중에 이 가르침에 대해 다음과 같이 구체적인 언급을 하고 있다. "붓다는 우주의 세 가지 기본 현실을 설파했다. 모든 것은 끊임없이 변하며, 지속적인 본질은 없으며, 완전히 만족스러운 것도 없다. 우리는 몸과 마음, 은하계의 가장 먼 곳까지 탐사할 수 있다. 하지만 변하지 않는 것, 영원한 본질을 지닌 것, 우리

---

12 유발 하라리, 전병근 옮김, 『21세기를 위한 21가지 제언』, 김영사, 2018, p.472.

13 고엔카 S.N. 지음, 『고엔카의 위빳사나 10일 코스』, p.79.

를 완전히 만족시킬 것은 결코 만날 수 없을 것이다." 하라리는 고통은 사람들이 이런 명백한 진리를 음미하지 못하기 때문에 생겨난다고 본다. 사람들은 어딘가에 영원한 본질이 있으며, 그것을 찾아서 연결만 하면 완전한 만족을 얻을 수 있을 거라고 믿는다. 그 영원한 본질을 때로는 신이라 부르고, 때로는 국가, 때로는 영혼, 때로는 진정한 자아, 때로는 진실한 사랑이라고 부른다.[14]

고엔카는 10일 프로그램의 셋째 날 강의 때에 존재의 세 가지 특성에 대해서 자상하게 가르친다. 첫날과 둘째 날 강의와 수행은 타인과 자신에게 방해가 되는 행위를 삼가고 마음을 고요히 하여 올바른 삼매를 개발에 관한 것이었다면, 셋째 날의 강의는 넷째 날 오후부터 시작되는 지혜와 통찰 수행의 이론적 바탕을 먼저 정리해주는 것이었다. 첫날부터 시작된 호흡 감각을 관찰을 통해 집중된 주의력으로 ① 모든 것은 덧없이 변하고(무상無常), ② 변화하는 것 그 자체에는 영구불변의 실체로서 자아라는 것은 없으며(무아無我), ③ 변화하기 마련인 것에 대한 집착은 반드시 고통(고苦)으로 귀결된다는 사실을 통찰함으로써 존재의 특성에 대한 이해와 체험이 날을 더하면서 점점 깊어진다. 따라서 궁극적 진리를 볼 수 있게 되고 착각과 환상에서 벗어나 행복하고 건강한 삶을 살 수 있는 길이 열려 있음을 볼 수 있게 해준다.[15]

---

14 유발 하라리, 『21세기를 위한 21가지 제언』, p.472, pp.458~459.

전 지구 차원에서 의제를 설정하고 저서 3부작의 정치한 밑그림을 그릴 수 있는 하라리의 집중력과 통찰력의 원천은 무엇일까? 하라리가 여러 언론 인터뷰를 통해서 밝히고 있듯이 2000년의 첫 과정 이후 매일 2시간씩, 그리고 매년 한두 달간 긴 명상 수행을 20여 년 가까이 실천한 결과이다. "이런 수행을 통해 얻은 집중력과 명정함이 없었다면『사피엔스』나『호모 데우스』를 쓰지 못했을 것이다"라고 소회를 밝히고 있다.[16]

하라리의 오늘날 명성은 그가 자신의 통찰과 집중력으로 그려낸 인류 역사의 '빅픽처'에 많은 동료 사피엔스 독자들이 설득됐기 때문일 것이다. 그의 비결은 명상을 통해서 체화된 안목으로 사실과 허구를 냉철히 구분했던 것, 그리고 그 분류를 바탕으로 하라리는 첫 책『사피엔스』에서 인류의 과거를 개관하면서 하찮은 유인원이 어떻게 지구 행성의 지배가가 되었는지를 살펴보고, 두 번째 책『호모 데우스』에서는 생명의 장기적인 미래를 탐사하면서, 어떻게 인간이 결국에는 신이 될 수 있을지, 지능과 의식의 최종 운명은 무엇일지 생각해보았다고 한다. 그리고『21세기를 위한 21가지 제언』에서는 앞의 두 책과는 달리 역사적 서사를 의도하고 쓰지 않았고, 오히려 교훈의 선집의 성격이 짙다고 밝힌다. 하지만 교훈이

---

15   고엔카 S.N. 지음,『고엔카의 위빳사나 명상』, pp.40~49.
16   유발 하라리,『21세기를 위한 21가지 제언』, p.473.

라고 해서 단순명료한 정답을 제시하지는 않는다. 독자 스스로 더 생각해보도록 자극한다. 사피엔스의 미래를 함께 염려하며, 다가오는 생태의 위기, 대량 살상무기의 위협, 인공지능과 생명공학기술의 진보에 대한 자유로운 토론을 이끌어내기 위한 의도가 숨어 있다.[17]

지금까지 코엔카 명상의 핵심 내용을 중심으로 하라리가 이 명상을 통해서 얻은 통찰을 도구로 인류 역사의 과거와 미래, 그리고 지금 여기 현재를 성찰하고 대안을 제시한 의도를 살펴보았다. 이제 이번 심포지엄 큰 주제의 질문인 "호모 사피엔스의 미래가 '호모 데우스'일까?"에 대한 답변을 하라리에게 들어본다.

4. 호모 사피엔스의 미래가 '호모 데우스'일까 – 유발 하라리가 답하다

하라리의 두 번째 책 『호모 데우스』는 제목이 다소 자극적이다. 특히 유일신을 믿는 종교인들에게는 도전적이며 신성을 모독하는 것처럼 경망스럽게 느껴질 수도 있다. 하지만 하라리의 의도를 더 면밀히 살펴보면 호모 데우스라는 용어를 유일신을 지칭하는 의미로 사용하지 않았다. 제1장에서 말했듯이 사피엔스의 지난 백 년

---

17 유발 하라리, 위의 책, pp.9~15.

의 역사를 되돌아보면 역병과 기아와 전쟁의 빈도수가 줄어들어 더 오래 더 건강하게 더 풍요롭게 더 안전하게 살고 있으며, 나아가 호모 데우스, 인간이 신의 권능까지도 갖고자 한다는 것이다.

인간이 살고 있는 지구촌은 자본주의라는 거대한 조직에 의해서 가동되고 있고, 이들에게 행복은 쾌락이다. 영생의 욕망, 행복이라는 미명 아래 가려진 무한 쾌락과 즐거움에 대한 욕망, 이 영생과 행복의 욕망을 충족시키기 위해서, 신과 같은 능력을 갖게 하기 위해 호모 사피엔스를 재설계하는 것이 필수라고 생각한다. 인간이 행복과 불멸을 추구한다는 것은 성능을 업그레이드해 신이 되겠다는 것인데, 이 신이 되려면 신성을 획득해야 한다. 하라리는 신성을 획득한다는 말에 대한 맥락을 구체적으로 설명한다. "신성을 획득한다는 것이 비과학적인 말 또는 매우 엉뚱한 말로 들린다면, 그것은 우리가 흔히 신성의 의미를 잘못 생각하기 때문이다. 신성은 모호한 형이상학적 성질이 아니다. 그리고 전능함과 똑같은 말도 아니다. 인간을 신으로 업그레이드한다고 말할 때 그 신은 성경에 나오는 전능하신 하나님 아버지보다는 그리스 신들 또는 힌두교의 천신을 말한다."[18] 하라리는 인간을 위와 같은 신으로 업그레이드하는 방법은 생명공학, 인조인간을 만드는 사이보그 공학, 그리고 비유기체 합성공학이라고 말한다. 공상과학영화에서나 나올 법한

---

18   유발 하라리, 김명주 옮김, 『호모 데우스』, 김영사, 2017, p.74.

이야기들이 이미 현실이 되어가고 있고, 사이보그 공학이나 비유기체 합성공학이 더욱 정교하게 발전한다면 생화학적 한계를 벗어나 가상세계와 비가상세계를 자유롭게 누빌 수 있다고 예상한다. 하지만 인간의 마음을 재설계할 수 있는 능력은 불가능할 것이라고 다음과 같이 단언한다. "우리가 신기술로 인간의 마음을 재설계할 수 있을 때 호모 사피엔스는 사라질 것이다. 그렇게 인류의 역사가 끝나고 완전히 새로운 과정이 시작될 것이다. 당신과 나 같은 사람들은 그 과정이 어떤 것일지 예측하려고 시도한다. 하지만 그것은 시간낭비이다. 가치 있는 예측은 인간의 마음을 재설계할 수 있는 능력을 반드시 고려해야만 하는데 이것은 불가능하다."[19]

하라리는 과학적 태도를 가진 역사학자이며 동시에 통찰력 가득한 명상가이다. 물질의 구조를 현미경으로 들여다보듯이, 인간이 신이 되려는 욕망 그 자체를 마음의 현미경으로 직접 관찰했을 때 재설계를 통해 업그레이드 된 호모 데우스는 어떤 의미를 가질지 깨닫게 된다. 불교적 세계관에 의하면, 욕망으로 이루어진 세계의 하늘에 태어나 인간보다 능력이 뛰어나고 지혜로울 수 있지만 욕망으로부터 진정한 자유를 획득하지 못했기 때문에 복덕과 공덕이 다하면 업그레이드 이전의 상태로 전락하고 만다고 말한다. 왜냐하면 조건화된 세상에서는 모든 것은 끊임없이 변하며, 지속적인

---

19 유발 하라리, 위의 책, p.73.

본질은 없으며, 완전히 만족스러운 것도 없다는 세 가지 속성 범주를 벗어날 수 없기 때문이다.

하라리에게 물어보자. 호모 사피엔스의 미래가 '호모 데우스'일까? 유발 하라리가 답한다. "개인적으로 나는 나의 몸과 마음의 모든 잠재력을 탐구할 때 기술을 이용하여 도움을 받는 데 대단히 관심이 많습니다. 하지만 내 몸과 마음을 성급하게 업그레이드하려고 기술을 사용하는 것에는 신중을 기할 겁니다. 우리 자신을 이해하지 못한 상태에서 스스로를 (호모 데우스로) 업그레이드하려는 시도는 재앙으로 이어질 수 있습니다."[20]

---

20   유발 하라리, 『21세기를 위한 21가지 제언』, p.489.

호모 데우스와 맹자의 성선설

최일범(성균관대학교 유학대학 교수)

1. 들어가며

이 글의 목표는 '호모 데우스(Homo Deus)'의 가능성에 대해 유학
적儒學的 인간관, 특히 맹자孟子의 성선설性善說의 관점에서의 대응
이다. 다시 말하면 미래(50년 혹은 100년 후가 될지 모르지만)에 호모
데우스 시대가 실현된다면 그 과정에서 우리가 어떻게 무엇을 해
야 할 것인가를 생각해 보는 것이다.

호모 데우스(Homo Deus)란, 다 아는 바와 같이, 유발 하라리의
저서 『호모 데우스』[1]에서 제시한 '호모 사피엔스 이후의 초인간'을
가리킨다. 유발 하라리는 생명공학, 사이보그 공학(인조인간 만들

기), 비유기체 합성으로 인해서 신이 된 인간, 호모 데우스의 탄생 가능성을 말하였다. 즉 생명공학자들이 사피엔스(Homo sapiens)의 몸을 가져다 유전암호를 고치고, 뇌 회로를 바꾸고, 생화학 물질의 균형을 바꾸게 되고, 나아가 사이보그 공학이 유기체를 비유기적 장치들과 융합함으로써, 우리가 호모 에렉투스(Homo erectus)와 다른 만큼이나 지금의 사피엔스와는 전혀 다른 새로운 초인간이 탄생하게 된다는 것이다.[2]

그 결과 호모 사피엔스는 세 가지 위험에 직면하게 될 것인데, 첫째는 인간이 가치를 완전히 잃게 된다는 것, 둘째는 인간이 집단으로서의 가치는 유지하더라도 개인은 권위를 잃고 외부 알고리즘의 관리를 받게 된다는 것, 셋째, 일부 사람들은 업그레이드되어 소규모 특권 집단을 이룰 것이지만 대부분의 업그레이드되지 못한 사람들은 이들과 컴퓨터 알고리즘의 지배를 받는 열등한 계급이 된다는 것이 바로 유발 하라리가 예측한 호모 데우스의 내용이다.

실제로 이런 미래가 도래할지는 알 수 없다. 그러나 이미 AI 공학이 우리 사회의 교육, 문화, 경제, 정치 등등 다방면에서 큰 변화를 주게 될 것이라는 예견들이 거의 확실시되고 있으며, 그 일부는 이미 실현되고 있는 것이 사실이다. 그럼에도 불구하고 유발 하라리

1   유발 하라리, 김명주 옮김, 『호모 데우스』, 김영사, 2017.
2   유발 하라리, 같은 책, pp.69~70.

가 예측하는 이른바 호모 데우스는 우리의 상상을 초월하는 결과이기 때문에 이에 대한 여러 논란이 일고 있는 것이다. 어쨌든 참으로 호모 데우스의 시대가 실현 가능성이 높다면 우리는 어떻게 해야 할 것인가?

유발 하라리는 그의 세 번째 저서 『21세기를 위한 21가지 제언』[3]에서, 자신의 저서 『사피엔스』[4]가 인류의 과거를, 『호모 데우스』가 인류의 미래를 다루었다면, 이 책에서는 지금 여기의 문제에 주목한다고 전제하고, 바로 지금 무슨 일이 일어나고 있는가, 오늘날 우리가 직면한 최대의 도전과 선택은 무엇인가, 우리는 무엇에 관심을 가져야 하는가, 우리 아이들에게는 무엇을 가르쳐야 하는가를 묻는다.[5]

이런 유발 하라리의 질문은 비록 상상에 가까운 미래 예측에 기반하고 있는 것이지만, 한편으로는 21세기의 인류가 당면한 문제들을 내포하고 있다는 사실을 간과해서는 안 된다. 그가 미래의 호모 데우스를 거론하면서, 바꾸어 말하면 과학의 측면에서 인간의 변화를 말하면서 다른 한편으로 주목하는 사실은, 파시즘과 공산주의가 붕괴한 후 자유민주주의와 시장자본주의가 세계를 지배할 것처럼 보였지만 지금은 도리어 곤경에 처한 현실이다. 그는 말하

---

3   유발 하라리, 전병근 옮김, 『21세기를 위한 21가지 제언』, 김영사, 2018.
4   유발 하라리, 조현욱 옮김, 이태수 감수, 『사피엔스』, 김영사, 2015.
5   유발 하라리, 『호모 데우스』, 서문.

기를, 이 책의 많은 부분이 자유주의 세계관과 민주주의의 체제적 단점을 논하지만, 그것은 자유민주주의가 문제가 있어서가 아니라, 오히려 근대 세계의 도전적인 문제들을 다루기 위해 인류가 지금까지 개발한 정치 모델 중 가장 성공적이고 쓸모가 많기 때문이리고 한다. 따라서 우리 앞에 놓인 새로운 도전들을 검토하면서 자유민주주의의 한계를 이해하고, 지금 상황에 맞게 개선할 수 있을지 탐구할 필요가 있다. 그런데 문제는 현재의 정치적 분위기에서는 자유주의와 민주주의에 관한 모든 비판적 사고가 독재자나 다양한 비자유주의 운동들만의 독점물이 된 데 있다. 그는 자신의 진정한 고민이 여기에 있다고 이렇게 토로한다. "내 말이 맥락을 벗어난 채 인용되면서 지금 움트기 시작한 독재 체제를 정당화하는 데 사용될 위험을 감수하고라도 내 생각을 터놓고 말해야 할까?"[6] 여기에서 우리는 그가 호모 데우스의 미래 위협만큼이나 현 세계의 정치적, 이념적 현실에 대해 관심 갖고 있음을 알 수 있다.

이런 모든 문제를 바탕으로 그는 자신의 체험을 『21세기를 위한 21가지 제언』의 말미에서 제시하는데, 그것은 바로 명상, 구체적으로는 불교의 위빠사나(Vipasyana)다. 그는 우리 시대의 거대한 혁명들과 개인의 내적인 삶이 연결되어 있음을 강조하면서,[7] "한 번 숨

---

6   유발 하라리, 김명주 옮김, 같은 책.
7   유발 하라리, 김명주 옮김, 같은 책, p.11.

을 쉬는 동안 자신을 진정으로 관찰할 수 있다면 모든 것을 관찰할 것"이라고 말을 꺼낸다. 그가 명상 수련을 시작하면서 깨달은 것은 자신이 자신에 대한 통제력을 거의 갖고 있지 않았고, 자신에 대한 CEO가 아니라 문지기 정도에 불과했다는 사실이었다[8]고 토로한다. 유발 하라리는 자신이 대학에서 했던 학문적 경험은 단지 지적 즐거움에 불과했으며, 진정한 통찰은 명상으로 정신을 이해하게 됨으로써 가능했고, 적어도 자기 개인으로서의 명상이 과학적 연구와 갈등을 일으키는 일은 없다고 했다.

  이쯤에서 나는 눈을 철학자 마르쿠스 가브리엘의 저서 『나는 뇌가 아니다』[9]로 돌릴 것이다. 그는 뛰어난 서양철학자로서 신경중심주의(가브리엘이 명명한 신경과학자들의 이념)의 "나는 나의 뇌다."를 정면으로 반박하고 인간을 정신적 생물체라고 주장한다. 그는 또한 주장하기를, 지금이야말로 인간 정신이 과연 누구인지 혹은 무엇인지를 새롭게 숙고할 때이며, 21세기를 위한 정신철학의 윤곽을 제시할 때라고 한다. 또한 정신의 개념은 자유의 개념과 짝을 이루며, 인간에게 자유의지가 있다는 것이 곧 인간이 정신적 생물임을 증명하는 중요한 요인이라고 주장한다. 그는 유발 하라리가

8 유발 하라리, 김명주 옮김, 같은 책, p.471.
9 마르쿠스 가브리엘(Markus Gabriel) 지음, 전대호 옮김, 『나는 뇌가 아니다 (Ich ist nicht Gehirn) ― 칸트, 다윈, 프로이트, 신경과학을 횡단하는 21세기를 위한 정신 철학』, 열린책들, 2018.

말하는 호모 데우스의 시대 같은 것은 도래하지 않는다고 확신하면서(직접 유발 하라리를 거론하지는 않았지만), 오늘날 우리가 할 일은 명상이 아니라(이 말도 마치 유발 하라리를 겨냥한 듯하다) 인간 사회에서 인간이 자유로운 정신적 생명이라는 것에 반하는 부조리에 맞서는 행동이라고 주장한다. 그는 철학자로서 오늘날 신경중심주의에 대한 철학적 성찰이 인간의 정체성 또는 본성의 문제에 있으며, 그것은 다시 말하면 인간의 자유의지에 대한 문제임을 일깨운 것이다. 그리고 이런 관점에서 유발 하라리의 호모 데우스에 대해 일정 정도의 답을 내리고 있는 것이다.

다시 말하면, 호모 데우스와 연관해서 가브리엘이 발견한 철학적 문제는, 첫째로 인간의 정체성과 자유의지에 대한 확인, 둘째는 인간의 정체성에 따른 삶의 실천 방향이다. 가브리엘의 주장은 분명하다. 인간은 정신적 생물이며 자유로운 존재이므로 인간을 신경중심주의로 해석하는 것에 반대한다. 그리고 정신적 생물로서 인간을 저해하는 현실적 요소들에 맞서 저항할 것을 주장한다.

한편 유발 하라리의 입장은 가브리엘과 다소 차이가 있다. 그는 과학이 설명하는 바를 세 가지로 정리해서 알려주고, 그것에 대해 우리가 질문할 바를 역시 세 가지로 던져 준다. 과학의 설명을 정리하면, 모든 유기체는 알고리즘이고, 생명은 데이터 처리 과정이며, 지능은 의식에서 분리되고 있으며, 의식은 없지만 지능이 매우 높은 알고리즘들이 곧 우리보다 우리 자신을 더 잘 알게 된다는 것이다. 이것에 대한 세 가지 중요한 질문은, 유기체는 단지 알고리즘이고 생명은 실제로 데이터 처리 과정에 불과할까? 지능과 의식 중에 무엇이 더 가치 있을까? 의식은 없지만 지능이 매우 높은 알고리즘이 우리보다 우리 자신을 더 잘 알게 되면 사회, 정치, 일상에 어떤 일이 일어날까?이다. 그리고 유발 하라리는 "당신이 이 책을 덮은 뒤에도 이 질문들이 오랫동안 당신의 마음속에 남아 있기를 바란다"는 메시지를 남기고 책을 마친다.

유발 하라리가 우리에게 제시하는 또 다른 한 가지는 "알고리즘이 우리를 위한다며 우리의 정신을 결정하기 전에 우리가 먼저 정신을 이해하는 것이 좋을 것"[10]이라며, 자신의 정신을 직접 관찰하는 방법으로 '명상'의 실천을 추천한 것이다. 가브리엘이 명상을 비판한 것과 달리 유발 하라리는 현재로서는 정신을 직접 관찰하는 유일한 방법이 명상이라는 것, 그리고 이 방법은 과학적 방법과 서로 모순되지 않는다고 주장한다.

필자는 호모 데우스(또는 신경중심주의)에 대한 유학의 대응은 이 양자의 중간쯤에 위치할 수 있다고 생각한다. 문제는, 이미 정리된 바와 같이, 인간의 정체성과 자유의지의 문제 그리고 삶의 실천적 방향이다. 마르쿠스 가브리엘이 "인간은 정신적 생물"이라고 단언한 것과 같지는 않지만, 유발 하라리 역시 인간의 정신에 대한 이

---

10 유발 하라리, 김명주 옮김, 『호모 데우스』.

해가 모든 문제의 기초요 실마리라는 점을 분명히 했다는 점에서 양자의 공통점을 발견할 수 있다. 유학, 특히 맹자孟子의 성선설性善說 역시 인간이 정신적 실체라는 토대 위에 구축되었다. 맹자가 도덕 판단의 근거를 마음의 초월성超越性에서 발견함으로써 인간이 정신적 생물임을 확인했다는 점에서 우리는, 2천여 년의 시간적 차이에도 불구하고, 맹자가 마르쿠스 가브리엘, 유발 하라리와 소통 가능하다는 것을 인정할 수 있다.

그런데 우리가 주목할 것은 인간의 정신적 성장과 사회발전에 대해 견지하는 관점이다. 맹자의 눈으로 볼 때 가브리엘의 문제는 "인간은 정신적 생물"이요 정신은 자유와 짝을 이룬다고 하면서 오직 삶의 방향을, 자유를 저해하는 외부 요인과의 저항에만 집중시키고 있다는 것이다. 인간이 정신적 생물이라면, 맹자는 인간이 정신적 생명, 생물로서 정신의 내재적 가치를 보유한다는 점을 확인하면서 동시에 정신적으로 성장할 당위성을 가지고 있다는 점을 강조한다. 이른바 자기 수양自己修養의 문제이다. 이 점에서 보면 맹자는 유발 하라리가 일단 문제의 출발점을 명상을 통한 자기 정신 패턴의 자각에 둔다는 것에 동의할 것으로 본다.

그런데 유발 하라리의 문제는 그 이상의 비전을 제시하지 않는 데 있다. 다시 확인하지만, 그는 "알고리즘이 우리를 위한다며 우리의 정신을 결정하기 전에 우리가 먼저 정신을 이해하는 것이 좋을 것"이라며, 자신의 정신을 직접 관찰하는 방법으로 '명상'의 실천을 추천한 것에 그친다. 그가 현 세계의 정치적, 이념적 현실에 대해 객관적인 사회적 관심을 갖고 있음을 우리가 확인할 수 있지만, 그가 명상을 자신이 제시한 사회적 관심에 어떻게 연결시킬지에 대해서는 알 수 없다. 여기에서 우리는 맹자가 인간의 정신적, 내면적 성장이 사회발전과 일정하게 연관된다는 원리를 제시하였음을 상기할 필요가 있다. 나는 맹자의 성선설이 함축하는 원리, 즉 인간의 내면적 가치의 성장과 사회발전이 일정하게 연관되어 있다는 관점에서 호모 데우스 시대의 도래에 대응하는 인류의 인식과 당위적 방향성을 보다 깊고 넓게 찾을 수 있다고 본다.

2. 양자컴퓨터의 등장

얼마 전 인터넷에는 다음과 같은 뉴스가 실렸다.

우주 신비를 풀 수 있는 꿈의 양자컴퓨터 실용화에 한발 다가섰다. 구글은 현존하는 슈퍼컴퓨터로 1만 년 걸리는 연산을 단 3분 만에 해결할 수 있는 양자컴퓨터 기술을 개발하고 있다고 밝혔다. 구글의 양자컴퓨터 기술개발이 암호화폐(가상화폐) 가격의 급락을 가져오고 있다. 니혼게이자이신문은, 24일 구글이 양자컴퓨터를 이용해 복잡한 계산문제를 신속하게 풀었다고 발표하자, 비트코인의 보안이 작동하지 않을 우려로 비트코인의 매도가 이어지고 있다고 보도했다. 양자컴퓨터가 실현되면 비트코인을 보호하는 비밀열쇠가 해독될 가능성이 있기 때문에 암호화해 안전하게 송금하는 암호화폐의 원천 기술이 무너지게 된다는 주장이다.[11]

필자처럼 컴퓨터로는 겨우 독수리 타법으로 문서 작성과 뉴스 검색 밖에 못하는 이른바 컴맹으로서는 도대체 슈퍼컴이라는 것이 실감이 되지 않는다. 포탈에 슈퍼컴이 무엇인지 그 정체를 확인해 보았다. 『한경경제용어사전』에 의하면, 슈퍼컴퓨터란 현재 개발되어 있는 컴퓨터 중에서 가장 크고 빠른 컴퓨터를 말한다. 컴퓨터는 크기와 성능에 따라 크게 개인이 사용하기에 적합한 소형의 마이크로컴퓨터(대표적으로 PC)와 마이크로컴퓨터보다는 크고 강력하지만 메인 프레임보다는 다소 약한 미니컴퓨터 및 메인 프레임 컴퓨터로 나누어진다. 그리고 기능이나 크기 면에서 메인컴퓨터의 위로 올 수 있는 것이 바로 슈퍼컴퓨터다. 2019년 6월 17일 슈퍼컴퓨팅 컨퍼런스가 발표한 바에 따르면 세계 1위 슈퍼컴퓨터는 미국 오크리지국립연구소(ORNL)의 서밋으로 148 페타플롭스의 연산능력을 자랑한다. 그러나 미국과 중국이 슈퍼컴퓨터 성능 전쟁에 들

---

11 김영우 기자, 「구글의 양자컴퓨터 개발소식에 암호화폐 급락」, 『환경방송』, 환경뉴스, 2019.10.24.

http://www.hkbc.kr/news/articleView.html?idxno=21341

어가면서 성능의 척도는 엑사플롭스로 올라갈 것으로 보인다. '엑사'는 100경京을 나타내는 단위로 1EF는 1초에 100경 번의 연산을 처리한다는 의미다.

그런데 이런 슈퍼컴퓨터의 무시무시한 연산능력으로 "1만 년 걸리는 연산을 단 3분 만에 해결할 수 있는 양자컴퓨터"라니, 나의 머리에 유발 하라리의 경고가 떠오른 것은 지극히 자연스러운 일이 아닐 수 없었다.

3. 유발 하라리의 경고 – 데이터교敎의 미스터리와 프랑켄슈타인의 예언

1818년 메리 셸리가 출판한 소설 『프랑켄슈타인』은 우월한 존재의 창조를 시도한 과학자가 괴물을 만들었다는 과학적 신화를 담고 있다. 유발 하라리는 프랑켄슈타인의 신화가 호모 사피엔스의 종말을 직감하게 만든다고 한다. 호모 사피엔스가 완전히 다른 존재로 대체되는 시대 말이다. 우리는, 스타워즈라는 영화처럼, 미래에도 우리와 똑같은 사람들이 광속의 빠른 우주선을 타고 이 행성에서 저 행성으로 여행하는 것을 상상한다. 우리와는 다른 모습, 훨씬 더 탁월한 능력을 지닌 외계인들의 지구 침공을 호모 사피엔스는 힘겹게 물리친다. 1997년 개봉했던 〈제5원소(The fifth element)〉라는 영화에서 코믹한 연기의 대명사 브루스 윌리스는 지구를 구할 제5원소를 찾기에 생명을 건다. 물, 불, 바람, 흙 4가지 원소에 제5원소를 결합하면 외계인의 무시무시한 힘을 꺾을 수 있다는 스토리이다. 이 스토리에는 불교가 들어 있다. 음양가의 오행五行이 들어 있기도 하고.

불교에서는 세계가, 당연히 인간도 마찬가지로 지地·수水·화火·풍風 사대四大로 구성되어 있다고 한다. 사대는 생멸의 변화가 신속하므로 인간의 생명도 무상하며, 오직 해탈만이 진실한 생명을 보증한다. 불교에서 해탈은 무한한 사랑, 대자대비大慈大悲, 바로 이 영화에서 그린 제5원소이다. 이 영화의 스토리는 그 후 수많은 외계 침공의 SF 영화가 패러디했다. 우리가 이런 식의 스토리를 좋아하는 이유는 우리 호모 사피엔스가 모든 존재 중 가장 우수하며 진화의 정점이라는 믿음 때문일 것이다. 광속으로 달리는 우주선이나 레이저 총 같은 상상의 무기의 세계에서도 핵심이 되는 윤리적, 지적 딜레마는 여전히 우리 호모 사피엔스의 복제판이다.

그러나 유발 하라리는 우리가 과학이 호모 사피엔스의 신체뿐 아니라 정신도 조작할 수 있다는 사실을 받아들이는 힘든 시간을 거칠 것이라고 한다. 과학은 인간의 자유의지에 대한 믿음에 의문을 제기하는데, 자유의지의 존재를 의심하는 것은 단순한 철학훈련이 아니며 실생활에 영향을 미친다고 한다. 유기체가 자유의지를 갖고 있지 않다면, 그것은 우리가 약물, 유전공학, 직접적인 뇌자극을 통해 그 유기체의 욕망을 조작하는 것은 물론 통제까지 할 수 있다는 뜻이라는 것이다. 그리하여 우리가 네안데르탈인을 바라보듯이 우리를 무시하면서 바라볼 무언가를 창조할 것이라고 예언한다. 그가 상상하는 미래 기술의 진정한 잠재력은 호모 사피엔스 자체, 감정과 욕망까지도 변화시키는 데 있다는 것이다. 우리와 네안데르탈인은 같은 인간이지만 그들은 신 비슷한 존재, 호모 데우스일 것이라는 예언이다.

호모 데우스 탄생의 배경에는 데이터교가 자리잡고 있다. 소위 데이터교는 우주를 데이터의 흐름으로 해석하고, 데이터의 처리에 기여하는 바에 따라 가치가 결정된다고 하는 교의教義를 갖는다. 찰스 다윈 이래 지금까지 생명과학은 유기체를 생화학적 알고리즘으로 보고 있고, 컴퓨터 과학자들은 점점 더 정교한 전자 알고리즘을 설계하고 있다. 데이터교는 이 둘을 융합하면서, 동일한 수학적 법칙들이 생화학적 알고리즘과 전자 알고리즘에 적용된다고 지적한다. 그것이 동물과 기계의 장벽을 허물고, 결국 전자 알고리즘이 생화학적 알고리즘을 해독하는 데 성공하고 뛰어넘을 것이라고 본다.[12]

데이터교의 관점에서 보면 인간은 단일한 데이터 처리 시스템, 즉 프로세서(processor)이고, 개인은 시스템을 이루는 칩이며, 역사는 이 시스템의 효율을 높이는 과정으로 해석된다. 즉 프로세서의

---

[12] 유발 하라리, 김명주 옮김, 『호모 데우스』, p.503.

수, 다양성, 연결, 자유로운 이동이 곧 역사의 발전 과정이다. 호모 사피엔스가 오늘날 지구의 주인공이 된 것은 바로 프로세서의 수, 다양성을 확보하고 연결하며 이동할 수 있는 시스템을 개발했기 때문이다. 예컨대 민주주의와 자유시장이 사회주의에 승리한 이유는 전 지구적 데이터 처리 시스템을 보다 효율적으로 개선한 데 있다는 것이다. 이제 데이터교는 '만물인터넷(Internet of All Things)'이라는 미증유의 데이터 처리 시스템 개발의 과업을 향해 나아가고 있다. 유발 하라리는 이 과업이 완수되면 호모 사피엔스는 사라질 것이라고 한다.

데이터교에서 보면 인간은 한물간 알고리즘이다. 가령 인간이 다른 동물보다 우수하다는 이유가 더 많은 데이터를 흡수하고 더 나은 알고리즘을 이용해 그것을 처리한다는 것이라면, 인간보다 더 효율적인 시스템이 등장한다면 당연히 인간보다 우월하다고 해야 하지 않겠는가? 만물인터넷은 결국 지구에서 우주로, 우주 전체로 확장될 것이며, 이런 우주적 규모의 데이터 처리 시스템은 마치 신과 같을 것이고, 인간은 그 속에 흡수될 것이다. 만물인터넷이 전지전능해지는 만큼 시스템과의 연결이 모든 의미의 원천이 된다. 사람들이 데이터의 흐름에 합류하고 싶어 하는 이유는 자신보다 더 큰 어떤 것의 일부가 되기 때문이다. 종교는 인간의 삶이 신의 우주적 기획이고 인간의 행위가 종국에는 신의 심판을 받는다고 한다. 이제 데이터교는, 당신은 거대한 데이터의 일부이고, 알고리즘은 항상 당신을 지켜보고 당신의 생각과 감정에 신경 쓴다고 할 것이다. 문제의 핵심은 인간을 훨씬 초월하는 기능의 알고리즘이 개발된다면 인간 경험, 즉 주관적 경험이나 의식 같은 것의 존재가 무의미하게 된다는 것이다. 만약 유발 하라리가 예상하는 대로 다음과 같이 만물인터넷이 발전하게 된다면 말이다.

"구글의 검색 엔진처럼 진정 중요한 알고리즘은 거대한 팀이 개발한다. 각 구성원들은 퍼즐의 한 부분만 이해할 뿐 전체는 아무도 모른다. 게다가 기계학습과 인공신경망이 부상하면서 점점 더 많은 알고리즘들이 독립적으로 진화해 스스로 성능을 높이고 실수하면서 배운다. 이런 알고리즘들은 어떤 인간도 망라하지 못한 천문학적 양의 데이터를 분석하고, 패턴 인식 방법을 배우고, 인간의 마음은 생각할 수 없는 전략을 채용한다. '종자' 알고리즘을 개발한 것은 인간이지만, 이 알고리즘은 성장하면서 인간이 한 번도 가보지 못한 자기만의 길, 어떤 인간도 갈 수 없는 곳으로 갈 것이다."[13]

데이터교는 처음에는 인간의 건강, 행복, 힘의 목표를 이루어준다고 약속할 것이다. 우리가 불멸, 행복, 신 같은 창조 능력을 얻으

13　유발 하라리, 김명주 옮김, 같은 책, p.537.

려면 막대한 양의 데이터를 처리할 필요가 있는데, 그것은 인간의 뇌가 감당할 수 없는 것이므로 결국 알고리즘들이 대신하게 될 것이고, 알고리즘으로 권한이 이동하는 순간 인간 중심의 목표들은 폐기될 것이다. 즉 데이터교는 인간이 다른 동물들에게 했던 위협을 호모 사피엔스에게 하게 될 것이라는 말이다.

4. 나는 뇌인가, 아닌가?

유발 하라리는 『호모 데우스』에서 자신이 제시한 모든 시나리오를 예언이라기보다는 가능성으로 받아들여 주고, 이런 가능성들 가운데 어떤 것이 마음에 들지 않으면, 그런 가능성이 실현되지 않도록 새로운 방식으로 생각하고 행동할 것을 주문했다. 인간을 알고리즘으로 볼 가능성에 대해 두드러지게 반대한 철학자는 『나는 뇌가 아니다』라고 외친 마르쿠스 가브리엘이다. 그는 "뇌의 신경화학이 궁극적으로 우리의 정신적, 의식적 삶과 행동을 지배할까?"라고 묻는다. 그것은 바꾸어 말하면 "우리의 의식적 '나'는 우리 뇌의 사용자 인터페이스에 불과해서 실은 우리 행동에 기여하는 바가 전혀 없고 단지 구경꾼처럼 우리 행동의 곁에 있을 뿐인가? 요컨대 우리의 의식적 삶은 무대에 불과하고, 그 무대 위에서는 우리가 실질적으로, 곧 자유롭고 의식적인 방식으로 개입하는 것이 전혀 불가능한 작품이 공연되는 것일까?"라고 묻는 것이다.

나는 뇌인가, 아닌가? 이 질문은 궁극적으로 인간의 정체성을 지향한다. "나는 뇌"라고 주장하는 대표적인 뇌 과학자 디크 스왑의 『우리는 우리 뇌다』[14]라는 책의 첫머리에 이런 말이 있다.

"우리가 생각하고, 행하고, 방치하는 모든 것이 우리 뇌를 통해서 일어난다. 이 환상적인 기계의 구조가 우리의 능력, 한계, 성격을 결정한다. 우리는 우리의 뇌다. 뇌 과학은, 이제 뇌 질병의 원인을 찾는 데 국한되지 않고, 우리 자신을 찾는 작업이다."

마르쿠스 가브리엘은 "나는 뇌"라고 주장하는 신경과학을 신경중심주의라고 부른다. 신경과학은 인간의 사유, 의식, '나', 심지어 우리의 정신 그 자체가 뇌 혹은 중추신경계와 동일시할 수 있다고 믿는다. '나', '의식', '자아', '의지', '자유', '정신'의 의미를 이해하려면 철학이나 종교 또는 상식에 문의할 것이 아니라 자연과학의 방법으로 뇌를 연구해야 한다는 것이다. 그러나 마르쿠스 가브리엘은 "나는 우리가 실제로 자유로우며, 우리의 자유는 무엇보다도 우리가 정신적 생물이라는 점과 관련이 있다고 믿는다"[15]고 말한다. 궁극적으로 인간의 자유는 우리가 정신적 생물이라는 것에 기초하

---

14 디크 스왑((Dick F. Swaab) 지음, 신순림 옮김, 『우리는 우리 뇌다(We are Our Brains : From the Womb to Alzheimer's)』, 열린책들, 2015.
15 유발 하라리, 김명주 옮김, 『호모 데우스』, pp.24~25.

며,[16] 정신적 자유의 산물들을 자연적 생물학적 사건들로 오해하는 것은 인간의 자유라는 개념을 퇴출하는 것과 같다고 한다.

요컨대 마르쿠스 가브리엘이 인간을 정신적 생물이라고 규정하는 근거는 인간의 정신이 자유롭다는 데 있다. 그는 정신적 생물로서 인간을 다루는 철학 분야는 정신철학(Philosophie des Geistes)으로 불리며, 오늘날 정신철학은 과거 어느 때보다 더 중요해졌다고 한다. 의식의 본성은 마지막으로 남은 중대한 철학적 미해결 문제들 중 하나이며, 자연 산물의 하나인 인간에게서 어떻게 의식이라는 조명이 켜진 것일까를 묻는다.[17] 정신철학의 목표 중 하나는 신, 우주, 자연, 뇌, 사회가 우리의 등 뒤에서 우리를 자유롭지 않게 만든다는 항간의 통념에 맞서 우리의 자유(자유의지)를 옹호하는 것이다. 우리는 철저히 자유롭다. 정신적 생물이기 때문이다.[18]

마르쿠스 가브리엘 역시 뇌가 우리가 의식 있는 삶을 살아가기 위한 필요조건이라는 데 동의한다. 한마디로 뇌가 없으면 의식도 존재할 수 없다는 것이다. 그러나 뇌가 우리의 의식 있는 삶과 동일한 것은 아니다. 다시 말하면 필요조건은 충분조건이 아니다. 예

---

16 유발 하라리, 김명주 옮김, 같은 책, p.33.

17 우리의 두개골 속에서 일어나는 뉴런들의 복잡한 활동과 우리의 의식이 어떻게 연결되어 있는가의 문제는 정신철학의 하위 분야들인 의식철학(Philosophy of mind)과 신경철학에서 다루어진다.

18 유발 하라리, 김명주 옮김, 위의 책, pp.13~15.

를 들면 두 다리가 있는 것은 자전거를 타기 위한 필요조건이지만 충분조건은 아니다. 자전거를 타려면 자전거 타는 법을 익혀야 하고 내가 자전거가 있는 곳에 있어야 하는 등 조건들도 따로 갖춰야 하기 때문이다. 이런 의미에서 "나는 뇌"라고 주장하고, 뇌를 이해하면 우리의 정신을 완전히 이해하리라는 믿음은 다리만 이해하면 자전거 타기를 이해할 수 있다는 것과 같다.

마르쿠스는 또한 '나'와 뇌를 동일시할 수 있다는 생각의 주요 약점 중 하나는, 그런 식의 동일시로 인해 뇌가 우리에게 '나'와 외부 세계의 허상을 보여줄 뿐이라는 주장에 곧바로 이르게 된다는 점이다. 다시 말하면 우리는 실재 자체를 인식할 수 없고 뇌가 만드는 실재의 정신적 그림만 인식할 수 있는 것처럼 여기게 된다. 그렇다면 우리의 정신적 삶 전체는 일종의 환상이나 환각일 것이다.

마르쿠스 가브리엘은 지금이야말로 인간 정신이 과연 누구 혹은 무엇인지를 새롭게 숙고할 때이며, 21세기를 위한 정신철학의 윤곽을 제시할 때라고 한다. 정신의 개념은 자유의 개념과 짝을 이루며, 궁극적으로 인간의 자유는 우리가 정신적 생물이라는 것에 기초한다고 한다.[19] 정신철학이 신경과학에 맞서는 바탕에는, 인간은 단지 생을 갈급하는 생물학적 기계이며 오로지 자신의 유전자를 퍼뜨리는 것만 추구하는 존재인가, 아니면 우리는 정신적이며 자

---

19 유발 하라리, 김명주 옮김, 위의 책, p.33.

유로운 존재인가의 실존적 질문이 놓여 있다.

5. 맹자의 성선설과 자유의지

마르쿠스 가브리엘이 말한 것처럼, 우리가 정신적 생물로서 의식적 삶을 산다는 것은 얼핏 자명한 것 같지만 무수한 의문을 불러일으키며, 철학은 수천 년 전부터 그 문제를 다뤄왔다. 동양철학사에서 인간의 본성에 대한 논의가 두드러진 것은 불교와 유교였다. 일찍이 맹자는 인간의 본성 문제를 고자告子와 논변하였는데, 고자는 인간의 본성을 식색食色[20]이라고 선언하였고, 맹자는 정신적 실체로서 내면적 본성으로 인의仁義를 주장하였다. 불교에서는 인도 고대의 전통 종교인 브라만교에서 인간의 본성으로서 규정된 아트만(ātman)을 부정하는 공空, 무자성無自性 사상을 제시하였다. 이를 무아無我 또는 아공我空이라고 한다. 그러나 불교가 단순히 인간의 본성을 부정한 것으로 생각할 수는 없다. 공은 본체론적 개념이 아니라 인식에서의 독단 혹은 집착을 제거하는 실천적 의미를 내포하기 때문이다.

　불교와 같지는 않지만, 유교의 인성론에도 실천적 의미가 개입되어 있다. 맹자는 "형색形色은 천성天性이니, 오직 성인聖人인 뒤에

20　『맹자』「고자告子」상 제4장, "食色 性也."

야 형색을 실천할 수 있다"²¹고 말했는데, 이는 형색에 내재하는 천리天理를 실현할 수 있는 인격을 갖춘 성인에만 해당하는 것이고, 중인衆人에게는 해당하지 않는다. 이것은 철학적 혹은 논리적 명제가 중요한 것이 아니라, 그것을 실현하고 실천하는 인간이 중심이 된다는 뜻이다. 이런 의미에서 볼 때 "식색이 본성이다"라는 말에 맹자가 찬성하지 않은 이유는 명제 자체가 아닌 고자라는 사람에 있었던 것이다.

그것은 다음과 같은 맹자의 말을 통해서도 알 수 있다.

맹자孟子가 말하였다. "입의 맛과 눈의 색과 귀의 소리와 코의 냄새와 사지四肢의 편안함은 성性이다. 그러나 명命이 있으므로 군자君子는 성性이라 하지 않는다."²²

여기에서 맹자는 분명히 이목구비와 사지의 감각, 그리고 감각에 수반되는 욕구 등을 성性이라고 말하고 있다. 즉 이목구비 등 감각과 욕구는 누구에게나 본능적, 생리적으로 존재한다는 점에서 성性이라고 한다는 것이다. 그런데 생리적 욕구를 해소하려면 반드시 외부적, 환경적 제한을 받을 수밖에 없다. 가령 배고픔을 해소하

---

21 『맹자』「진심盡心」 상 제38장, "孟子曰 形色 天性也 惟聖人然後 可以踐形."

22 『맹자』「진심盡心」 하 제24장, "孟子曰 口之於味也 目之於色也 耳之於聲也 鼻之於臭也 四肢之於安佚也 性也 有命焉 君子不謂性也."

려면 반드시 외부에서 먹을 것이 구해져야 하는데, 먹을 것은 나의 의지만으로 구해지는 것이 아니다. 다시 말하면 나의 의지와 외부적 조건이 일치해야 비로소 욕구가 해소될 수 있는 것이다. 이것을 맹자는 군자는 명命이 있기 때문에 감각과 욕구를 성이라고 하지 않는다고 하였다. 맹자는 명에 대해서 "이르게 하지 않았는데 이른 것(莫之致而至者 命也)"[23], 즉 비의도적으로 자연히 이루어진 것이라고 정의하였다.[24] 다시 말하면 외부에는 나의 의지가 개입할 수 없는 자연적이고 객관적인 제한이 존재한다는 뜻이다.

맹자는 이어서 다음과 같이 인의예지의 성性을 말하였다.

> "부자父子의 인仁과 군신君臣의 의義와 빈주賓主의 예禮와 현자賢者의 지智와 성인聖人의 천도天道는 명命이나, 성性이 있다. 그러므로 군자는 명이라 하지 않는다."[25]

---

23 『맹자』「만장萬章」 상 제6장.

24 맹자는 요임금의 아들인 단주丹朱가 왕위를 계승하지 못하고 순舜이 계승하게 된 것을 명命이라고 하였다. 단주가 불초한 인격의 소유자였던 것이다. 순이 훌륭한 덕이 있어 백성이 따른 것은 모두 인위적 의도의 개입이 없이 자연히 이루어졌다는 것이다.

25 『맹자』「진심盡心」 하 제24장, "仁之於父子也 義之於君臣也 禮之於賓主也 智之於賢者也 聖人之於天道也 命也 有性焉 君子不謂命也."

앞에서 말한 바와 같이, 이목구비 등 감각적 욕구는 외부의 제한 때문에 이루지 못할 수 있다. 그래서 맹자는 성性이라고 하지 않는다고 하였다. 비록 본능적, 선험적으로 가지고 태어난 욕구라도 실현하는 데는 객관적 한계가 따르기 때문에 나 자신의 의지만으로 실현할 수 없다는 것이다. 그런데 맹자는 인의예지仁義禮智에 대해서는 이목구비의 생리 욕구와 같은 명이기는 하나 성性이 있으므로 군자는 명이라고 하지 않는다는 상반된 판단을 내렸다. 인, 의, 예는 부자, 군신, 빈주의 인간관계에서 이루어지는 도덕 가치이고, 지와 천도는 현자와 성인 자신에게서 이루어지는 도덕 인격의 경지이다. 그런데 부자, 군신, 빈주의 인간관계는 기본적으로 인간의 의지를 벗어난 외부적 요인이 결정한다. 부모가 자신의 의지대로 자녀를 선택하거나 그 반대로 자녀가 부모를 선택할 수 있는 것은 아니다. 모든 인간관계에는 이런 외부적 한계가 기본적으로 개입한다. 현자가 지혜를 얻고, 성인이 천도를 깨닫는 것도 마찬가지다. 태어나면서부터 자질과 환경이 이미 결정되어 있는 것이다. 그러나 인의예지와 천도를 실현하는 것은 외부적인 요인이 작용하지 않는다. 왜냐하면 인의예仁義禮의 도덕률과 지혜 및 천도는 인간의 내면에 존재하기 때문이다.

맹자는 "군자君子의 본성本性인 인의예지仁義禮智는 마음속에 뿌리를 내리고 있다"[26]고 말하고, "사람들이 배우지 않고도 능한 것은 양능良能이요, 생각하지 않고도 아는 것은 양지良知이다. 어린아이는 어버이를 사랑할 줄 모르는 이가 없으며, 장성해서는 그 형兄을 공경할 줄 모르는 이가 없다. 어버이를 친애함은 인仁이요, 어른을 공경함은 의義이니, 이는 다름이 아니라 온 천하에 공통되기 때문이다"[27]라고 하였다. 이는 인간의 마음에 선험적이며 보편적으로 도덕원리와 지혜가 내재한다는 것을 말한다. 우리는 맹자를 칸트와 비교함으로써 내면적 도덕 자유의지에 대해서 보다 명확히 확인할 수 있다. 즉 칸트가 말하는 도덕률道德律의 속성과 도덕의지의 자율성自律性 내지는 정언적 명법과 가언적 명법의 개념 및 그 관계를 살펴보는 것은 맹자를 이해하는 데 있어서도 매우 유효할 것으로 보인다는 것이다.

칸트는 만물이 자연계의 환경에 물질적, 생리적으로 반응하는 것과 달리, 인간은 자연계를 넘어선 실천적, 도덕적 세계를 살고 있다고 한다. 칸트는 도덕률의 존재를 부정할 수 없는 '이성理性의 사실事實'이라고 하고, 또한 도덕률이란 실천적 법칙이므로 모든 이성적 존재자의 의지에 대해서 보편적으로 타당해야 하며 주관적 실천 원리로서 격률格律과는 엄격히 구분되어야 한다고 주장한다. 따라서 도덕률은 일체 경험적 요소가 배제된 선천적 원리여야 하

---

26 『맹자』「진심盡心」 상 제21장, "君子所性, 仁義禮智根於心."

27 『맹자』「진심盡心」 상 제21장, "孟子曰 人之所不學而能者 其良能也 所不慮而 知者 其良知也 孩提之童 無不知愛其親也 及其長也 無不知敬其兄也 親親 仁也 敬長 義也 無他 達之天下也."

며, 후천적·경험적인 것은 보편타당성과 필연성을 가질 수 없다고 한다. 그러므로 진정한 도덕 실천을 위해서 우리는 오직 보편적, 선천적 도덕률과 합치하는 우리 자신의 의지를 결정해야 하며, 이것을 의지의 자율自律이라고 하였다. 이와 달리 도덕 의지가 의지 이외의 목적, 행복이나 쾌락의 획득을 위해 결정된다면 그것은 의지의 타율他律이 된다. 타율 의지에 의한 도덕 실천 명령을 칸트는 가언적假言的 명법命法, 자율의지에 의한 것을 정언적定言的 명법命法이라고 하였다. 다시 말하면 정언적 명법은 도덕률로부터 일체의 경험적·질료적 요소를 배제한, 우리가 경험하는 자연계의 인과율과 독립 초월한 순수 형식적 근거가 된다는 것이다. 우리는 맹자의 다음과 같은 말에서 칸트와 같은 도덕적 자율의지를 발견할 수 있다.

사람들이 모두 사람을 차마 해치지 못하는 마음을 가지고 있다고 말하는 까닭은, 지금 사람들이 갑자기 어린아이가 장차 우물로 들어가려는 것을 보고는 모두 깜짝 놀라고 측은惻隱해하는 마음을 가지니, 이것은 어린아이의 부모父母와 교분을 맺으려고 해서도 아니며, 향당鄉黨과 붕우朋友들에게 명예를 구해서도 아니며, '잔인하다는' 명성名聲을 싫어해서 그러한 것도 아니다. 이로 말미암아 본다면 측은지심惻隱之心이 없으면 사람이 아니다.[28]

여기에서 우리는 맹자가 말하는 측은지심惻隱之心, 즉 본성인 인仁의 단서가 일체 경험적 요소가 배제된, 그 자체가 목적인 자율의 지라는 것을 확인할 수 있다. 맹자는 그것을 또한 다음과 같이 말하기도 하였다.

　측은지심惻隱之心을 사람마다 다 가지고 있으며, 수오지심羞惡之心을 사람마다 다 가지고 있으며, 공경지심恭敬之心을 사람마다 다 가지고 있으며, 시비지심是非之心을 사람마다 다 가지고 있으니, 측은지심은 인仁이요, 수오지심은 의義요, 공경지심은 예禮요, 시비지심은 지智이니, 인仁·의義·예禮·지智가 밖으로부터 나를 녹여서 들어오는 것이 아니요, 나에게 고유固有한 것이지만 사람들이 생각하지 못할 뿐이다. 그러므로 말하기를 "구하면 얻고, 버리면 잃는다" 하는 것이니, 혹은 '선악善惡의' 거리가 서로 배倍가 되고, 다섯 배倍가 되어 계산할 수 없는 것은 그 재질材質을 다하지 못했기 때문이다. 『시경詩經』에 이르기를 "하늘이 여러 백성(사람)을 내시니, 사물이 있으면 법이 있도다. 사람들이 마음에 떳떳한 본성本性을 가지고 있는지라, 이 아름다운 덕德을 좋아한다" 하였는데, 공자孔子께서 말씀하시기를 "이 시詩를 지

28　『맹자』「공손추公孫丑」상 제6장, "所以謂人皆有不忍人之心者 今人乍見孺子 將入於井 皆有怵惕惻隱之心 非所以內(納)交於孺子之父母也 非所以要譽於鄉 黨朋友也 非惡其聲而然也 由是觀之 無惻隱之心 非人也."

은 자는 그 도道를 알 것이다. 그러므로 사물이 있으면 반드시 법
이 있으니, 사람들이 떳떳한 본성本性을 가지고 있는지라, 그러
므로 이 아름다운 덕德을 좋아한다" 하셨다.[29]

여기에서 우리가 주의해야 할 것은, 맹자가 단지 인간에게 선한
본성이 선험적으로 내재한다고 말했을 뿐 아니라, 마음에서 자각
되고 양성되어야 한다고 말했다는 것이다.

맹자孟子가 말하였다. "그 마음을 다하는 자는 그 성性을 아니, 그
성性을 알면 하늘을 알게 된다." 그 마음을 보존하여 그 성性을
기름은 하늘을 섬기는 것이요, 요절하거나 장수함에 의심하지
않아, 몸을 닦고 천명天命을 기다림은 명命을 세우는 것이다.[30]

인간에게 내재한 본성은, 비록 보편적이고 선험적인 것이지만,

---

29 『맹자』「고자告子」상 제6장. "孟子曰 乃若其情則可以爲善矣 乃所謂善也若夫
為不善 非才之罪也 惻隱之心 人皆有之 羞惡之心 人皆有之 恭敬之心 人皆有之
是非之心 人皆有之 惻隱之心 仁也 羞惡之心 義也 恭敬之心 禮也 是非之心 智
也 仁義禮智非由外我也 我固有之也 弗思耳矣 故 曰 求則得之 舍則失之 或相
倍蓰而無算者는 不能盡其才者也 詩曰 天生蒸民 有物有則 民之秉夷(彝) 好是
懿德 孔子曰 爲此詩者 其知道乎 故 有物 必有則 民之秉夷也 故로 好是懿德."

30 『맹자』「진심盡心」상 제1장, "孟子曰 盡其心者 知其性也 知其性 則知天矣 存
其心 養其性 所以事天也 夭壽不貳 修身以俟之 所以立命也."

그것을 실현하기 위해서는 마음을 다하고 보존하여 양성하지 않으면 안 된다는 것이다. 마음을 다한다는 것은 맹자가 제선왕과 대화에서 보여준 것과 같이, 각성된 측은지심을 스스로 도덕적 본심으로 인지하고 그것을 방해하는 이기적 욕구들로부터 보존하고 확충하여 양성하는 자기 실천이 요구된다는 것이다. 다시 말하면 자유의지로서의 도덕본심은 자유의지에 의해 보존되고 양성된다는 것으로서, 맹자는 자유의지에 의해 형성되는 인격의 경지를 다음과 같이 설명하였다.

호생불해浩生不害가 물었다. "악정자樂正子는 어떠한 사람입니까?" 맹자孟子께서 말씀하였다. "선인善人이며, 신인信人이다." "무엇을 선인善人이라 이르며, 무엇을 신인信人이라 합니까?" "가욕可欲을 선善이라 하고, 선善을 자기 몸에 소유함을 신信이라 하고, 충실充實함을 미美라 하고, 충실充實하여 광휘光輝함을 대大라 하고, 대大이면서 저절로 화化함을 성聖이라 하고, 성聖이면서 알 수 없는 것을 신神이라 한다. 악정자는 두 가지의 중간이요, 네 가지의 아래이다."[31]

---

31 『맹자』「진심盡心」하 제25장, "浩生不害問曰 樂正子 何人也 孟子曰 善人也 信人也 何謂善 何謂信 曰 可欲之謂善 有諸己之謂信 充實之謂美 充實而有光 輝之謂大 大而化之之謂聖 聖而不可知之之謂神 樂正子 二之中 四之下也."

여기에서 맹자가 인격의 경지를 선善·신信·미美·대大·성聖·신神의 6단계로 구분하였음을 볼 수 있다. 선善은 가욕可欲, 즉 욕구의 가불가可不可를 구별하는 도덕 자각의식을 말하고, 신信은 도덕의식의 내재가치를 인지하는 단계, 미美는 내재적 도덕의식이 충실한 단계, 대大는 충실하여 외부에 드러나는 단계, 성聖은 드러나서 저절로 타인이 감화되는 경지, 마지막 신神은 성스러우면서 알 수 없는 경지를 말한다. 다시 말하면 선·신·미의 경지는 도덕적 자각의식의 내면적 확인과 성장을, 대·성은 내재가치의 사회적 실현을 말한다. 그리고 신神은 맹자의 사상에서 가장 이채로운 개념으로서 오직 "불가지不可知"라는 말로밖에는 표현할 수 없지만, 도리어 우리는 "불가지"로부터 상상력을 키운다.

이로써 맹자가 말하는 인간의 정체성, 의지 자유의 문제가 개략적이나마 논의되었다고 믿는다. 그런데 문제는 유발 하라리가 지적한 것처럼, 기독교가 '인간은 신과 그의 계획을 이해할 수 없다'고 했듯이, 데이터교는 '인간의 뇌로는 새로운 마스터 알고리즘을 이해할 수 없다'고 하는 것이다. 기계학습과 인공신경망이 부상하면서 점점 더 많은 알고리즘들이 독립적으로 진화해서 스스로 성능을 높이고 실수하면서 배운다. 이런 알고리즘들은 어떤 인간도 망라하지 못하는 천문학적 양의 데이터를 분석하고, 패턴 인식 방법을 배우고, 인간의 마음은 생각해낼 수 없는 전략들을 채용한다. '종자' 알고리즘을 개발한 것은 인간이지만, 이 알고리즘은 성장하면서 인간이 한 번도 가본 적이 없는 곳으로, 어떤 인간도 갈 수 없는 곳으로 간다.[32] 다시 말하면 우리가 알지 못하는 경험과 의식 상태에 접근하는 것이다.[33] 마치 7만 년 전 인지 혁명이 사피엔스의 마음을 탈바꿈시켜 별 볼 일 없던 아프리카의 한 유인원을 세상의 지배자로 바꾸었듯이 말이다.[34]

그럼에도 불구하고 우리가 주의할 것은, 유학 특히 맹자가 주의한 것은 경험적 알고리즘의 지식이 아닌 경험을 초월하는 도덕적 선험 지식이며, 더구나 그 지식의 "불가지不可知"의 경지를 말했다는 점이다. 만약 호모 데우스에게도 도덕의식이 존재한다면 미래는 비관적이지 않다. 유학의 큰 틀에서 볼 때 『주역』이 말하는 진리는 음양(알고리즘)의 변화이고, 그 변화에 형이상의 도道, 도리道理가 내재한다는 것이다. 유학은 역사적 발전에 따라 여러 형태의 사상, 대표적으로는 성리학性理學, 심학心學 등으로 변화했지만 항상 리理, 태극太極, 도道의 형이상적 초월원리를 말하고 그것이 인간의 심心과 체용體用의 관계를 이룬다고 하였다. 그러므로 음양의 알고리즘이 어떻게 변화 발전하는가에 따라, 심지어는 무관하게 인간의 정신적 존재로서의 자기실현은 무한히 이루어져야 할 당위이다. 여기에 맹자의 "불가지"의 의미가 있지 않을까?

---

32 유발 하라리, 김명주 옮김, 『호모 데우스』, p.539.

33 유발 하라리, 위의 책, p.483.

34 유발 하라리, 위의 책, p.482.

생각, 그것은 명상에 방해가 될 뿐인가?

1. 들어가면서

『사피엔스』,『호모 데우스』,『21세기를 위한 21가지 제언』세 권의 베스트셀러를 통해 일약 세계적인 학자로 거듭난 유발 하라리는 뛰어난 스토리텔러로 인류의 과거부터 현재, 그리고 상상력을 발휘해서 미래까지 한 궤로 엮어 인류사 전체를 자신의 논리로 풀어간다. 그는 『사피엔스』에서 인간이 어떻게 지구의 지배자가 될 수 있었는지를 설명한다. 그의 주장에 따르면 인간이 지구의 정복자가 된 것은 다름 아닌 상호주관적 실재에 대한 믿음 하에 서로 협력해왔기 때문이라는 것이다. 여기서 하라리가 말한 상호주관적 실재란 상호간의 소통을 통해 의미의 그물망을 형성해온 것들을 의미한다. 즉 공동의 상상 속에만 존재하는 질서인 돈, 법, 국가 등이 그것이다. 이렇듯 인류는 법이나 돈, 국가 속에서 협력해왔고 그 결과 세계를 지배하게 되었다는 것이다.

이처럼 인간은 다른 종들과 달리 협력의 시스템을 발달시켜왔지만, 앞으로 올 미래에도 여전히 법, 돈, 국가라는 상호주관적 실재를 계속 믿을 수 있을까라는 점에서 하라리는 의구심을 제기한다. 그의 의구심은 과학기술의 발전과 깊은 연관성을 지닌다. 하라리는 앞으로 과학이 발전하면 할수록 인간들은 상호주관적 실재의 세계보다 객관적인 과학지식에 의존하게 되리라고 본다. 그렇게 된다면 인간이 그동안 믿어온 법이나 돈, 국가도 앞으로는 별 의미 없는 것으로 전락하게 되고, 결국 지금까지 지탱해온 시스템이 무너지면서 인류는 앞으로 상당한 문제에 봉착할 수밖에 없게 되리라는 것이다.

앞으로 인류는 과학이라는 날개를 달고 불멸, 행복, 신성의 영역으로 날아오르려 한다고 내다본 하라리는 인류의 현재뿐 아니라 미래에 대한 큰 그림을 제시한다. 그는 인류의 미래와 관련하여 세 가지 키워드, 곧 '힘(Power)', '합일(Union)', '인공지능'(AI)을 말한다. 인간은 "역사가 진행되어가면서 거대한 힘을 축적해왔고 그 힘을 이용해 새로운 존재로 거듭나고자 했다. 그 예로 인간은 이미 유기생물체가 지닌 생명의 법칙을 바꾸어왔다. 현재 지구에 생존하는 펭귄과 닭을 비교해보면 펭귄 1마리당 닭 1,000마리가 있는데, 이것은 인간이 닭을 식용으로 만들기 위해 닭의 개체 수를 인위적으로 변화시켰기 때문이다. 이처럼 인간은 생명의 법칙을 바꾸어놓음으로써 스스로 신이 되고자 한다는 것이다. 또 그는 인류의 미래를 전망하면서 지금 세계는 독립적인 국가 개념이 점점 사라지고 있다는 점에서 '합일'을 강조한다. 미국의 주가가 한국의 금융시장에 영향을 미치는 등 이제 세계는 하나의 경제 단위로 묶여 있다는 것이다. 경제뿐 아니라 생물학, 물리학, 에너지의 개념도 하나의 축으로 이어지고 있다는 것이 현실이며, 이러한 현상은 앞으로 올 미래에 더 심해질 것이다.

또 하라리는 인간의 축적된 '힘과 합일' 이외에도 인류의 미래를 위협하는 변수로 인공지능의 도래를 든다. 인류는 지금껏 엄청난 발전을 거듭해왔지만 사람들은 과거보다 더 불행하다고 느낀다. 왜 우리는 축적된 힘을 통해 행복을 얻지 못하는 것일까? 사실 행복은 외부 조건에 의해 느껴지는 감정이 아니다. 현대 과학자들은 우리의 행복과 불행을 결정하는 것은 외부 여건이 아니라 자신의 생화학적 시스템에 의해 결정된다고 본다. 다시 말해 인체 내의 감각만이 슬픔이나 행복감, 좌절감을 조절할 수 있다는 것이다. 인류 역사상 많은 혁명은 인간의 삶을 바꾸어 놓았지만 우리의 행복을 더 증대시키지 못했던 것은 발전된 외부조건들이 인간의 생화학적 측면을 충족시켜주지 못했기 때문이라는 것이다. 그러나 하라리는 앞으로 인공지능에 의해 인간의 행복이 좌지우지될 수도 있으리라고 내다본다.[1] 그것은 과학이 앞으로 인간의 생화학적 시스템을 충분히 조작하여 바꿀 수 있기 때문이다. 이것이 하라리가 인공지능(AI)의 발달에 주목하는 이유 중 하나이다. 분명 인공지능은 인간에 의해 만들어지지만 미래에는 인공지능이 인간을 지배하게 되리라고 내다볼 때, 인공지능 시대에 대해 우리는 어떻게 대처해야 할까?

하라리는 AI시대가 어떻게 전개될지는 우리 자신에게 달렸다고 보면서 이렇게 말한다. "우리가 자신을 들여다보고 자신을 아는 것, 모르는 것을 모른다고 하는 것, 그리고 끊임없이 변화되는 미래에 자신도 맞추어 변화하려는 마음가짐과 유연한 사고를 갖는 것만이 미래에 인공지능에 종속되지 않고 힘을 가질 수 있는 열쇠이다."[2]

이처럼 하라리는 자신을 제대로 자각할 수 있는 길이야말로 인류가 미래에 다가올 문제에 대처할 수 있는 힘이 되리라고 보면서, 우리 자신을 보다 분명하게 인식하기 위한 방법으로 명상을 제시한다. 그렇다면 하라리가 제시한 명상은 과연 현재 인류가 처한 문제를 해결해나가는 데 있어 구체적으로 어떤 역할을 할 수 있을까?

---

1   '유발 하라리의 3가지 미래 키워드', The Sciencetimes, November 06, 2019. (https://www.sciencetimes.co.kr/news)

2   같은 기사 참조.

본 논문은 이에 대한 문제의식을 갖고 하라리가 제시한 명상에 대해 다루고자 한다. 우선 하라리가 왜 명상을 강조하는지 알기 위해, 그가 세 권의 책을 통해 내다본 인류의 미래와 그 전망에 대해 먼저 개괄적으로 살펴볼 필요가 있겠다.

2. 하라리가 내다본 인류의 미래와 그 전망

1) 기술 인본주의와 데이터교

하라리는 인류의 미래 그 중심에 인간이 아닌 인공지능이 있을 것으로 내다본다. 18세기에 신을 몰아내고 인간 스스로가 그 자리를 차지했다면, 21세기에는 AI가 인간을 밀어내리라는 것이다. 하라리의 이러한 예견은 매일 스마트폰 속에서 시간을 보내며 살아가는 우리의 현실을 볼 때 충분히 그럴 가능성이 짙다.[3]

근대 이래로 문화의 중심이 신중심주의에서 인본주의로 넘어가면서 인간은 끊임없이 자신의 힘을 확장해왔다. 그런 가운데 인류 문명은 인간의 '힘의 창출과 확장'에 의해 이루어져갔고, 결국 인간

---

3   퓨리서치(Pew Research)에 따르면 2019년 무려 95%의 한국인이 스마트폰을 사용하고 있다. 보급률 88%로 조사 대상국 중 2위를 차지한 이스라엘을 큰 폭으로 앞지른 압도적 1위 기록이다. (http://news.khan.co.kr/kh_news/khan_art_view.html?artid=201911192101005&code=990100#csidx0d9cabe7687ea459f9aadcbdbd3a85f)

의 '힘'이 문명과 인간의 진보를 평가하는 척도가 되어 버렸다. 전 근대의 인류가 힘 대신 의미를 추구했다면, 근대 이후 인간은 의미를 포기하고 대신 힘을 얻고자 주력했으며, 점점 더 그 힘을 확장시키려 노력해왔다. 결국 근대 이후의 삶은 의미가 사라져버린 우주 안에서 끊임없이 힘을 추구하는 과정인 것이다. 근대 이후 문화는 역사상 가장 위력적이고, 쉼 없이 조사하고 발명하고 발견하고 성장한다.[4]

이렇듯 인본주의가 발달하면서 우리는 대부분의 가치판단이 자기 자신에게 달렸다고 생각해왔다. 우리가 접하는 다음 문구들은 바로 그러한 인본주의에서 나온 것이다. "자신이 옳다고 생각하는 것을 하라, 자신의 목소리에 귀를 기울여라, 자신에게 충실하라, 자신을 믿어라, 마음 가는 대로 따르라, 자신이 느끼는 것을 하라."[5]

이와 같이 하라리는 힘을 추구해온 세계관 속에는 "도덕적 가치와 규범에도 힘의 확장에 대한 욕구가 깔려 있다"고 본다. 즉 인간은 힘의 증대와 가치를 동일시하여 힘이 증대될수록 세상은 더 나은 세상으로 변모할 것이라는 신념을 갖게 되었다는 것이다. 여기

---

4   유발 하라리, 김명주 옮김, 『호모 데우스』, 김영사, 2017, p.280.

5   유발 하라리, 같은 책, p.547. 자신의 힘을 확장시키려 애써온 인간은 무엇보다 자신의 자유의지를 신성시해왔다. 그래서 "자신의 목소리에 귀를 기울여라, 자신에게 충실하라, 자신을 믿어라"라는 믿음을 설파해온 것이다. 하라리는 이것이 우리 주변에 마치 공기처럼 퍼져 있는 주문이라고 말한다.

서 하라리가 힘의 규범적 성격에 대한 윤리적 성찰에 관심을 지니고 있는지 여부는 그의 저술을 통해서는 찾아보기가 어렵다. 물론 힘이 세계 발전과 진보의 동력이 되는 것은 분명하지만 그것이 무엇을 위해 발현되는가를 신중히 검토해볼 필요가 있다.

이 지점에서 윌리암 슈바이커(William Schweiker)의 '힘'에 대한 신학적, 성서적 성찰은 의미가 깊다고 하겠다.[6] 그는 힘의 추구와 가치창조라는 관점에서 볼 때 바벨탑 이야기와 현대 사회 간에 유사성이 있다고 말한 바 있다.[7] 즉 바벨탑을 건설한 인간에게서 우리는 힘의 논리를 갖고 살아가는 현대인의 모습을 발견할 수 있다는 것이다. 여기서 우리가 주목해야 할 점은 힘이 창출되고 확장되는 과정 안에서 이루어지는 관계망이다. 과연 그 힘은 어디를 향해 확

---

6 이창호, 「유발 하라리의 『호모 데우스』에 대한 신학적 성찰」, 문화선교연구원, 2017. https://www.cricum.org/116

7 슈바이커에 따르면, 현대 사회에서 인간에게 의미 있는 삶이란 힘을 추구하는 삶이다. 힘을 창출하고 확장하는 데 기여하는 삶이 의미 있고 가치 있는 삶이라는 말이다. 도덕적 가치와 규범은 초월적 기원으로부터 주어진 것이 아니라 인간 스스로 특정한 목적을 위하여 인위적으로 만들어 낸 고안물이며, 그 목적 설정의 핵심에는 힘의 창출과 확장에 대한 욕구가 깔려 있다고 슈바이커는 강조한다. 이러한 세계관 속에 사는 인간은 가치를 힘의 증대와 동일시하며 힘이 증대될수록 세상은 더 나은 세상으로 변모할 것이라는 신념을 견지한다. 힘의 증대에 기여하는 인간의 가치들이란 결국 인간의 목적을 위해 사용될 뿐이다.(https://www.cricum.org/116)

장되어가고 있는가?

현대에서 미래를 향해 확장해가고 있는 막강한 힘 중 하나가 바로 과학이다. 인간은 자신의 힘을 극대화하여 과학기술을 발전시켜왔다. 그런데 역으로 그 과학기술들이 인본주의의 근간을 흔드는 요인이 되어 버렸다. 인간의 기술로 만들어진 AI가 인간의 자리에 들어서게 되고, 인간은 세계 문화의 중심에서 서서히 밀려나고 있다. 아니, 인간은 인공지능에게 단순히 자신이 하던 일만을 내어준 것이 아니다. 인간은 자신이 하는 일을 통해 삶의 의미를 찾고 가치를 추구해왔다. 따라서 우리가 하던 일을 내준다는 것은 단순히 일을 빼앗기는 차원을 넘어 우리가 추구해온 모든 것이 서서히 의미를 상실해간다는 것을 뜻한다.

인간이 자신의 일을 통해 의미와 가치를 추구해온 것은, 자유주의적 인본주의에서 인간의 자아와 자유의지가 우주에 의미를 불어넣는 원천이라고 믿어온 것과 깊이 연관되어 있다. 그러나 하라리는 힘의 발전 방향이 데이터 알고리즘에 입각한 기술 인본주의로 나아가면서 서서히 인간의 자아와 자유의지에 대한 믿음은 사라져가고 있다고 본다.

오늘날 뇌 과학에서는 인간의 뇌는 데이터와 알고리즘으로 치환 가능하다고 본다. 그래서 뇌 연구를 통해서 인간을 이해하려는 신경중심주의적 관점을 지닌 신경과학자들은 나·의식·자아·의지·자유·정신을 이해하려면 철학·종교가 아닌 자연과학으로 뇌를 연구해야 한다고 주장한다. 이처럼 기술 인본주의적 관점에서 볼 때 인간은 물리·화학적 법칙을 따르는 유전자, 호르몬, 뉴런만 지니고 있을 뿐, 단일한 자아는 존재하지 않는다는 것이다. 따라서 이제 인간의 정신은 물리·화학적 환경에 따라 변하는 뇌전류의 혼합에 지나지 않으며, 자유의지도 마찬가지라는 것이다.

이미 현대생물학에서는 "인간의 욕망은 의식의 흐름 속에 생겨났다가 사라지는 것"일 뿐 욕망을 소유하고 관리하는 자유의지란 존재하지 않는다고 보기 시작했다. 바꿔 말하면 사람은 자유의지에 의해 살아가는 존재라기보다 생화학적 알고리즘에 의해 살아간다는 것이다. 이렇게 인간을 알고리즘으로 바라본다는 것은 인간을 뇌를 중심으로 해석함을 의미한다.

하라리 역시 인간을 포함한 모든 유기체를 생화학적 알고리즘으로 보고, 또 생화학적 알고리즘을 전자 알고리즘으로 해독하면서 동물과 기계 간의 장벽은 점점 무녀지게 되리라고 내다본다. 다시 말해 지금까지 분리되어 있던 컴퓨터 과학과 생물학이 앞으로는 통합되어 생명의 본성 자체를 완전히 바꾸려 한다는 것이다. 바로 이 컴퓨터 과학과 현대생물학의 통합이 데이터교의 모태라 할 수 있다. 이제 인간 종은 데이터 처리 시스템이며 개인은 컴퓨터 칩이다. 따라서 그는 앞으로 각 과학 분야가 통합되는 시대가 오면 데이터와 정보를 의미와 권위의 원천으로 삼는 새로운 기술종교가 도래하리라고 예견한다.

하라리가 말한 미래의 신흥종교는 다름 아닌 '데이터교'이다. 데이터교란 "우주가 데이터의 흐름으로 이루어져 있고, 어떤 현상이나 실체의 가치는 데이터 처리에 기여하는 바에 따라 결정된다"라는 믿음을 전제로 하고 있다. 곧 '모든 것의 가치는 전적으로 데이터 처리에 기여하는 바에 따라 결정된다'는 것이다. 이런 관점에서 모든 생물도 근본적으로 데이터를 처리하는 알고리즘에 지나지 않으며, 인간의 말과 행동도 거대한 데이터 흐름의 일부일 뿐이고, 인간의 의식도 허상이거나 무가치하다고 볼 수밖에 없다는 것이다. 그러기에 데이터교 신자들에게는 데이터 흐름과의 단절은 곧 인생의 의미 자체를 잃는 일이 되고 말 것이다. 이미 매일 손에 스마트폰을 쥐고 살아가는 현대인들은 데이터교 신자가 되어버린 것은 아닐까?

자유주의적 인본주의에서는 모든 일의 의미를 자신 안에서 찾음으로써 우주에 의미를 채워 넣고자 했다. 그러나 데이터교에서는 자기 안에서 의미를 발견할 필요가 없고 다만 자신이 경험한 바를 기록해서 거대한 데이터 흐름에 연결하면 된다고 주장한다. 따라서 데이터교에서는 경험은 공유하지 않으면 의미 없기에 "경험하면 기록하고 기록하면 업로드하라, 업로드하면 공유하라"는 것이 강조된다.[8] 이와 같이 인간의 경험을 하나의 데이터로 보고 처리하

---

8   유발 하라리, 김명주 옮김, 『호모 데우스』, p.530.

는 데이터교의 관점에서 볼 때 호모 사피엔스는 더 이상 창조의 정점이 아니라 그저 만물인터넷을 창조하는 도구로 전락하고 만다. 따라서 하라리는 앞으로 데이터교가 지배하게 되면 인간의 권한은 박탈되고 비非인간 알고리즘들의 권한이 강화될 것이라고 내다본다. 즉 호모 사피엔스는 결국 쓸모없는 존재로 전락하고 말리라는 것이다.

과연 우리는, 하라리의 말대로 유기체는 알고리즘일 뿐이고, 생명은 데이터 처리과정에 불과한가? 만일 인간보다 지능이 높은 알고리즘이 우리보다 우리를 더 잘 알게 되면 어떤 일이 일어날까? 어떤 존재가 지배하게 될까? 기술 인본주의에서는 컴퓨터 과학과 생물학의 결합으로 새로운 생명체의 탄생을 예고하고 있다. 인공지능의 지능을 빌려 신이 된 인간, 곧 호모 데우스(Homo-Deus)가 하라리가 말한 미래를 지배할 바로 그 존재이다.

2) 호모 데우스와 잉여인간

하라리는 앞으로 올 시대를 지배할 새로운 존재는 불멸·행복·신성이라는 목표를 지향하는 신이 된 인간, 곧 호모 데우스일 것이라고 내다본다. 호모 데우스는 라틴어로 사람의 뜻을 가진 '호모'와 신이라는 뜻을 가진 '데우스'가 합쳐진 복합어이다.[9] 그럼 과연 누

---

9   여기서 말하는 '데우스'는 그리스도교의 하느님과 동일한 신적 존재를 뜻하

가 호모 데우스가 될 수 있는가? 하라리는 빅데이터 알고리즘을 지닌 소수가 호모 데우스가 되리라고 내다본다. 그렇다면 나머지 인간, 곧 호모 사피엔스는 어떻게 되는 것일까?

앞으로 AI가 진보를 거듭하면 인간이 하던 일들은 AI로 대체되리라고 내다본다. 예를 들어 21세기 전반에 무인자동차가 상용되면 택시나 버스운전사들은 필요 없게 되고, 의학 나노기술 발전으로 질병이 정복되면 점차 의사 직업도 사라지게 된다는 것이다.[10] 하라리는 앞으로 30~40년 후면 현존하는 직업의 약 50%가 인공지능으로 대체되리라 내다보는데, 인간이 하던 일들이 AI로 대체되어 버린다면 많은 사람들은 직업을 잃게 되고, 결국 그들은 쓸모없는 존재로 전락하리라는 것이다. 이처럼 하라리는 21세기를 전망하면서 앞으로 생겨날 잉여인간을 문제 삼는다. 그가 주장하듯 현생인류인 호모 사피엔스가 쓸모없는 존재로 전락해버린다면, 인간은 자기 삶의 의미를 상실한 채 살아갈 수 있을까?[11] 이에 대해 하

는 것은 아니다. 호모 데우스는 호모 사피엔스의 '본질적 특징들을 그대로 보유하면서도 육체적·정신적으로 향상된 능력을 갖춘' '훨씬 우수한 인간'을 의미한다.

10 구글은 이미 콘텍트 렌즈를 이용해서 인간의 혈당을 체크할 수 있게 되었다고 한다. 또한 인공지능 의사는 내가 가는 곳마다 따라다니면서 내 몸의 변화를 찾아내게 되므로 전조기간이 곧 치료기간이 되리라는 것이다.

11 미래에는 경제 시스템에 아무런 도움이 안 되는 인간들이 양산될 것이지만 아직 이에 맞는 사회정치 모델은 개발되지 않고 있다. 물론 인간이 인공지

라리는 지금까지 호모 사피엔스가 다른 동물들을 다루어왔던 방식대로 호모 데우스가 호모 사피엔스를 그렇게 다룰지도 모른다고 내다본다. 우리는 막연하게 인공지능이 할 수 없는 인간만의 고유 영역이 남아 있으리라는 낙관적인 생각을 가질지 모르나, 그런 생각은 희망적 사고에 불과하다.[12] 이렇게 미래를 전망하는 하라리의 사유에는 모든 유기체는 알고리즘으로 해석 가능하리라는 논리가 함축되어 있다.

"호모 사피엔스를 포함한 모든 동물은 수백만 년의 진화를 거치며 자연 선택된 유기적 알고리즘의 집합이다."[13] 하라리는 모든 유기체는 물론이고 인간 역시 알고리즘으로 파악할 수 있는 존재라고 본다. 결국 인간이 느끼는 행복도 생화학적 결과라는 것인데, 과연 인간이 그렇게 객관적이고 논리적이며 과학적인 존재인가? 어쨌거나 하라리는 지금은 유기적 알고리즘이 비유기적 알고리즘보다 나을지 몰라도 앞으로는 이와 반대가 되리라고 예상한다. 그의

능보다 더 잘하는 부문의 일자리가 생겨나리라 희망해보지만, 앞으로 인간의 감정을 읽어내는 것조차도 AI가 우월할 것이다. 이런 점에서 앞으로 남은 인력을 어떻게 할 것인가 하는 문제가 야기될 것이다. 물론 그들의 복지는 국가가 보장할 수 있겠으나 과연 이 사람들은 앞으로 어디서 삶의 의미를 찾을 수 있을까 하는 것이 가장 큰 문제이다.

12 유발 하라리, 김명주 옮김, 『호모 데우스』, p.437.
13 유발 하라리, 같은 책, p.59.

말대로 비유기적 알고리즘이 지배하는 세상이 온다면 세상은 어떻게 될까?

아직 우리는 미래에 대한 지도를 갖고 있지 않다. 이렇듯 미래의 지도 없이 인간의 능력을 향상시키려 한다면 우리가 상상하지도 못한 문제가 발생할지도 모른다. 예를 들면 의학 분야에서는 앞으로 환자치료 외에 건강한 사람을 업그레이드하려는 새로운 도전을 시도할 것이다. 의사나 과학자들은 더 이상 건강상의 문제에 만족하지 않고, 마음을 업그레이드시켜 새로운 의식 상태를 만들어 낼 수 있는 기술을 손에 넣고자 할지 모른다. 그런 문제가 발생할 것에 대비해서 AI와 생명공학에 대해 사회적 합의에 의한 통제가 필요하다는 것이 하라리의 생각이다. 그것은 AI를 다루는 과학자들은 기술적인 면에서는 뛰어날지 모르나, 그러한 기술들이 사회나 문화면에 어떤 영향을 미칠지에 대한 문제를 해결하려면 인문학자와 사회학자의 역할이 중요하리라고 보기 때문이다. 이러한 관점에서 앞으로 올 미래에 종교인의 역할 역시 중요하리라고 필자는 내다본다.

이상에서 인공지능 시대에 일어날 가능성들에 대해 하라리가 제시한 전망을 살펴보았다. 일단 그는 앞으로 다가올 미래에 대해 인류가 제대로 비전을 갖고 있지 못하다는 사실에 주목한다. AI 발달과 관련하여 인간의 의식과 능력이 점점 더 발전해갈 때 거기서 야기될 문제에 대해 우리는 지금 숙고하지 않으면 안 된다는 것이다.

하라리는 미래에 대한 불확실성과 우리 자신의 무지함이 우리의 현실임을 자각하는 것에서부터 미래를 준비해나가야 한다는 점을 강조한다. 이런 점에서 그는 정답만을 가르쳐온 지금까지의 교육 과정을 비판하면서 교육 개혁의 필요성을 역설하고 있다.

3. AI 시대에 대한 하라리의 제언

계속 발전을 거듭해가는 AI는 앞으로 지능만이 아니라 인간의 의식까지 가질 수 있을까? 만일 그렇게 된다면 인간은 인공지능과 어떻게 공존해야 하는 것일까? 이러한 문제를 걱정하는 것은 인공지능에 의해 우리가 조종당할지도 모르기 때문이다. 다시 말해 지금까지 지구를 지배해온 인간이 이제 그 권한을 인공지능에게 건네주게 될지도 모른다는 위협을 느끼기 때문이다. 만일 그렇게 된다면 인류의 운명은 인공지능에 의해 좌우되고 말 것이다.

하라리는 생명공학의 발달로 호모 데우스와 같은 존재가 출현하면 인류 역사상 최악의 불평등 사회가 초래될지도 모른다고 경고한 바 있다. 그것은 호모 데우스와 같이 신이 된 인간과 쓸모없는 존재로 전락한 호모 사피엔스 간에 엄청난 격차가 생기게 될 것이기 때문이다. 이런 현상은 인간의 나쁜 의도나 부적절한 대응 때문에 야기될 수도 있지만, 근원적으로는 미래에 인간이 습득할 수 있는 지식의 한계 때문에 생길 수도 있다는 것이다. 하라리는 이를 지식의 역설이라고 말한다.[14] 즉 인간이 지식을 축적하면 할수록 세계는 더 빨리 변하고 그렇게 변한 세계에 인간이 제대로 적응하지 못한다면 우리는 세계에 대해 점점 더 모르는 상태가 될 수도 있기 때문이다. 현대를 살아가는 우리는 역사상 그 어느 때보다 지적으로 많이 알고 있지만 오히려 그 때문에 미래를 예측하는 것이 점점 더 어려워지고, 예상하지 못했던 '혼돈과 무지의 상태'에 직면하게 될지도 모른다고 하라리는 내다본다.

이처럼 미래에 인공지능에 의해 생겨날 결과에 대해 예측하는 것은 쉽지 않지만, 하라리는 인간과 인공지능이 '갈등'이 아닌 '결혼이나 병합'의 형태로 공존이 가능할 수 있으리라는 전망을 조심스레 내놓는다. 그러면서 우리가 AI와 공생하려면 무엇보다 먼저 우리 자신에 대해 더 깊이 알 필요가 있다는 것이다. 이처럼 우리 자신에 대해 깊이 알기 위해 우리 자신의 무지와 미래의 불확실성에 대한 자각이 필요하다고 하라리는 말한다.

1) 과학과 인류의 미래

하라리는 우리가 아직 미래 비전을 제대로 제시하지 못하는 현실에 대해 다음과 같이 말한다. "10세짜리 아이가 우리에게 자신이 컸을 때 어떤 세상이 될까요?라고 묻는다면, 우리는 무엇이라고 답

---

14 http://ch.yes24.com/Article/View/33860

할까? 아마 '지금과는 완전히 다를 것'이라는 막연한 답을 할 수밖에 없을 것이다."[15] 이처럼 앞으로 올 세상에 대해 무지하면서도 우리가 마치 다 아는 것처럼 착각하는 경향이 있음을 하라리는 지적하면서, 이러한 현상은 교육의 장에서도 그대로 드러난다고 한다. 학생들은 정답을 알기 위해 급급해하는데, 그것은 바로 우리가 그들에게 정답을 강요해온 교육제도를 실시해왔기 때문이라는 것이다. 이처럼 정답 찾기에 급급해하며 살아온 학생들은 정답이 없는 질문을 두려워하는데, 이는 곧 불확실성에 대한 두려움이기도 하다는 것이다. 하라리는 이러한 현 교육제도를 비판하면서 미래의 교육에서는 무지와 미래의 불확실성에 대해 여지를 남겨놓을 필요가 있음을 강조한다.

사실 우리는 자신의 생각을 바꾸려 하기보다 거기에 안주하려는 경향이 있다. 이처럼 고정된 선입견에 갇혀 살아간다면 우리는 결국 변해가는 시대에 적응하지 못하게 될 것이다. 그래서 하라리는 미래에 필요한 덕목으로 '정신적 유연성'을 든다. 우리가 정신적 유연성을 지니게 된다면 앞으로 올 미래의 변화에 적응할 수 있으리라는 것이다.

하라리도 말했듯이 불확실성은 인간을 두렵게 만들지만, 우리가 불확실한 미래를 살아가기 위해서는 불확실성을 묵묵히 견뎌내고

---

15 http://m.ch.yes24.com/Article/View/30649

수용하지 않으면 안 된다. 이런 점에서 무지와 불확실성에 대한 자각과 함께 정신적 유연성을 강조한 하라리의 통찰은 오늘을 사는 우리들을 일깨워주는 면이 있다. 하라리는 인간의 무지와 불확실성은 앞으로의 과학적 연구에 의해 벗겨지리라고 본다. 과학적 연구는 도그마 없이 단지 경험적 관찰을 모은 뒤 그것을 수학적 도구의 도움을 받아 해석한다는 면에서 종래 인간이 만들어 낸 이야기들과 달리 객관적인 측면이 있다. 이러한 점에서 과학적 연구에 신뢰를 둔 하라리는 "인공지능은 현존하는 거의 모든 직업에서 인간을 밀어낼 것"이라고 예견한다. 이처럼 그는 인공지능을 인류의 미래에 가장 위협적인 존재로 부각시킴으로써 앞으로 권위의 원천은 인간에게서 인공지능으로 옮겨져 인류의 운명에 대한 결정권을 빼앗길 가능성이 있다고 본다.[16] 사실 하라리가 염려한 대로 인공지능이 인간을 지배할 시기가 곧 올지도 모르겠다.

하라리는 과학기술이 우리 인생의 문제에 답을 주기를 기대한다면 결국 기술이 우리 인생을 통제하게 되리라고 경고한다. 이것과 관련하여 우리가 기억해야 할 것은, 기술은 우리가 물은 질문에만 답을 한다는 점이며, 질문하는 것은 우리 자신이라는 사실이다. 그런데 문제는 우리가 삶으로부터, 자신으로부터 진짜 원하는 게 뭔

---

16 이런 관점에서 그는 우리가 기술을 섬기지(serve) 않고, 기술이 우리를 섬기도록 하는 것을 말한다.

지 모르는 데 있다는 것이다. 지금 우리 자신이 모바일과 어떤 관계를 맺고 있는지를 보라. 모바일이 나를 돕고 있는지 아니면 내가 모바일을 섬기기 시작하는지를 말이다.

그렇다고 지금부터 지레 겁먹을 필요는 없다. 하라리도 말했듯이 앞으로 인공지능이 의식을 가질지 아직은 알 수 없는 일이고, 따라서 미리 두려워할 필요가 없다는 것이다. 이즈음에서 하라리는 우리에게 다시금 묻는다. "우리는 자신의 의식에 대해서도 모르는 점이 많지 않은가"라고 말이다. 그렇다! 자기 자신의 의식에 대해서도 제대로 알지 못하면서 인공지능이 의식을 가질지를 걱정하는 것은 아직 오지 않은 미래에 대한 두려움일 뿐이라는 것이다. 일리 있는 주장이라 생각한다.

이 점과 관련하여 하라리는 과학자와 종교인을 비교한다. 과학자들은 자신들이 모르는 것을 모른다고 말하지만, 종교인들은 마치 자신들이 모든 것을 알고 있는 양 주장하고 있지 않느냐는 것이다. 하라리가 볼 때 종교인들은 자신들이 모르는 틈을 메우기 위해 상상력을 동원해 스토리들을 만들어 내고 있다는 것이다. 이런 관점에서 하라리는 제도종교를 비판하면서 앞으로 우리가 나아가야할 방향은 우리 자신의 의식을 보다 깊이 자각하는 영성의 길이어야 함을 강조한다. 구체적으로 그는 영성의 길로서 명상을 제시한다. 하라리가 제시한 영성의 길을 살펴보기에 앞서, 제도종교에 대한 그의 비판부터 먼저 살펴보고자 한다.

2) 제도종교를 넘어 영성의 길로

(1) 제도종교의 허구성

하라리는 인류를 결속시켜온 허구들 중 하나로 전근대 시대의 종교를 든다. 전근대 사람들에게 종교는 가치판단의 기준이 되어왔을 뿐 아니라 그들의 삶에 의미를 부여해주었다. 예를 들면 태풍으로 농작물이 피해를 입으면 신이 노하신 것이라고 보았으며, 신이 개인의 삶뿐 아니라 인생의 의미 역시 신의 위대한 계획 아래 있다고 보았던 것이다. 만일 내가 십자군 전쟁에서 죽더라도 그것은 이단을 물리치고 기독교를 전파하려는 하느님의 큰 뜻을 받들어 희생되었기에 의미 있는 인생이라고 생각해온 것이다. 이처럼 근대 종교는 당대 사람들의 삶에 가치기준이 되어주었고, 사람들은 그 안에서 삶의 의미를 발견하며 살아왔던 것이다. 이런 점에서 하라리는 종교적 신념이야말로 인류가 지닌 도구 중 가장 효과적으로 사람들을 한데 뭉치고 대규모 협력을 끌어낼 수 있는 허구라고 본다.[17] 그가 보기에 사람들이 성경이나 베다 같은 경전을 존중하게 되는 과정은 알고 보면 인간이 지폐를 존중하게 되는 과정과 정확히 동일하다는 것이다. 다시 말해 돈이 인간의 협약에 의한 것임을 아는 것과 종교(믿음 체계)가 본질적으로 가치 있다고 믿는 것 사이

---

17 유발 하라리, 전병근 옮김, 『21세기를 위한 21가지 제언』, 김영사, 2018, p.351.

244

에 선을 긋기란 불가능하다는 것이다.[18] 이런 점에서 그는 제도종
교에서 전수되어온 이야기들을 허구로 보고, 더 나아가 인류사에
서 형성된 모든 이야기도 허구라고 본다. 하라리는 이렇게 말한다.

10억 중국인이 협력할 수 있는 것도 국민 모두가 역사에서 형성
된 중국 민족의 이야기를 믿기 때문이다. 인류는 지금까지 이야
기 위에 또 다른 이야기를 덧붙여가면서 수많은 이야기들을 만
들어 왔다. 이렇게 인간은 민족이나 종교, 기업과 돈에 관해 만
든 이야기들을 함께 수용하면서 결속해온 것이다.[19]

이처럼 하라리는 인류의 이야기를 허구로 보지만 꼭 그 이야기
들이 나쁜 것만은 아니고 현실 속에서 필요하다는 점도 인정한다.
곧 돈, 국가, 기업 같은 허구적 실체에 대한 널리 통용되는 이야기
가 없다면 복잡한 인간사회가 제대로 돌아갈 수 없다고 보기 때문
이다. 이런 점에서 인류가 만든 이야기를 믿는 것이 우리 모두에게
유용한 면이 있지만, 문제는 그 모든 이야기들이 인간의 상상에서
부터 나왔다는 데 있다. 그는 설사 성경이 설화가 아니라 깊은 지
혜를 담은 은유적 이야기라고 할지라도 그것이 해리포터가 말한

---

18 유발 하라리, 같은 책, p.361.
19 유발 하라리, 같은 책, p.483 참조.

은유와 무엇이 다른가라고 반문한다.[20]

결국 그가 볼 때 이야기들은 단지 도구일 뿐이기에 이야기를 목표나 잣대로 삼아서는 안 된다는 것이다. 이런 점에서 그는 우리가 지닌 문제들은 그런 이야기들을 마치 궁극의 실체인 양 믿기 시작하면서부터 발생한 것이라고 본다.[21] 이렇게 본다면 인류가 만든 문명이 인간의 상상에서 나온 허구라는 것이다.

하라리가 인간의 이야기를 허구의 관점에서 바라보는 것은 그가 명상을 통해 터득한 불교적 시각, 즉 의식에서 나온 생각을 어떻게 보느냐와 깊이 연관되어 있다. 불교에서는 의식은 분별심에서 나온 것이고 결국 의식적 나는 허상이라고 본다. 이러한 관점에서 불교는 인간의 의식에서 나온 이야기를 속제俗諦의 관점으로 바라보며 이를 가유假有로 본다. 하라리는 이 불교적 가유를 좀 더 강하게 허구라고 말한 것이다.

이처럼 하라리가 말한 이야기의 허구성을, 불교의 진제의 관점에서 가유적인 표현을 허구로 말한 것이라고 보는가 하면, 또 문학적 관점에서 접근하여 이야기의 허구성으로 해석하기도 한다. 그러나 필자는 하라리가 성경의 은유적 이야기를 해리포터의 그것

---

20 유발 하라리, 같은 책, p.352.

21 이러한 하라리의 해석에는 불교의 진제眞諦와 속제俗諦의 관점이 내포되어 있다고 본다. 곧 그는 경전의 이야기를 포함하여 인류의 이야기를 속제의 관점으로 보고 있는 것이다.

과 유사하다고 보면서 성경 이야기의 허구성을 언급한 부분에 대해 다시금 집고 넘어가야 할 부분이 있다고 본다. 해리포터의 은유와 성경에 나오는 은유적 이야기의 차이는, 성경은 단순한 문학작품을 넘어선 그 무엇이기 때문이다. 이는 성경이 문학작품처럼 단순히 인간이 상상력을 발휘해서 쓴 것이 아님을 의미한다. 그리스도인들은 성경 그 자체를 하느님의 말씀으로 받아들인다. 다시 말해 성경은 인간에 의해 쓰였지만 하느님께서 당신 말씀을 선지자들에게 넣어주심으로써 인간이 그분의 말씀을 전하고 이를 기록하게 한 것이다. 이런 점에서 성경의 은유를 해리포터의 은유와 동일선상에 두고 보는 것은 무리가 있다.

계속 하라리의 논리를 따라가 보자. 그는 인류사에서 형성된 이야기들은 이야기하는 자아에 의해 만들어진 것이라고 주장한다. 그에 따르면 이야기하는 자아는 끝없이 이야기를 지어내며 자신이 한 이야기들에 저마다 지속적인 의미를 부여한다는 것이다. 그는 '이야기하는 자아'와 실제 경험하는 자아 간에 괴리가 있다고 보는데, 그것은 이야기하는 자아를 통해 만들어진 이야기들 속에는 실제로 자신이 경험하지 않은 고통이 위장되어 담겨 있을 때가 종종 있기 때문이다.

예를 들어 종교지도자들은 희생이나 영원, 구원과 같은 단어들을 종종 말하지만 그 말 속에는 허구성이 내포되어 있다는 것이다. 어떤 지도자가 "당신의 희생이 우리를 구원할 것"이라고 말할지라도 실제로 그 말 뒤에 숨겨 있는 고통 속에 있는 병사들, 얻어맞아 야만적인 취급을 당한 여성들, 그리고 두려움 속에 떨고 있는 아이들이 있는 게 현실이라는 것이다.[22] 이처럼 이야기하는 자아는 실제로 타인들이 당하는 고통을 미화시킬 뿐, 그 자신은 어떤 고통도 당하지 않는 이율배반적인 경우가 비일비재함을 하라리는 지적한다. 하라리의 주장처럼 인류의 역사를 통해 우리는 이런 현실을 얼마나 많이 경험했던가? 하라리는 이에 대해 그것은 우리 대부분이 자신을 이야기하는 자아와 동일시하는 경향이 있기 때문이라고 본다.

우리가 '나'라고 말할 때 그 '나'는 우리가 실제로 경험하는 찰나의 내가 아니라 자신의 머릿속에서 나온 '이야기 자아'인 경우가 대부분이다. 곧 우리는 경험하는 자아가 겪은 무질서한 삶을 마치 논리적으로 일관된 이야기인 양 꾸며 자기 마음과 자신을 동일시하려는 경향이 있다는 것이다.[23] 이처럼 인간은 이야기하는 자아를 통해 끝없는 이야기를 지어내고 자신이 경험하는 것들을 그 이야기 속에 집어넣어버리곤 한다. 그러기에 인간의 이야기들은 허구일 수밖에 없다는 것이 하라리의 주장이다.[24]

우리는 태어나서 죽을 때까지 불변하는 단 하나의 정체성을 지

---

22   유발 하라리, 같은 책, p.466 참조.

23   유발 하라리, 김명주 옮김, 『호모 데우스』, p.410.

24   유발 하라리, 같은 책, p.418.

니고 살아간다고 느끼지만 그런 느낌은 거짓된 것이며, 바로 그 허구인 자아가 허구의 이야기를 만들어 낸다고 하라리는 주장한다. 이처럼 인간의 자아, 다시 말해 이야기하는 자아를 부정하는 하라리의 주장에는 불교의 무아설이 근저에 깔려 있으며, 이는 생명과학에서 자아를 부정하는 것과 맥을 같이 하고 있다. 곧 나는 여러 알고리즘의 집합이지 단일한 자아는 없다는 것이다. 현대 생물학에서도 인간 속에는 물리·화학적 법칙을 따르는 유전자, 호르몬, 뉴런만 있을 뿐 단일한 자아는 존재하지 않는다고 주장한다. 즉 인간의 정신은 물리·화학적 환경에 따라 변하는 뇌전류의 혼합에 지나지 않으며, 자유의지도 마찬가지라는 것이다. 하라리의 자아와 자유의지의 부정이 불교의 무아적 사유와 깊은 연관성을 지니고 있음을 잘 드러내주는 것이 바로 '명상'에 대한 하라리의 견해이다. 곧 그는 명상을 통해 자아의 무상성을 자각할 때 비로소 우리가 허구성에서 벗어날 수 있다고 본다. 다시 말해 명상을 통해 이야기하는 자아의 허구성을 자각하고 자기 자신을 더 깊이 이해할 수 있게 된다는 것이다. 그럼 구체적으로 하라리가 주장하는 명상에 대해 살펴보기로 하자.

3) 새로운 이야기로서의 명상

하라리는 앞으로 인류가 더 이상 기성종교에서 의미와 가치를 찾지 않고 제도종교에서 탈피하여 새로운 영성의 길을 추구하리라고 내다본다. 곧 그가 제시한 새로운 이야기는 명상이다. 하라리는 앞으로 인공지능 시대를 맞이하면서 무엇보다 중요한 것은 인간이 자신을 보다 깊이 이해하는 것이라고 보고, 그 방법론으로 명상을 제시하고 있다.

(1) 하라리의 고엔카 명상체험

하라리는 어떻게 명상과 인연을 맺게 되었을까? 그는 10대에 그 무엇도 자신에게 의미를 주지 못했고 인생에 관한 큰 질문에도 답을 얻지 못했음을 고백한다. 또 자신을 포함하여 세상에는 왜 그토록 많은 고통이 있는지 그것에 대해 자기가 무엇을 할 수 있는지도 이해할 수 없었다고 한다.[25] 그는 학문의 세계를 통해 모든 신화를 해체하는 도구들을 제공받기는 했지만, 거기서도 인생의 큰 질문에 대한 만족스런 답을 얻진 못했던 것이다. 자신이 읽은 책에서 얻은 것들에 대해 그는 모두 정교한 허구들이었다고 말한다. "신과 천국에 관한 종교적 신화, 모국과 국가의 역사적 사명에 관한 민족주의 신화, 사랑과 모험에 관한 낭만적 신화, 경제성장과 어떤 구매와 소비가 날 행복하게 해줄지에 관한 자본주의 신화 등 자신이 책에서 접한 그 모든 것은 허구였다."[26]

---

25   유발 하라리, 전병근 옮김, 『21세기를 위한 21가지 제언』, p.468.
26   유발 하라리, 같은 책, p.468.

이처럼 어디서도 삶의 의미를 찾을 수 없어 답답해하던 차에 그는 파트너인 론으로부터 위빠사나 명상과정에 참여해보라는 권유를 받았다. 1년간 계속된 친구의 끈질긴 권유 끝에 2000년 24세 되던 해 4월, 그는 10일 과정의 위빠사나 수련회에 갔는데 거기가 바로 고엔카 명상을 가르치는 수행처였던 것이다. 그곳에서 고엔카 명상을 배운 하라리는 그 후 15년 이상 매일 2시간씩 명상 수련을 했고 1년에 한두 달씩 바깥 활동을 끊고 명상에 몰두해왔다는 것이다. 그리고 이 경험을 통해 세 권의 책을 집필했다고 고백한다.

"명상은 저에게 개인으로서도 학자로서도 많은 도움은 준다. 세계를 연구하면서 나는 명상을 통해 세계를 있는 그대로 바라볼 수 있는 길을 알게 되었다. 사실 우리는 세계를 바라보면서 자신의 마음에 들지 않으면 다른 스토리를 만들어 내려는 경향이 있다. 그러나 현실이 마음에 들지 않는다고 해도 현실을 '있는 그대로' 직시하는 것이 필요하다."[27]

이처럼 하라리의 삶에 깊은 영향을 미친 고엔카 명상은 어떤 수행인가? 고엔카(Goenka, 1924~2013)는 미얀마의 레디 사야도(Redi Sayado, 1846~1923) 수행법을 전승하고 있다.[28] 레디 사야도 수행법

---

27 http://webzine.newbuddha.org/article/21

에서는 사마타(samatha, 禪定) 수행 후에 위빠사나(Vipassanā, 觀)를 닦는데, 이는 곧 호흡을 관찰하는 입출식념入出息念을 통해 마음의 집중을 얻은 후 감각을 관찰하는 위빠사나 수행법이다.[29] 고엔카는 레디 사야도 수행법을 전수받아 마음챙김, 알아차림(sati) 수행법을 개발하였다. 따라서 고엔카 명상은 자기 자신의 실재를 직접 경험하는 자기 관찰법이라 할 수 있다. 여기서 위빠사나는 사물을 단지 보이는 대로가 아니라 있는 그대로 관찰하는 것으로, 이는 곧 지금 내게 일어나는 호흡이나 신체 감각 또는 느낌에 주목하는 것이다. 이렇듯 현재에 집중하는 수행을 통해 생각이 망상으로 이어지는 순환고리를 끊어버리는 것이다. 다시 말해 사띠(sati) 수행을 통해 추상적 개념이나 망상에 이끌려가는 생각의 흐름을 멈추고, 구체적인 존재의 실상을 알아차리는 수행법이라 할 수 있다.

그래서 고엔카는 명상할 때 모든 간접적 기술이나 종교적 도그마, 철학적 추측은 제쳐놓고 오직 자신의 경험과 실제에 맞닥뜨리는 모든 실체에만 집중해야 함을 강조한다. "이론적, 철학적 논리는 피하고 실제 수행과 관련된 문제에 질문을 집중하세요."[30] 하라

---

28 고엔카는 1955년 위빠사나 명상 지도자인 사야지 우 바 킨을 만나 위빠사나를 배우고, 1969년 우 바 킨에 의해 명상지도자로 공인되었다.(윌리엄 하트, 『고엔카의 위빳사나 명상』, 김영사, 2019, p.12 참조)

29 身念處의 入出息念(ānāpānasati)에서 ānāpānasati는 들숨(āna)과 날숨(apāna)에 대한 알아차림, 혹은 마음챙김(sati)이라는 뜻이다.

리는 이러한 가르침대로 모든 종교적 도그마나 사유를 내려놓고 오로지 지금 여기에 집중하는 명상을 함으로써 자신의 의식활동에 대해 새롭게 눈뜨기 시작했다는 것이다.

또 고엔카는 이렇게 가르친다. "아무 것도 하지 마세요. 숨을 통제하려 하지도 말고 숨을 특정 방식으로 쉬려고도 하지 마세요. 그게 무엇이든 그저 지금 이 순간의 실체를 관찰하기만 하세요. 숨이 들어오면 지금 숨이 들어오는구나 하고 자각할 뿐이고, 숨이 나가면 지금 숨이 나가는구나 하고 자각할 뿐입니다."[31]

"아무 것도 하지 말고" 그저 "지금 이 순간의 실체를 관찰하고 자각하기만 하라"는 고엔카의 가르침은 하라리가 그동안 들었던 그 어떤 말보다도 가장 중요한 것이었다. 여기서 '아무 것도 하지 않는다'는 것은 명상 시 몸뿐 아니라 우리의 정신도 아무 것도 하지 않음을 의미한다.

"모든 문제는 우리가 끊임없이 뭔가를 하려는 데 있다. …… 눈을 감은 채 부동자세로 앉아 있을 수는 있다. 하지만 우리의 정신 수준은 끊임없이 이야기와 정체성을 만들어 낸다. 진정 아무 것도 하지 않는다는 것은 우리의 정신 또한 아무 것도 하지 않고, 만들어 내지 않음을 뜻한다."[32] 이처럼 하라리는 조용히 앉아 나의 몸과

---

30   유발 하라리, 전병근 옮김, 『21세기를 위한 21가지 제언』, p.477.

31   유발 하라리, 같은 책, p.469.

32   유발 하라리, 같은 책, p.459 참조.

마음에서 일어나고 있는 일에 집중함으로써 지금 여기에 깨어 있는 법을 배울 수 있었던 것이다. 곧 그는 고엔카 명상을 통해 자신의 생각이나 편견, 그리고 상상에서 벗어나 현실을 있는 그대로 인식하는 방법을 터득했다. 자신의 호흡을 관찰하면서 그때까지 자신의 정신에 관해 거의 아무 것도 몰랐다는 사실과 그것을 통제할 능력이 거의 없다는 사실을 발견했던 것이다. 명상하면서 최선을 다해 자신의 호흡을 관찰하려 했지만 10초도 지나지 않아 정신이 흩어져버리고 만다는 사실을 알게 된 하라리는 이러한 체험이 자신에게 충격적으로 다가왔다고 말한다. 하라리뿐만 아니라 명상을 직접 해본 사람은 자신의 의식활동이 쉼 없이 일어난다는 것을 알고 있다.

이에 대해 『상윳따니까야』에서는 우리의 정신이 가만히 있지 않고 끊임없이 이 생각에서 저 생각으로 상상의 나래를 펼치며 이야기를 만들어 가는 것은 마치 숲에서 원숭이가 한 가지를 붙잡았다가 놓고 다시 다른 가지를 붙잡는 것과 같다고 말한다.[33] 사실 우리는 정신과 의식활동을 통해 끊임없이 스토리를 써가며 거기에 의미를 부여하며 살아가고 있지 않은가? 심지어 숨을 관찰하는 호흡명상을 할 때조차 "내 숨이 좀 부자연스럽구나. 좀 더 침착하게 숨

---

33 Pathamaassutavantusutta−배움이 없는 자의 경 1, 『상윳따니까야』 S12:61, 전재성 역.

(http://blog.daum.net/bolee591/16155897 참조.)

을 쉬면 더 건강해질 거야"라고 생각하거나 "숨 쉬는 것만 관찰하고 아무 것도 하지 않으면 나는 깨달음을 얻어 세상에서 가장 행복한 사람이 될 거야"라고 하며 이런저런 망념에 빠지기도 한다. 그렇다. 우리는 살아가면서 자기 마음에 들지 않으면 다른 스토리들을 만들어 내곤 한다. 이렇듯 우리의 마음은 계속 스토리를 쓰려 하기 때문에 그것을 멈추고 그저 있는 그대로를 본다는 것은 말처럼 쉽지 않다. 그래서 명상수련이 필요한 것이다. 명상수련을 통해 우리는 현실이 마음에 들지 않더라도 그 현실을 있는 그대로 바라볼 수 있는 힘을 키울 수 있다. 이런 면에서 분명 불교의 명상은 우리의 실존상태를 적나라하게 직시하도록 촉구한다. 이 점에서 붓다의 다음 가르침은 우리가 의식활동을 통해 겪는 고통을 잘 말해 주고 있다.

"(비구들이여,) 마음이나 정신 혹은 의식은 밤낮으로 바뀌면서 다른 것이 생겨나게 하고 다른 것에 의해 소멸된다. …… (그것은) 왜곡된 생각이 더 왜곡된 생각을 만들어 내는 악순환의 고리 때문이다. 이렇게 되면 '보아도 보지 못하고, 들어도 듣지 못하며, 느껴도 느끼지 못하는' 상황으로 내몰리게 된다."[34]

---

34 https://jnanayoga.tistory.com/251 참조.

따라서 우리는 끊임없는 정신활동에 의해 고통을 받게 된다는 것이다. 하라리는 명상을 통해 자신이 겪는 고통의 원천이 자신의 정신 패턴에 있다는 사실을 깨달았다고 고백한다. 곧 우리의 정신활동이 바로 고통을 가져오는 요인이 된다는 것이다. 이처럼 불교에서는 정신활동을 통해 우리가 고통을 겪는다고 보기에 이를 멈추게 하는 명상을 강조해왔던 것이다.

하라리 역시 이런 관점에서 우리의 문제는 이성에 의한 정신활동에서 비롯된다고 본다. 결국 이성에서 나온 인간의 생각은 망념일 수밖에 없고, 따라서 생각에서 나온 이야기도 허구일 수밖에 없다는 것이다. 이와 같이 인간의 생각을 '망념'의 관점에서 본 하라리의 견해는 초기불교에서부터 선불교에 이르기까지 불교 전반에 걸쳐 전수되어온 가르침과 결코 무관하지 않다. 불교에서는 마음도 세계도 모두 실체적으로 존재하는 것이 아니라 생각이 그려낸 망념으로 본다. 하라리 역시 자신의 명상수행을 통해 인간의 정신활동은 허구이고 망념임을 자각하게 된 것이다. 그리고 이러한 자각은 그로 하여금 기성종교가 지닌 이야기뿐 아니라 인류의 이야기를 허구의 관점에서 보게 했다. 여기서 필자는 인간의 사유를 망념의 관점에서 보고 종교를 포함한 인류의 이야기를 허구적 관점에서 본 하라리의 시각과 연관지어, '생각'이 불교의 명상적 측면에서 망념뿐인지, 아니면 다른 측면에서 생각을 바라볼 수 있는지 살펴보고자 한다.

4) 명상과 생각의 상보적 관계

(1) 망념으로서의 생각

어떤 대상과 접할 때 우리는 그것을 있는 그대로 인식하기보다 이미 내 안에 들어온 정보를 통해 그것을 인식한다. 다시 말해 우리는 기존의 나 자신의 정보와 외부대상의 정보가 서로 통합하여 대상을 인식하기 때문에 우리의 생각이 사물의 본질과는 무관한 경우가 대부분이다.

오늘날 임상의학에서 밝혀진 바에 따르면 우리 행동은 의식에 의한 것이라기보다 무의식에 의해 일어난다고 본다. 프로이트도 의식은 빙산의 일각에 불과하고 무의식이 대부분이라고 말했듯이 우리가 무심코 하는 행동들은 무의식에서 나온 것이라고 본다. 의식이 지닌 내용의 상당 부분은 무의식에 의해 만들어진다고 본다.

불교에서는 우리가 지닌 상(想, 관념)들은 또 다른 상想을 낳고, 이렇게 형성된 상들이 우리 안에 종자의 형태로 축적되어 간다고 말한다. 우리 모두가 경험하듯이 이러한 상으로부터 자유로울 자는 그리 많지 않다. 우리가 상想의 지배를 받는 것은 우리 안에 잠재해 있는 상想을 우리의 자유의지로 조절할 수 없음을 의미한다. 그렇다면 상想은 어떻게 생겨난 것인가?

유식唯識불교에서는 상想을 우리 안에 잠재해 있던 종자의 현행現行으로 본다.[35] 곧 유식불교에서는 이 세상과 중생의 마음에서 일어나는 사건의 정보가 종자의 형태로 아뢰야식에 저장되어 있다고 보는데, 이처럼 표층의식이 아뢰야식에 종자를 남기는 것을 훈습薰習이라고 한다. 훈습된 종자는 적절한 인연이 갖추어지면 다시 구체적인 현상으로 드러나는데, 이것이 바로 현행이다.[36]

유식불교에서는 인간의 인식활동을 삼식三識, 곧 6식·7식·8식의 관계로 설명한다.[37] 그중 제8식을 아뢰야식이라고 하는데, 그 활동은 현대물리학에서 말하는 복잡계(complex system)의 그것과 매우 유사하다. 복잡계에서는 구성요소 간 비선형 상호작용이 일어나는데, 여기서 비선형으로 작용한다는 것은 기존 구조가 붕괴되고 새로운 구조가 창출되는 과정을 통해 새로운 결과를 드러낸다는 것이다. 다시 말해 비선형으로 일어나는 현상은 원인과 결과가 인과관계로 이루어지는 것이 아니라 의외의 결과가 나타나는

---

35 생각을 통해 들어온 정보가 축적되면 그 정보의 힘에 의해 인지능력인 근根이 형성되고, 그 근에 상응하는 인식대상인 경境이 형성된다. 이와 같이 근과 경, 자아와 세계는 확장된 생각인 망상에 의해 생겨난다.(김성구 외, 『생각, 키워야 하나 없애야 하나』, 운주사, 2018, pp.16~17 참조.)

36 김성구 외, 같은 책, p.18.

37 『성유식론成唯識論』 제1권에서는 삼식三識의 관계에 대해 다음과 같이 설명한다. "오직 심식心識만이 존재한다면 어째서 사람들은 자아와 법들이 존재한다고 말하는가? 『유식삼십송唯識三十頌』에서는 심식이 전변轉變하여 자아와 법들의 각종 모습이 전개된다고 말한다. 전변할 수 있는 심식은 세 가지이니 이숙식異熟識, 사량식思量識, 요별경식了別境識이다." 여기서 말한 이숙식, 사량식, 요별경식이 바로 8식, 7식, 6식이다.(정은해, 『마음과 시간』, 서울대학교출판문화원, 2018, p.5, 각주2 참조.)

것이라고 할 수 있다. 이러한 비선형 구조에서 창발(emergence)현상이 생기는데, 여기서 창발이란 구성요소들을 모아놓은 전체에서 어떤 새로운 특성이나 행동이 나타나는 것을 의미한다. 이러한 창발현상은 아뢰야식에서도 볼 수 있는데, 그것이 바로 아뢰야식의 상호 인과 작용에 의해 형성된 6식과 7식인 것이다.

6식은 보통 우리가 말하는 이성적 사유와 그리 다르지 않다. 제6식은 요별了別[38], 곧 분별하는 작용으로 우리가 옳고 그름을 판단하고, 논리적으로 사물을 인식할 수 있는 것이 바로 6식에 의한 것이다. 그러나 유식불교에서는 6식으로는 사물의 실상을 제대로 인식할 수 없다고 본다. 그것은 6식은 자타분별이나 주객분별 등 분별적으로 사유하기 때문이다. 불교적 관점에서 보면 존재의 실상은 연기緣起적 관계에 있고, 따라서 모든 존재는 연기적 관계망 속에 서로 연결되어 있다. 따라서 6식에 의한 사물 인식은 사물의 본 모습이 아니라는 것이다. 이것이 불교에서 인간의 이성에는 한계가 있다고 말한 까닭이고, 선가禪家에서 '알음알이'를 벗어나라고 하는 것도 같은 맥락에서 나온 것이다. 이처럼 유식불교적 시각에서 볼 때 제6식, 곧 인간의 이성에 의해 형성된 개념들로는 사물의 실상을 드러내지 못하기 때문에 인간의 인식에서 생긴 개념으로 사물을 실체적으로 보는 것은 망념이며 허구인 것이다. 곧 우리는 사

---

38 김성구 외, 『생각, 키워야 하나 없애야 하나』, 운주사, 2018, p.280.

물을 실상 있는 그대로 보지 못하는 한계를 지니고 있다는 것이다.

이러한 불교적 시각과 관련하여 뇌 과학에서도 인간의 뇌는 환상을 만들어 낼 뿐이며, 우리는 그 환상을 실재로 인식하고 환상의 관념만을 지각할 뿐이라고 본다. 그러나 과연 인간의 이성적 활동은 유식불교에서 말하듯 허구의 세계만을 만들어 내는 것일까? 곧 우리의 의식에서 나온 것들은 모두 망념이며 허구일 뿐인가?

우리는 어떤 위험한 상황에 처했을 때 이성적 판단으로 그 상황에 대처해 나가거나 우리의 이성이 망분별이라는 점에서 한계가 있음을 자각하는 것도 역시 6식, 곧 이성적 사유로 파악한다. 다시 말해 이성은 스스로의 한계를 알아낼 만큼 옳고 그름을 판단하는 강력한 힘을 갖고 있다. 즉 우리는 사유와 숙고를 통해서 선과 악을 구별할 수 있을 뿐 아니라 수행의 이치를 살필 수도 있다. 이는 이성적 사유가 불교수행에 긍정적인 역할을 할 수 있음을 시사해 준다.

사실 우리의 의식에서 일어나는 왜곡된 현상은 제7식과 깊은 연관성을 지닌다. 제7식은 6식에서 인식된 것을 자기 식대로 해석하는 자아의식이기 때문이다. 따라서 제7식에 의해 왜곡된 상이 생기고 범부는 이렇게 생긴 그릇된 상을 참인 줄 알고 그것을 바탕으로 사유한다. 그리고 그 상은 종자의 형태로 아뢰야식에 남게 된다. 이처럼 제7식에서 왜곡된 관념이 종자의 형태로 8식에 내장되어 있기 때문에 심층의식은 쉽게 정화될 수 없는 것이다. 종자의 훈습과 현행의 순환과정을 통해 인간의 번뇌망상을 설명하는 유식 사상의 관점에서 볼 때 우리의 의식활동은 번뇌망상으로 차 있을 수밖에 없기 때문에 인간의 생각이나 사유는 긍정적으로 보기 어려운 것이다.[39]

그러나 여기서 한 가지 주목할 점은 제6식은 창발적 속성(emergent property)을 지녀 마치 8식과는 독립된 것인 양 작용하기도 한다는 것이다. 다시 말해 6식에 기반한 이성적 사유는 8식에 영향을 받지 않고 스스로 바른 판단을 할 수 있다. 아니, 6식은 독립적일 뿐 아니라 6식이 아뢰야식을 훈습시킬 수도 있다는 것이다. 이와 같이 6식이 아뢰야식 종자를 훈습시키면 거기서 나온 종자가 현행하여 바른 생각과 바른 행동을 할 수 있다. 이렇게 볼 때 생각은 선수행에 방해가 되기도 하지만, 올바른 사유는 오히려 수행에 도움을 줄 수도 있다. 그 구체적인 예가 팔정도八正道의 정사유正思惟이다.[40]

---

39 결국 6, 7, 8식에 의해 생겨난 번뇌망상을 극복하려면 그 연결고리를 끊어야 한다. 이것이 바로 명상이 필요한 까닭이며 불교가 명상수행을 강조해온 이유이다.

40 이와 같이 무의식에 의해 모든 것이 결정된다면 정신임상의학에서는 의식을 어떻게 이해하는가? 의식은 신경활동의 부수현상일 뿐인가. 아니면 의식은 그 자체로 목적이 아닐까. 예를 들어 노을을 보고 아름답다고 느끼는 것 그것 자체가 목적일 때 생존 기능에 관계없이 보이는 것 자체가 목적인 경우-행복, 즐거움, 아름다움, 초월적 경험 등-, 이것은 뇌 활성만으로 설명할 수 없는 의식이 발생하는 이유가 아닐까.

(2) 정사유正思惟로서의 생각

유식불교에서 말하듯 우리의 인식은 무지에 가려져 끊임없이 왜곡된 인식을 만들어 내지만, 부처님 역시 우리와 똑같은 인간조건, 곧 8식인 아뢰야식을 갖고 있었다는 사실을 상기할 필요가 있다. 이처럼 부처님께서 진망화합식眞妄和合識인 8식을 지녔음에도 새로운 깨달음을 이루셨다면, 우리 역시 망념에서 벗어날 깨달음의 근거를 지니고 있는 것이 아닌가?

대승불교에서는 이를 진여眞如로서의 불성, 곧 자성청정심自性淸淨心으로 설명한다.[41] 즉 우리가 망념에 사로잡혀 살아가지만 그 망념에서 벗어나 올바른 사유뿐 아니라 깨달을 수 있다는 것을 자성청정심을 근거로 설명한다. 따라서 존재의 실상인 불성은 6식을 통한 우리의 인식이 바른 견해와 바른 사유를 할 수 있는 근거를 제공해준다.

---

[41] 『대승기신론』에서는 이를 일심이문一心二門으로 설명하고 있다. 여기서 일심一心이란 무엇인가? "더러움과 깨끗함의 모든 법은 그 성품이 둘이 아니고, 참됨과 거짓됨의 두 문은 다름이 없으므로 하나라 이름하는 것이다. 이 둘이 아닌 곳에서 모든 법은 가장 진실되어(中實) 허공과 같지 않으며, 그 성품은 스스로 신령스레 알아차리므로(神解) 마음이라 이름한다. 이미 둘이 없는데 어떻게 하나가 있으며, 하나도 있지 않거늘 무엇을 두고 마음이라 하겠는가. 이 도리는 언설을 떠나고 사려를 끊었으므로 무엇이라 지목할지 몰라 억지로 일심이라 부르는 것이다." 여기서 일심은 참과 거짓, 너와 나 등 일체의 이원적 대립을 초월한 마음이 바로 우리 존재 근거라는 것이다.

여기서 필자는 석존이 초전법륜에서 정견正見과 함께 바른 사유, 곧 정사유正思惟를 강조하신 점에 주목해보고자 한다. 정사유(正思惟, samyak-samkalpa: 바른 생각)는 팔정도 중 하나이다. 정사유에 해당하는 'sam-kalpa'라는 말을 살펴보면 sam은 '함께'라는 뜻이며, kalpa는 '맞추다'라는 의미이다. 따라서 정사유는 부처님의 진리에 '나의 생각을 맞추다'로 해석할 수 있다.[42] 이처럼 우리가 부처님의 진리에 자신의 생각을 맞추려면 그 진리에 대한 믿음이 우선되어야 한다.

이런 점에서 정사유는 믿음과 깊은 연관성을 지닌다.[43] 이처럼 믿음을 포괄한 정사유는 정견과 함께 팔정도의 출발선상에 있다. 다시 말해 바른 견해, 곧 정견을 지닌 후 믿음에 기반한 정사유를 하는 것은 깨달음으로 나아가는 여정에서 정사유가 얼마나 중요한 것인지를 말해준다. 『잡아함경』에서는 정사유에 대해 다음과 같이 말한다.

---

42 samma-sankappa(팔리어)에서 정正에 해당하는 samma는 옳다 그르다는 이분법적 관점이나 도덕적 관점에서의 '옳음'을 뜻한다기보다 욕망의 대상을 떠난 상태, 악의를 떠난 상태를 의미한다. 따라서 정사유인 'samma-sankappa'는 중도적 사유라 할 수 있다.

43 믿음은 초기불교부터 대승불교에 이르기까지 지속적으로 강조되어 왔다. 대승불교의 사상을 집약적으로 종합한 『대승기신론大乘起信論』은 대승에 대한 믿음을 불러일으키는 논서라는 제목이 말하듯이, 믿음을 강조하고 있다.

어떤 것이 바른 사유인가? 바른 사유에는 두 가지가 있다. 하나
는 세속의 바른 사유로 …… 다른 하나는 세속을 벗어나 성현의
바른 사유로 …… 세속의 바른 사유란 생사를 벗어나려는 생각
(出要覺), 노여움이 없는 생각(無碍覺), 해치지 않으려는 생각(不害
覺)을 말한다.[44]

세속을 벗어나 성현의 바른 사유란 불제자가 괴로움의 범위에
대한 진리(苦聖諦)를 있는 그대로 사유하고, 괴로움의 원인에 대
한 진리(集聖諦), 괴로움의 소멸에 대한 진리(滅聖諦), 괴로움의
소멸을 위해 실천해야 할 방법에 대한 진리(道聖諦)를 있는 그대
로 사유하여, 번뇌가 없는 사유를 따르는 마음의 정신작용(心法)
으로 분석하고, 결단하며, 이해하고, 헤아리며, 뜻을 세우는 것을
일러 성현의 바른 사유라 한다.[45]

이처럼 정사유를 세속과 세속을 벗어난 두 종류로 나누어 설명
한 것은 초보적인 정사유에서 시작하여 초보적 정사유로 마무리하
고, 다시 더 높은 정사유에서 시작하여 더 높은 정사유로 마무리되
는 순환을 통해 더 깊고 바른 사유로 나아갈 수 있음을 말해준다.[46]

---

44 『잡아함경雜阿含經』제28권 785경.(김형철,「정견의 의미와 수행에 대한 인식론
   적 이해」, 서강대학교 신학대학원, 2007, p.6 참조)

45 『잡아함경雜阿含經』제28권 785경.(같은 논문 참조)

46 『아함경』에서는 정사유뿐 아니라 팔정도 중 다른 것도 세속과 세속을 벗어

여기서 주목해야 할 것은, 팔정도의 팔리어인 pa ariyo aṭṭhaṅ-giko maggo에서 maggo는 길(道)을 뜻하는데 이것을 단수형으로 표시하고 있다는 점이다. 이처럼 '팔정도'가 단수인 것은 팔정도가 마치 한 나무에 여덟 가지를 가진 것으로 보았음을 의미한다. 다시 말해 이는 여덟 개의 길이 전체로 하나를 이루고 있을 뿐 아니라, 각각의 길이 나머지 일곱과 상즉관계를 이루고 있음을 말해준다. 이와 같이 팔정도 각각이 다른 일곱 길과 상즉관계에 있는 것을 팔정도의 상즉성相卽性이라 한다.[47] 정사유는 다른 일곱 요소와 상즉관계에 있기에 정념正念과 정정正定 수행이 제대로 이루어지도록 도울 수 있다. 여기서 필자는 정사유가 정념과 상즉관계에 있다는 사실은 생각이 명상에 긍정적인 영향을 줄 수 있음을 말해준다는 점에 주목하고자 한다. 그것은 앞서 우리가 사유를 망념적 관점에서 보았으나, 정사유가 수행에 도움을 줄 수 있다는 점에서 생각에 대해 새롭게 바라볼 시각을 갖게 되기 때문이다.

보통 불교명상에서는 일어나는 생각을 수행에 방해가 된다고 보아, 생각을 주로 망념적 시각으로 보아왔다.[48] 그래서 정념수행에

난 두 종류로 설명하고 있다.

[47] 참된 정사유가 되려면 정사유 이외의 다른 칠정도(칠정도) 수행이 병행되어야 하는데, 이는 정定에 해당하는 명상수행 외에도 계戒와 혜慧 수행이 병행될 때 참된 정사유가 가능하다는 것을 의미한다.

[48] 석존께서는 정념에 대해 다음과 같이 가르치신다. "비구는 몸에서 몸을 관

서는 생각이 떠오르면 그 생각에 마음을 두지 말고 제1차 집중대상인 호흡으로 돌아가라고 권고해온 것이다. 다시 말해 정념수행에서는 하나의 대상, 곧 호흡에 마음을 집중함으로써 떠오르는 생각은 모두 떠나보내기를 권장하고 있다. 이러한 관점에서 정념수행에서는 생각에 마음을 두어선 안 되므로 사유를 긍정적으로 볼 수 없는 것이다.

사실 불교명상 방법은 정념수행만 있는 것이 아니라 시대에 따라 많은 변천이 있어 왔다. 펜실베니아대학교의 엔드류 뉴버그(Andrew Newberg)의 연구에 따르면, 선수행 기법에는 수동적 접근(The Passive Approach)과 능동적 접근(The Active Approach)이 있다.[49] 수동적 접근이 마음에서 모든 의식적인 생각이나 감정, 지각을 마음으로부터 없애는 수행방법이라면, 능동적 접근은 마음을 특정 대상, 어떤 생각이나 사물에 완전히 정신을 집중시키는 수행이라 할 수 있다. 선수행 기법이 전자에 해당한다면, 만트라를 읊거나 염불을 하거나 그리스도교 신자들이 십자가를 향해 기도하는

찰하며 머문다. 느낌에서…… 마음에서…… 법에서 법을 관찰하며 머문다. 분명히 알아차리고 정념하면서 머문다. …… 가고 서고 앉고 잠자고 깨고 말하고 침묵할 때도 분명히 알아차리면서 행한다. …… 비구는 정념의 확립과 올바른 알아차림을 실천해야 한다."(김성구 외, 『생각, 키워야 하나 없애야 하나』, pp.283~284)

49 김성구 외, 같은 책, p.297.

것은 능동적 접근에 해당한다.

엔드류의 연구에서 흥미로운 점은 선수행을 할 때는 두뇌신경계 중 억제계 기능이 강화되고, 능동적 접근법으로 수행할 때에는 흥분계 기능이 강화된다는 사실이다.[50] 그런데 수행이 더 깊어지면 역설적인 현상이 생긴다는 것이다. 여기서 말하는 선수행의 역설이란, 선수행이 깊어지면 억제계나 흥분계의 기능이 모두 극에 달해 억제계와 흥분계 활동 모두 최대한으로 커지는 것을 말한다.[51] 이것은 명상이 어느 경지에 이르면 생각이나 지각을 억제하는 기능만이 아니라 어떤 생각에 정신을 집중하는 기능 역시 커진다는 것을 뜻한다. 이러한 선수행의 역설은 정사유의 경우 명상에 도움이 된다는 것을 보여준다.

사리뿟따의 다음 설명도 선수행 때의 뇌 활동에 대한 추론을 뒷받침해주고 있다. "도반이여, 통찰지와 분별지 이것들은 결합되어 있지 분리되어 있지 않습니다. 꿰뚫어 아는 그것을 분별해서 알고, 분별해서 아는 그것을 꿰뚫어 압니다."[52] 이와 같이 우리는 선수행

---

50 김성구 외, 같은 책, p.297.

51 이는 분별 내지는 요별을 담당하는 뇌 부위나 회로가 선의 중간단계에서 잠
    잠하다가 극에 이르면 다시 활성화됨을 뜻한다. 이 추론을 뒷받침하는 확실
    한 신경과학적 증거는 아직 발견되지 못했지만 허버트 벤슨이 관찰한 '안정
    과 동요'가 이 추론을 뒷받침해준다. 그것은 안정은 '생각하지 않음'과 동요
    는 '생각함'과 관련이 있기 때문이다.(김성구 외, 같은 책, p.297)

의 역설을 통해 무분별지와 분별지가 상호 영향을 주고받음을 알 수 있으며, 이는 선과 생각이 상보적相補的 관계에 있음을 말해준다.[53] 여기서의 정사유는 명상에 도움을 줄 뿐 아니라 깨달음을 촉진시켜주는 역할을 함을 알 수 있다.

명상할 때 우리는 망념이 떠오르면 그 망념을 알아차려야 한다는 말을 종종 듣는다. 망념이 떠오르는 순간 그 망념을 알아차린다는 것은 망념의 떠오름과 알아차림이 '동시에' 이루어진다는 것을 의미하는가? 여기서 '동시에'라고 했지만, 이는 '즉시'라고 표현하는 것이 더 타당하리라 본다. 다시 말해 하나의 망념이 떠오를 때 그 '즉시' 망념을 알아차려야 한다는 의미겠다.[54] 이처럼 망념을 알아차리는 것 역시 6식인 이성에 의해서 이루어진다. 이런 점에서 바른 사유는 바른 깨침을 촉진시켜주는 역할을 한다고 볼 수 있다.

선禪, 곧 무분별지의 관점에서는 지수화풍으로 이루어진 이 세상

---

52 김성구 외, 같은 책, p.299.

53 보어는 음양의 개념을 자연현상을 기술하는 기본개념으로 보고 이를 상보성相補性 원리로 정리했다. 그 내용은 다음과 같다. "자연현상은 반드시 서로 상보적인 두 조의 물리량으로 기술되며 서로 짝이 되는 한 쌍의 상보적 양은 동시에 정밀하게 측정할 수 없다"는 것이다.(같은 책, p.319 참조)

54 화가 날 때 화가 난 것을 즉시 알아차린다. 이러한 자각이 반복되면 우리는 화낼 일이 없는 마음상태에 가까워질 수 있을 것이다. 여기서 화를 알아차린다는 것은 바꿔 말하면 화난 상태를 '지각함'을 의미한다.(정은해, 『마음과 시간』, pp.35~37 참조)

은 더 이상 인식대상으로서 존재하지 않는다. 이와 같이 깊은 선정에서 보면 세상의 모든 것은 실체가 없기에 서로 연결되어 있음을 관할 수 있다. 그래서 석존께서는 "흙도 없고 물도 없고 불도 없고 바람도 없는 그런 영역이 있다. 그 속에는 세간도 없고 출세간도 없다"고 하신 것이다.[55] 그러나 이성적 사유로 보면 이 세상은 지수화풍으로 이루어져 있고 인식대상과 인식주관의 구별이 있어 사물의 차별성이 드러난다.[56] 그래서 범부가 바라보는 세상은 여러 차별이 있을 수밖에 없다. 그러나 사물의 차별성 가운데에서 보편성을 보고, 보편성 가운데에서 차별성을 볼 수도 있다. 이와 같이 차별성 속에서 보편성을, 보편성 속에서 차별성을 자각할 수 있는 것은 무엇인가? 그것 역시 이성적 사유이다. 이러한 관점에서 볼 때 이성적 사유와 선은 상보적인 관계에 있다고 말할 수 있다.[57]

---

55 김성구 외, 『생각, 키워야 하나 없애야 하나』, p.323 참조.

56 김성구 외, 같은 책, p.325.

57 피겨스케이팅 경기를 보면 예술성과 몸의 동작은 연기적으로 얽혀 있음을 알 수 있다. 몸의 동작을 분석한다고 해서 거기서 선수의 예술성을 알 수는 없다. 역으로 예술성을 안다고 해서 그런 예술성을 보여주는 동작의 원리나 이유를 아는 것도 아니다. 이처럼 생각과 선의 관계도 몸짓의 분석과 춤의 예술성과 비유할 수 있지 않나 생각한다. 즉 생각만으로도 사물의 실상을 볼 수 없을 뿐 아니라 선승들은 오히려 생각이 방해가 된다고 생각한다. 하지만 생각이 선수행을 통해 깨달음을 촉구할 수 있다.(김성구 외, 같은 책, p.312 참조)

불교의 중도적 관점에서는 존재와 비존재, 단멸과 상주 중 어느 하나만으로는 사물의 실상을 기술할 수 없다고 말한다. 그것은 생사도 삶의 모습이고 열반도 부정할 수 없는 삶의 모습이기 때문이다. 이처럼 삶이 지닌 생사와 열반이라는 중도적 관점을 생각과 선의 관계로 풀어본다면, 열반은 선을 통해 본 삶의 모습이고 생사는 이성적 사유로서 본 삶의 모습이라고 할 수 있을 것이다.[58] 이와 같이 생사와 열반이 삶이 지닌 상보적 관계이듯, 선과 생각도 상보적 관계로 볼 수 있겠다.

4. 나가면서

- 정사유正思惟적 관점에서 본 종교 이야기 -

이상에서 필자는 인간의 사유에는 망념적 측면뿐 아니라 정사유적인 면도 있으며, 정사유는 명상과 상보적 관계가 있음에 대해 살펴보았다. 정사유가 명상과 상보적 관계에 있음은 팔정도에서 정사유와 정념의 관계가 상즉성相卽性을 지녔다는 것에서 잘 드러남도 이미 지적한 바 있다. 정사유와 정념이 상즉관계라면, 정사유는 깨달음을 촉진하는 역할을 할 수 있을 것이다. 필자가 정사유적 관점에 주목한 것은 하라리가 망념의 측면에서 종교의 이야기를 비

---

58 김성구 외, 같은 책, p.321.

롯하여 인류의 이야기를 허구로 본 것에 대한 의구심에서 비롯되었다.

불교에서는 의식에서 나온 생각을 분별심의 차원에서 바라보기 때문에 결국 인간의 의식에서 나온 이야기들은 허구일 수밖에 없다는 결론에 이르게 된다. 불교에서는 이를 속제俗諦의 관점에서 가유假有로 설명한다. 따라서 결국 진제眞諦의 관점에서 보면 인간의 이야기 역시 공空일 수밖에 없는 것이다. 이처럼 하라리가 인간의 이야기를 허구로 본 근저에는 불교의 비실체론적 사유인 공사상이 깔려 있다.

하라리의 저술들을 읽어가면서 필자는 그의 사유에 불교적 세계관이 녹아 있다는 사실을 발견할 수 있었다. 그는 원시불교의 연기緣起·무상無常·무아無我를 비롯하여 진제와 속제로 구분하는 불교적 진리관, 그리고 대승불교의 두 기둥인 공사상과 유식사상에 이르는 불교적 사유체계를 근저로 인류사 전반을 나름대로 재해석하고 있다. 이러한 해석과정을 통해 인간은 허구적 이야기를 만들어내고 사람들의 믿음을 조작하게 함으로써 지구를 정복해왔다고 주장한 것이다.[59]

하라리에 따르면 인간이 만들어 낸 이야기는 이야기하는 자아에 의해 이루어진다. 그는 이야기하는 자아를 허구로 보는데, 그것은

---

59 유발 하라리, 『21세기를 위한 21가지 제언』, p.350.

이야기하는 자아는 삶에서 일어나는 경험들을 축약시켜 '정점-결말 법칙'을 통해 경험 전체를 평가한다는 점에서 실제 경험하는 자아와는 다르다고 보기 때문이다.[60] 예를 들어 출산한 여성이 다시 아이를 갖는 것은, 출산하는 동안 참을 수 없는 고통을 겪지만 분만 마지막 순간과 이후 며칠 동안 산모의 몸에서 분비되는 코르티솔과 베타-엔돌핀으로 통증을 덜 느끼고, 나아가 아기에 대한 사랑이 점점 커지면서 출산의 경험이 고통에서 긍정적인 기억으로 바뀌기 때문이라는 것이다.[61] 이처럼 인간은 경험하는 자아와는 다른 이야기하는 자아를 통해 이야기를 만든다는 것이다. 하라리는 이야기하는 자아의 허구성을 지적하면서 경전의 이야기들도 경험의 자아에서 나온 것들을 이야기하는 자아가 나름대로 구성하여 만들어 낸 것들이라는 점에서 허구라고 주장한다. 이에 대해 필자는 종교의 이야기는 망념적 측면이 아니라 정사유적 관점에서 볼 수 있지 않나 하는 문제의식을 가졌다.

하라리는 인류가 만든 허구 중 가장 효과적으로 사람들의 대규모 협력을 끌어낸 것은 '종교적 신념'이라고 본다.[62] 물론 기존의 제도종교들 안에 허구적인 측면이 없지 않다. 그리스도교만 보더라도 예수의 가르침에서는 구체적인 사랑의 실천이 강조되지만 그

---

60 유발 하라리, 김명주 옮김, 『호모 데우스』, pp.410~419.
61 유발 하라리, 같은 책, 8장 참조.
62 유발 하라리, 같은 책, p.351.

리스도인들 중에는 실천보다 '오직 믿음'에 방점을 찍고 살아가는 이들이 너무도 많다. 이런 점에서 그리스도인을 향한 하라리의 비판은 그리스도인들이 성찰해야 할 면도 있다. 그러나 이것이 어디 그리스도교뿐이겠는가? 다른 종교인 중에도 자기 종교의 허구성을 인정치 않거나 모르는 채 살아가는 이들이 얼마나 많은가. 그런 점에서 오늘을 살아가는 종교인들은 자신이 속한 종교공동체의 허구성을 직시할 필요가 있다고 본다.

그러나 다른 한편, 그리스도교 전통에 속한 필자는 하라리가 종교의 이야기를 모두 허구로 바라본 데 대해 깊은 의문을 품지 않을 수 없다. 그것은 그리스도교 경전인 성경은 다른 문학작품처럼 인간의 의식세계, 곧 인간의 상상력에서 나온 산물이 아니라고 보기 때문이다. 그리스도교 전통에서는 성경 그 자체를 '하느님의 말씀'으로 본다. 성경이 하느님의 말씀이라는 것은 어떤 책이 그것을 쓴 저자의 생각을 거기에 기록했다는 의미와는 사뭇 다르다. 성경은 하느님께서 당신의 메시지를 전하고 그 메시지를 받은 사람이 그것을 다른 이들에게 전하는 형태를 취하고 있다.

이와 관련하여 필자는 구약성경에 등장하는 예언자들이 전하는 이야기에 시선을 돌려본다.

구약성경의 예언자들은 당시 이스라엘 민족이 당한 숱한 시련을 바라보며 자신의 마음에서 복받쳐 나온 하늘의 정념情念, 곧 하느님의 소리를 들었다. 그것은 바로 바빌론에 의해 폐망하고(BC 587

년), 희망을 상실한 이스라엘 백성들에게 희망을 주라는 하느님의 메시지였다. 희망이라고는 찾아볼 수 없는 상황 속에서 희망을 말한다는 것은 결코 쉬운 일이 아니다. 그러나 그들은 분명히 하느님으로부터 희망의 메시지를 들었고 그것을 선포할 수밖에 없었다. 이처럼 그들이 말할 수밖에 없었던 것은 그만큼 그들 자신에게 있어 내적 각성이 강했기 때문이다. 종교학적 관점에서는 이를 '종교적 체험'이라고 부른다.

그리스도교적 관점에서 하느님은 인간이 자신의 의식을 통해 사유할 수 있도록 대상화될 수 있는 존재가 아니라, 다만 하느님이 당신 자신을 드러내심으로써 비로소 인간이 그분을 체험할 따름이다. 이런 점에서 성경은 종교적 체험에 바탕한 기록물이라 할 수 있다. 예언자들이 전하는 메시지 역시 하느님에 대한 그들의 체험에서 비롯된 것이다. 따라서 성경 말씀은 그 자체로 하느님의 현현顯現이라 할 수 있다. 이와 같이 성경이 다른 책과 달리 하느님의 말씀이라고 볼 때, 하라리가 말하듯 성경을 인간의 상상력에서 나온 허구로 치부할 수는 없을 것이다.

여기서 종교적 체험과 관련하여 한 가지 언급해야 할 것은, 종교적 체험이 단지 주관적 차원에 머물지 않으려면 삶의 변화를 수반해야 한다는 사실이다. 예언자들은 하느님을 체험한 후 험난한 선지자로서의 길을 걸어가야만 했다. 이처럼 그리스도교의 경우 성경을 통해 하느님의 말씀을 접한 이는 그 자신도 선지자들처럼 내면적 각성, 곧 자기초월적 경험을 하도록 초대 받은 것이다. 다시 말해 그는 성경 속의 이야기들을 통해 '사랑'이라는 자기초월적 체험을 하며 살아가도록 초대 받은 사람이다. 그것은 성경에서 드러난 하느님의 메시지는 그것을 듣는 이로 하여금 실천, 곧 행함을 요구하기 때문이다. "가서 너도 그렇게 하여라."(루가 10,37)

예수께서 하신 많은 이야기 중 사마리아인의 우화가 있다. 예수께서는 이 이야기를 말씀하신 후 "누가 강도 만난 사람에게 이웃이 되어 주었다고 생각하느냐"(루가 10,36)라고 물으신다. 율법교사가 "그에게 자비를 베푼 사람입니다"라고 하자 예수께서는 "너도 가서 그렇게 하여라"(루가 10,37)라고 말씀하신다. 곧 너도 그렇게 실천하라는 것이다. 오늘날 그리스도인들은 예수의 가르침을 제대로 살아내지 못한다는 점에서 그들의 삶에서 드러난 허구성은 비판 받아 마땅하다. 이런 점에서 하라리의 비판이 성경의 이야기 자체에 대한 비판이 아니라 그리스도인들이 성경 이야기의 의미를 제대로 살아내지 못하는 데서 오는 비판이라면 충분히 귀담아 들을 필요가 있다. 그러나 그리스도인들이 제대로 살지 못하는 데서 오는 허구성과 성경 말씀 자체가 지닌 비허구성(진실성)을 혼동해서는 안 될 것이다. 여기서 필자는 그리스도교의 경우를 예로 들었지만, 다른 종교의 경전들 역시 창시자들의 종교적 체험과 깨달음을 기반하고 있다고 본다. 곧 이는 망념이 아닌 정사유적 측면에서 종교의 이야기를 들여다볼 필요가 있음을 말해준다.

다른 한편으로 필자는 이 글을 마치면서 하라리의 저술을 통해 우리 앞에 성큼 다가온 기술적 인본주의의 세계관에 대해 다시금 생각하지 않을 수 없다. 앞으로 기성의 제도종교들이 기술적 인본주의가 내놓은 가치관에 맞서 살아남으려면 자신이 속한 종교의 본래 정신과 가르침으로 되돌아가지 않으면 안 될 것이다. 각 종교를 창시한 분들의 정신으로 되돌아가지 않는 종교는 앞으로 기술적 인본주의라는 늪 속에서 결국 소멸되고 말지도 모른다는 불길한 예감이 이 글을 마치면서 드는 것은 지나친 우려일까.

종합토론

————————————— (2019.11.29. 17:00~17:50)

이정배: 토론 시작하겠습니다. 발표하시느라 수고하셨지만 들으시는 분들의 수고 역시 크셨을 것입니다. 발표자들께서 먼저 청중들을 위해 박수 한 번 쳐드렸으면 좋겠습니다. 2년 동안 연구한 흔적을 갖고 저희들이 여러분 앞에 섰습니다. 사실 맨 처음 기획했던 주제들이 충분히 전개되지 않아 송구한 마음도 있습니다. 최초 계획한 주제들이 필자들에 의해 과정 속에서 많이 바뀐 아쉬움이 큽니다. 오늘 발표순서도 조금 달리 정리되었으면 더 좋았겠다는 생각도 있습니다. 오늘 여섯 분의 종교인들의 발표를 들었습니다. 일견해 보니 동양종교 쪽에서 세 분, 서양 종교 쪽에서 각기 세 분씩 발표를 하였습니다. 동서양 종교에 따라 하라리를 보는 시각이 서로 상이함을 청중들께서도 느끼셨을 것입니

다. 이렇듯 종교 간 차이가 분명히 있는 것이지만 동시에 이 점이 다른 종교가 같이해야 할 이유가 되기도 할 것입니다. 한 가지 걱정되는 것은 하라리에 대한 종교인들의 문제제기가 견강부회한 것이 아닌지, 종교인들이 제대로 응답하는 것인지, 아니면 여전히 자기들의 시각에서 답하고 그치는 것인지를 자문해봐야 될 것 같습니다.

토론할 시간이 충분치 않아 많은 주제를 다룰 수는 없을 것 같습니다. 제가 심사숙고하여 한 가지 큰 주제를 제안하겠습니다. 본 주제를 다각적으로 논의하시고 이에 관해서 좋은 토론이 이뤄졌으면 좋겠습니다. 청중들 중에 불교 전문가들이 많이 오신 것 같습니다. 청중들의 참여 역시 기대합니다.

오늘 토론 주제로 제시하고 싶은 것은, 불교에서 말하는 비실체적 사유와 하라리가 말하는 기술적 인본주의의 사고의 유사성에 관한 것입니다. 주지하듯 기술적 인본주의는 결국 인간의 본질(성)을 다 해체시키는 데 큰 의미를 두었습니다. 기술적 인본주의의 인간이해 방식, 즉 인간의 본성과 자유의 실체성을 인정하지 않는 것이지요. 이를 두고 호모 사피엔스의 종언이라 말합니다. 해체시켜 전혀 다른 인간, 지속적으로 변화 가능한 존재를 만들 수 있다고 하는 과학기술적 인본주의는 불교의 비실체적인 사유와 너무도 흡사합니다. 그렇기에 불교학자들은 하라리의 이런 생각들을 쉽게 불교사상과 중첩시켜 이해합니다. 하지만 기

278

독교의 경우 비실체적 사유의 중요성을 이해함에도 실체성 자체를 부정하기 어려워합니다. 예컨대 민족주의를 허구라고 보는 입장도 있지만 그래도 민족을 쉽게 부정 못하듯, 신 개념 역시 신체성을 탈각시키는 것을 어려워합니다. 그래서 그에 관한 이야기와 신화를 거듭 회자시키고 있는 것이겠지요.

오늘 발표 내용을 일견할 때 하라리는 비실체적 사유를 명백히 했고 이것을 명상이란 주제로 연결시켰습니다. 인간은 엄청난 힘을 얻었으나 그 힘으로 결코 행복을 만들 수 없었다고 비판하면서, 힘을 만든 원천이 바로 유대 기독교적인 신관, 혹은 희랍적 실재라 했습니다. 반면 명상을 통해 축적된 힘을 행복으로 이끌 수 있다고 하면서 비실체적 사유를 전면에 내세운 것입니다. 명상과 비실체적 사유는 동전의 양면과 같습니다. 그런데 공교롭게도 기술적 인간 역시 비실체적 사유를 근간으로 했기에 불교가 이를 쉽게 수용하는 것 같습니다.

이런 측면에서 오늘 토론 속에서 미산 스님의 명상에 대한 이야기가 중심이 되면 좋겠습니다. 명상을 가지고 과학시대의 종교적 대안으로 여기며 연구하기 때문입니다. 유교의 경우도 이런 생각에는 동의하는 것 같습니다. 물론 사회적 불의에 대해서 불교의 한계를 적시하기도 했습니다만. 반면 개신교는 물론 가톨릭의 경우 불교식의 명상, 비실체적 사유의 가치를 인정하나 더욱 본질적으로 정사正思, 바른 생각이라고 하는 것이 명상 속에서 방해만 되는 것일까를 질문했습니다. 이에 더해 개신교의 경우 하라리의 명상이 격차사회를 극복할 수 있을까를 회의했습니다.

이런 상황, 곧 사회적인 불의, 악의 문제, 사회적 계층 문제 등 기술시대에 불거질 온갖 부작용을 예견하면서 자기 고통을 들여다보는 명상만으로-개인적 윤리차원을 넘어, 사회적 영역에서- 문제 해결이 가능할까를 묻고 싶습니다. 따라서 짧은 토론 자리에서 하라리 견해를 따른 미산 스님의 입장을 중심에 놓고 각기 자기 입장에서 하고 싶은 이야기, 비판적인 질문을 나누면 좋겠습니다. 그런 이후 청중석에서 질문을 받겠습니다. 일단 미산 스님께 여러분들의 비판에 대해 답하는 이야기를 청해 듣겠습니다.

미산: 감사합니다. 종합토론의 주 주제가 불교에서 말하는 비실체적 사유와 기술적 인본주의가 흡사한 게 아니냐에 대한 입장을 피력해달라는 것이지요? 유발 하라리가 했던, 고엔카 명상의 가장 중요한 기반이 있습니다. 고엔카 명상에 대한 책 두 권이 나와 있는데요, 그 책들을 꼼꼼히 보시면, 명상에 참여하기 전 기본적인 전제로 윤리 도덕적 관점을 갖고 명상 프로그램에 참여하는 10일 동안 몸을 청결히 하기 위해 음식을 조절하고, 말의 에너지를 정화하기 위해 철저히 성스러운 침묵, 묵언수행을 실천하도록 합니다. 마음을 맑게 하기 위해 호흡과 몸의 감각에 집중하도

록 합니다. 몸과 입과 뜻이 정화되지 않으면 사실 명상의 효과가 반감됩니다. 불교에서는 이것을 계정혜戒定慧 삼학三學 중에 계학戒學이라고 합니다. 고엔카의 담마 중심적 태도는 기술적 인본주의와는 입장을 달리한다고 봅니다.

하라리는 고엔카의 가르침을 바탕으로 몸소 명상 체험을 했고, 바로 이 담마의 입장에서 기술적 인본주의를 비판하고 경계하는 것이라고 생각합니다. 글의 전개상 기술적 인본주의의 현황을 방대한 양의 정보를 통해서 엮어가다 보니 기술적 인본주의를 대변하는 것 같은 그러한 느낌도 듭니다. 하지만 본인 자신은 디지털 문명의 위험성에 대한 경계를 늦추지 않고 사회적 담론을 이끌어갈 것이라 했습니다. 제 발표의 결론 부분에서 말씀드렸듯이 본인도 '자신의 몸 안에 칩을 안 넣고 싶다, 나에 대해 아직 모른다, 인간에 대해 철저하게 발견된 게 아직 없다'는 입장을 갖고 있다는 건, 이미 윤리적 기반과 자기 마음을 정화해서 정확하게 볼 수 있는 능력을 인류가 아직 다 획득하지 못했다는 것이죠. 비실체적 사유를 강조하는 것은 과학기술에서 말하는 개념과 너무 유사하며, 그래서 불교와 소통이 잘되지만, 근본적으로는 만날 수 없는 선이 존재하고 있습니다. 진짜 윤리적이고 영성적인 측면을 과학과 공유할 수 있는 영역이 얼마나 되는지 끊임없이 토론해야 할 것이고, 유발 하라리도 이 부분을 많이 열어놨습니다. 하라리가 참 대단한 스토리텔러인 게, 흥미를 유발하면서 독자들을 궁금하게 만들고 좀처럼 쉽게 결론짓지 않습니다. 독자들 스스로가 자기 얘기를 할 수 있도록 많은 행간을 열어놨어요. 그래서 저는 이 세 권의 책을 읽으면서 기분 좋은 느낌이 들었거든요. 민족주의나 기독교 신화의 종교적인 영역을 논리의 전개상 '허구'라는 강력한 언어를 썼다고 봐요. 그래야 사람들이 관심을 갖거든요. 그런 관심을 가지고 책을 읽게 되고, 토론에 동참하고 자기 생각을 전개하면서 자유롭게 좀 더 나은 결론을 도출하도록 하는 기술인 거죠.

이정배: 그것은 기술적이라기보다 하라리의 본질적인 생각같습니다.

미산: 그렇기도 하지만, 본질적인 것은 아까 최현민 수녀님이 말씀하셨던 대로 불교의 무아사상, 공사상으로 철저하게 자기 체험을 한 거죠. 자신의 몸과 마음을 관찰한 것처럼 세상의 현상에 대해 관찰을 해보니까, '나'라는 존재가 실체로서 존재하지 않아요. 생물학적 조건과 원인에 의해서 생긴 현상이 일어났다 사라지는 것이구나 하는 이런 느낌이 너무 선명한 거예요. 확실하게 이런 경험을 하고 있기 때문에 자신의 눈에는 모든 현상이 변하고 실체 없으며 연속적인 현상일 뿐인 것이죠. 하라리가 좀 정치적인 사람이면 허구라는 말은 안 썼을 텐데요. 저 같으면 다른 말로 바

꿰서 '임시적으로 만들어진 존재', 즉 가유(假有, 假: 임시 가)라고 썼을 것입니다.

이정배: 이 주제에 맞춰서 다른 선생님들이 같이 대화해주시고 참여해주시면 고맙겠습니다. 가장 중요한 주제인 것 같습니다.

최현민: 어떤 불교학자는 비실체적 사고와 기술 인본주의 사고의 유사성에 대해 이렇게 말하더군요. 이 둘은 매우 흡사한데 다른 게 한 가지 있다고요. 그것은 불교는 윤회를 말하는데 기술적 인본주의에서는 윤회를 말하지 않는다는 것입니다. 결국 이 말은 기술적 인본주의에서는 사후의 세계를 부정하기 때문에 현재의 삶에 초점을 맞춰 현재를 즐기라는 데 반해, 불교는 윤회라는 틀 속에서 올바르게 살 필요성을 역설하고 있다는 것입니다. 다시 말해 불교는 윤회설을 통해 윤리적으로 살아야 할 당위성을 말해준다는 점에서 양자는 비슷하면서도 다른 측면이 있다고 보는 게 아닌가 싶습니다.

미산 스님께서는 하라리가 말한 것이 불교의 속제적 관점에서 가유假有라고 말씀하시지만, 하라리의 책에서 묻어나오는 제도 종교에 대한 관점은 그보다 훨씬 더 짙은 부정적인 느낌을 담고 있다고 봅니다. 속제의 관점에서 가유를 강조하여 이를 허구로 표현한 것으로 보기에는 제도종교의 허구성을 지나치게 강조하고 있다는 인상을 지울 수 없었습니다.

저는 하라리의 사유를 보면서 그것이 신영성 운동과도 맞닿는 점이 있다고 생각합니다. 일본의 경우는 1970년대이고, 한국은 1980~90년대에 신신新新종교인 신영성 운동이 아주 활발하게 이루어졌습니다. 미국의 뉴에이지나 일본의 정신세계를 통틀어 신영성 운동이라고 부르는데요, 흥미롭게도 신영성 운동이 지향하는 세계관은 영성과 과학의 만남, 곧 영성과 과학적 사고의 통합이지요. 유발 하라리의 사유 역시 오늘날 신영성 운동의 흐름과 맥을 같이 하는 면이 있다고 봅니다.

이러한 신영성 운동의 가장 큰 허점은 명상을 통해 자신의 의식을 최대한 확장하는 데 있습니다. 철저한 자기 계발이지요. 사실 오늘날 명상이 각광 받고 있는 이유가 바로 명상을 통해 자기 계발을 하고자 함이 아닌가 생각합니다. 이러한 점에서 현대의 명상 붐은 오늘날 개인주의적 성향과 맥을 같이합니다. 여기서 우리가 주목해야 할 점은 신영성 운동이 공동체성을 어떻게 바라보고 있는가 하는 것입니다. 궁극적으로 제도종교가 지향하는 것은 더불어 함께 구원받는 것인데, 신영성 운동에서는 그러한 공동체적 구원관이 희박하지 않은가 하는 느낌을 받습니다.

이정배: 미산 스님께서는 송용민 신부님의 글에 크게 공감하셨습니다. 신부님은 '무엇을 할까가 아니라 무엇이 될까 염려하는 시

대가 되었다'는 하라리 말을 에릭 프롬의 소유(having)와 존재(being)의 시각에서 재구성하셨습니다. 소유가 아닌 존재의 변화를 불교가 말하는 명상이 추구하는 바라 했습니다. 이에 대해 신부님의 의견을 더 개진해주시길 청합니다.

송용민: 제가 보기에 소유와 존재에 대한 논의가 공감을 얻는 이유는 단순히 우리 사회가 소유 중심의 자본주의 사회로 치닫고 있다는 위기의식 외에도, 이른바 히브리적 사유에 뿌리를 둔 그리스도교의 사유가 지닌 실체에 대한 창조적 이해가 중요하리라 생각합니다. '있음'에 대한 논쟁은 서양철학에서는 실체가 '있다'고 말함으로부터 존재 사유를 시작합니다. 그런데 동양적 사유, 특히 불교사상에서는 실체가 '없다'는 것에서 시작합니다.

　한편 서양적 사고에서는 '없다'는 말이 없고 '있지 않음'만 있습니다. 항상 '있음'을 중심으로 '없음'을 생각했기 때문에 '없음'을 그 자체로 '있는 것'으로 생각해본 적이 없기 때문이죠. 이러한 희랍사상의 뿌리에서 신의 절대성과 윤리성에 대한 실체적인 의식은 너무나 명확한 존재적 사유의 출발점이었고, 그 의식이 유대사상에서 인격적 하느님, 야훼 하느님이 자신들을 불렀고, 그 부름에 응답한 이스라엘 백성들이 그 역사를 시작했고, 또 그 인격관계가 세상을 창조하고 섭리하는 신에 대한 실체의식을 갖게 된 거죠.

그런데 제가 보기에는 유대교의 정신 안에서 유발 하라리는 유대인의 민족주의와 어린 시절부터 유대교의 철저한 율법주의로부터 받은 교육에 굉장한 환멸을 느낍니다. 지금 가끔 들어보면 유대인 율법의 양식에는 안식일에 휴지 하나 뽑는 것이 율법에 맞는지를 갖고 토론을 하거든요. 맞지 않으면 휴지를 뽑을 수 없는 규정이 있다거나. 굉장히 일상생활에서 현대인이 생각하기에 말도 안 되는 것을 신의 계율, 하느님의 뜻을 따르는 계율로 받아들이는 율법적 생활을 하거든요. 그런 꽉 막힌 삶 속에서 하라리는 제도종교가 지닌 모순을 느꼈고, 참된 자유를 체험하기 힘들었을 것입니다.

불교가 지닌 공空사상에서 깨달은 존재방식의 삶에 대한 호감과 마찬가지로, 그리스도교 역시 역사 속에서 흥망성쇠를 겪으면서도 지금까지 사람들에게 공감을 주는 이유는 존재방식의 사유 속에 있다고 생각합니다. 바로 유대인이었던 예수라는 인물의 말씀과 삶을 통해 세상에 알려지고 초기 그리스도인들이 실천해온 존재적 삶의 방식에 대한 확신 때문이었다고 생각합니다. 곧 소유적 삶이 추구하는 세속적 권력의 메시아를 기다리던 유대인들이 위대한 예언자이자 메시아로 믿던 예수의 처참한 십자가 죽음을 목격하고서도 증명할 수 없는 예수의 부활을 체험하고, 정작 눈에 보이지 않는 참된 실체에 기초한 그리스도 신앙에 대한 확신을 갖게 된 이후 그들이 추구해온 소유적 삶의 방식이 결코 인생의 목표나 완성의 길이 아니라는 것을 깨닫게 된 것입니다. 한마디로 잃고 싶지 않았던, 죽음을 넘어서는 참된 실체인 영원한 생명에 대한 희망이 발생한 것이죠. 한마디로 초월에로의 희망이 예수 그리스도 안에서 확신이 되면서 세상의 소유적 삶의 방식인 이기적 탐욕과 타자에 대한 지배, 신마저도 세상에 가두려는 종교의 욕망은 물론, 우상숭배와 죽음의 두려움마저도 극복할 수 있는 길이 열리게 된 것입니다.

이 점은 오늘날 기술 중심의 자본주의 사유가 만들어 낸 소유 방식의 삶으로 잃어버린 존재방식의 삶을 그리스도교가 회복시켜줄 수 있는 단초를 여전히 제공해주는 것이라고 생각합니다. 자기희생과 나눔과 통교, 공감과 친교의 존재방식 가치들을 회복하는 것이 앞으로 종교가 추구하는 새로운 창조적 이야기의 뿌리가 되어야 한다고 생각합니다.

이정배: 박태식 신부님의 글은 격차사회를 주제로 삼았습니다. 기술 인본주의 시대의 문제에 대해 기독교적 시각으로 응답하는 내용을 격차사회와 초월의 부재라고 보신 것이지요. 이 두 말씀을 갖고서 미산 스님의 논제와 다시 만나주었으면 합니다.

박태식: 유발 하라리를 읽고 2년 동안 세미나를 하면서 제가 갖게 된 생각은, '이 사람이 서구 그리스도 전통과 유대교 전통에 대

해서는 깊은 이해가 있다. 반면 동양종교에 대해선 잘 모르는 사람이다'라는 것이었습니다. 그런데도 전혀 문법이 다른 두 종교를 일반화시켜서 얘기하는 걸 보고 '서구 중심적인 사고를 갖고 있지 않나' 하고 생각했습니다. 그리고 제가 서구 쪽에서 공부를 하면서 그들에게 느낀 점이 있습니다. 즉 서구인들에게는 끝까지 가면 볼 수 있을 것이라는 자신감이 있어요. 연구하고 깊이 분석하고 파헤치다보면 어딘가에 끝이 보인다는 자신감 때문에 공부를 하는 거죠. 그런데 저는 그런 건 없다고 생각합니다. 그래서 제가 유발 하라리를 부정적으로 본 거예요. 언젠가는 보일 것이라고 하는 것에 대해서 말이죠. 좀 겸손해져야 한다는 거지요. 사실 종교는 겸손을 가르칩니다. 내가 아무리 생각을 많이 했더라도 그 이상으로 생각할 것은 남아 있기에, 그걸 종교가 얘기하는 거죠. 그런 면에서 저는 이 책을 보고 굉장히 많은 걸 배웠습니다. 앞으로 어떻게 해야 할지도 미리 알아봤는데, 여하튼 그런 점이 좀 아쉬웠습니다.

이정배: 이제 유교 이야기를 들어보도록 하겠습니다. 서론을 통해서 뜻한 바를 충분히 얘기하셨습니다. 특히 맹자의 심성론을 갖고서 유학의 입장에서 하라리의 명상 절대주의에 대한 대안을 제시하신 것 같습니다. 일종의 불교(명상)과 기독교(정의)에 대한 양비론적 입장을 펼친 것이지요. 유교가 제일 좋은 종교라는 것

을 은연중에 표현하셨다고 생각합니다.

최일범: 유교가 제일 좋은 종교란 말은 한 적이 없습니다. (좌중 웃음) 이정배 교수님이 미산 스님 말씀을 중심으로 토론하자고 하셨는데, 소위 위빠사나 명상에 대해 살펴보면, 유교에도 이와 아주 흡사한 명상법이 있습니다. 경敬 공부라고 하는데요, 일반적으론 잘 알려져 있지 않죠. 그런데 유교에서는 명상 자체가 목적이 아니라, 명상을 통해서 우리가 어떻게 살아가느냐 하는 문제가 중요합니다. 왜 명상공부를 하느냐 하면, 우리 마음을 다스리는 공부를 하기 위해서 명상을 하는 것이지 명상 그 자체가 목적은 아니라는 것입니다. 다시 말하면 마음공부를 해서 욕심을 줄이고 절제하고 올바르게 살아가라고 하는 것인데, 실제로 그렇게 살았는가 하면 대부분 그렇지 않았다는 것입니다.

저는 이 문제가 유교뿐 아니라 어느 종교에도 똑같이 적용된다고 봅니다. 오늘날 불교나 기독교의 교단을 보세요. 교단의 조직과 힘이 엄청납니다. 오늘날 유교는 불교나 기독교에 비하면 교단이라고 할 것도 없이 미약합니다만, 조선시대의 유교는 국가권력 자체가 교단이었어요. 유교가 이렇게 국가권력을 교단으로 했을 때는 다른 종교들, 불교나 기독교를 압도했습니다. 그런데 문제는 그 권력이 너무 지나쳤다는 것입니다.

제가 말하고자 하는 요점은, 어느 종교든 교단을 위한 목적, 교단을 위한 목표를 수립해서는 안 된다는 것입니다. 교단은 민중을 위해 존재하는 것이지 교단 자체를 위한 것이 아니라는 것이지요. 똑같이 명상도 실제적 삶의 경험을 위해서 존재하는 것이지 명상 그 자체가 목적이 아니라는 말입니다. 노자가 말한 지족知足, 즉 만족할 줄 알아야 한다는 것, 또는 유교 선비들이 말한 과욕寡慾, 적을 과 욕심 욕. 욕심을 적게 한다는 얘기들이 있는데요. 이런 것들이 명상공부의 실제 목적이라는 것입니다.

  예를 들어 종교가 자기 종교만이 최고의 진리라는 편견에 사로잡히기 시작하면, 이 진리를 온 세상에 퍼뜨려야 한다고 생각하고, 그 방법으로 다른 종교를 없애야 한다고 생각하는 경우가 있습니다. 그러나 사실은 그렇게 하지 말자는 게 종교의 가르침이거든요. 불교의 공사상도 마찬가지에요. 불교를 실체화하지 않기 위해서 공을 가르치는 것이지, 공 자체를 실체화하라는 것은, 어느 시대에도 불교에는 그런 논의가 없었습니다. 저는 이런 원리가 모든 종교, 모든 가르침에 통한다고 봅니다. 다시 말씀드리면, 종교가 교단 자체의 세력 확장 같은 것이 목적이 아니듯이, 명상도 명상 자체를 위한 것이 아니라 실제의 생활에서 어떻게 자기의 욕심을 버리고 절제하며 다른 사람, 다른 종교와 화합할 수 있느냐가 진정한 문제가 된다는 것입니다.

이정배: 심원 스님의 글 취지는 '사이보그(기계인간) 암만 해봐라,

생로병사에서 한 치라도 벗어날 수 있겠는가'를 반문하신 것 같습니다. 하라리는 이 문제를 해결할 수 있다고 본 것인데, 스님은 이를 부정하고 있습니다.

심원: 어쩌다 보니 마지막에 마이크를 잡게 되었는데요. 앞서서 말씀하신 여러분들 이야기 들으면서 우리 사회자께서 너무 폭력적이지 않았나 싶습니다. (좌중 웃음) 왜냐하면 오늘 종합토론의 주제를 지금 이 자리에서 받았습니다. 이 주제는 몇 날 며칠 연구하고 관련 자료를 살펴보고, 본인이 머릿속에 정리를 해야 이 자리에 앉아서 비로소 자기 식의 표현을 할 수 있지 않나 합니다.

이정배: 최현민 수녀님이 오늘 와서 들은 것을 토대로 주제를 정하라고 제게 임무를 주셨으니 그대로 한 것입니다. 좀 더 세밀하게 살피지 못해 송구합니다.

최현민: 모두 제 잘못입니다. (좌중 웃음)

심원: 물론 제가 하라리 책을 읽으면서 비실체적 인본주의에 대해 생각해보진 않은 것 아니지만, 불교와 굳이 연결시키라 하면, 불교의 삼법인을 가지고 유발 하라리가 한 이야기가 있습니다. 하라리는 "부처는 우주의 세 가지 기본정신을 설파했다. 모든 것은

끊임없이 변하며, 지속적인 본질이란 없으며, 완전히 만족스러운 것도 없다."고 말했습니다. 첫 번째 구절, '모든 것은 끊임없이 변하며'라고 하는 것이 바로 제행무상입니다. 두 번째, '지속적인 본질이란 없다'는 것이 제법무아입니다. '만족스런 것이 없다'는 것이 일체개고입니다. 한문으로 풀어보면 엄청난 이야기 같지만 제가 유발 하라리가 트인 사람이라 느낀 것이, 이렇게 쉬운 말로 부처님 뜻까지 관통할 수 있는 이야기를 자기 버전으로 해냈다는 것. 그것이 제행무상 이런 말보다도 와 닿습니다.

우리가 경험하는 모든 것은 끊임없이 변합니다. 내가 아무리 이것으로 있고 싶어 하는 바람이 있다고 해도 지속적인 자아는 없습니다. 아까 민족 이야기, 종교 이야기를 했는데 어떻게 2,000년 전의 기독교와 이 시대의 기독교가 같습니까. 아닙니다. 기독교라는 이름 아래 얼마나 많은 것이 변하고 얼마나 많은 변수가 있었습니까. 불교도 마찬가지입니다. 그걸 좁게 자기 개인으로 가져오면 '이야기하는 자아'라고 했는데, 잘 살펴보면 끊임없이 자기 속에 자기를 만들어 내는 걸 알 수 있습니다. 이건 깊은 명상이 필요 없습니다. 어떤 사건에 대해 기억하는 걸 보면 압니다. 어떤 사건에 대해 어제 내가 했던 이야기와 오늘 내가 했던 이야기는 미묘하게 다릅니다. 자기가 자기를 이야기하는 것도 끊임없이 달라지고, 그렇게 달라진 내가 다른 사람 대할 때 '내가'라는 표현 속의 자기도 달라집니다. 이 부분이 탁월하다고 생각했습니다.

　그리고 일체개고라고 할 때, 모든 것이 고통이라 하면 굉장히 비관적인 생각을 하는데요, 쉽게 말하면, 만족스러운 건 없다는 말입니다. 우리 인간으로서 어떻게 다 만족할 수 있겠습니까. 여러분도 만족하지 못하니까 지적인 욕구를 채우려고 이 자리에 오신 것 아닙니까. 여러분이 절대적으로 자기가 가진 것에 만족한다고 하면 이 자리에 오실 이유 없습니다. 또 여러분이 자기 모습에 만족한다면 집에 가서 씻고 바르고 그런 것 안 합니다. 만족하지 못한다는 건 인간으로 태어난 이상 어쩔 수 없이 갖고 있는 인간이라는 존재의 한계가 아닌가 합니다. 그래서 이어서 생명공학으로 와보면, 인간이 개인에서 느낀 불만족을 전체 인류가 해결해보자. 기본적인 불만족은 생명연장입니다. 그걸 해결해보려고 과학의 힘을 빌려서 해보자 했지만 별 소용이 없었습니다. 조금 지연하고 연장했을 뿐이지 불만족은 여전합니다. 이를 해결할 방법은 다시 종교로 돌아올 수밖에 없습니다. 그래서 우리가 이 자리에 모였고요.

이정배: 고맙습니다. 이제 저희들 토론을 들으신 청중 분들의 질문을 받겠습니다.

청중1: (경희대 교수) 최일범 교수님 말씀을 듣고 이런 생각이 났습니다. 유발 하라리에 의하면 대부분의 기독교도는 예수님을 모방하지 않고, 대부분의 불교도는 붓다를 따르지 않으며, 대부분의 유자는 공자를 따르지 않는 듯합니다. 하지만 소비지상주의는 오늘날에 있어 지배종교가 되고 있는데, 누가 강요하지 않았어도 모두가 잘 따르고 있다고 말합니다. 이런 얘기를 듣고 보면 불교도 동일하게 허구처럼 보일 수도 있겠습니다. 이정배 선생님의 경우 민족주의에 대해 훨씬 더 다양한 의견을 가지신 듯 보입니다. 비판적이어서 좋은 점도 있다고 봅니다. 그리고 말씀대로 명상을 통해서 모든 걸 해결할 것 같지도 않습니다. 그렇기 때문에 이런 책도 썼던 것 같습니다. 그리고 최현민 수녀님 말씀을 들으니 불교를 많이 공부하신 것 같습니다만 결국은 고통을 줄이면 좋은 생각일 것이고 고통을 키우면 나쁜 생각이지 않겠는가 싶습니다. 현 순간에 어떤 것이 좋은 생각인지 나쁜 생각인지 알기는 쉽지 않을 것 같습니다. 기독교의 십자가 전쟁도 당시엔 좋은 생각 아니었겠어요? 그 점의 난점을 이야기하는 것 같습니다.

청중2: (성대 영문과 교수) 제가 집중적으로 하라리를 연구하진 못했지만 오늘 들으면서 든 생각이, 불교나 기독교가 하라리를 바라보는 관점들을 충돌이나 대립이 아니라 탈종교, 즉 하라리가 종교를 허구라고 말한 부분을 전략적으로 볼 필요는 없지 않을까

하고 생각해 보았습니다. 제가 언어를 사용하는 사람이기 때문에 그런 생각을 하게 된 것 같습니다. 가령 하라리가 종교의 허구성을 얘기할 때, 문학을 전공하는 저한테는 전혀 신선한 이야기가 아니거든요. 20세기 초에 똑같은 이야기를 월러스 스티븐스라는 시인이 했거든요. 20세기 초에 처참한 세계대전이 있었는데, 인류가 인간성으로 정의한 모든 가치가 무너지던 시점이었지요. 절대성이나 고정적 중심, 혹은 불가의 진리를 말하던 모든 담론들이 허구로 보이던 바로 그 시기였습니다. 기독교도 예외가 아니었지요. 대표적인 허구라고 비판받았습니다. 이 시인의 말이 재미있는 것은 "어차피 허구이기 때문에 고정적인 중심을 갖는 것이 아니라 오히려 대체 가능한 허구 여러 개가 필요하다"고 말했다는 점입니다. 그중에 시가 하나의 허구이고, 아니 최상의 허구라고까지 말하지요. 하지만 이 허구는 사람들에게 기쁨을 줄 필요가 있습니다. 대참사나 기아에 내몰린 민중들에게는 현실을 살기 위해서 기쁨을 주는 허구가 필요하다는 거죠. 따라서 하라리의 이런 언어를 전략적으로 볼 필요가 있지 않을까 싶습니다. 모든 종교의 절대성을 허구로 보기에 오히려 상호 의사소통 가능성으로 이어질 수 있고, 변화하는 현실에 지속적으로 대응할 수 있는 또 다른 허구, 그러나 사람들에게 필요한 것, 그것을 위해 소통의 가능성을 열어놓는 적극적인 전략으로 볼 수 있지 않을까 합니다.

청중3: 저는 이 대화의 전제에 대해 질문 드리고 싶은데요, 불교에서 말하는 비실체적 사유와 하라리가 말하는 기술적 인본주의가 유사하다는 전제를 깔고 시작했는데, 과연 그런가를 묻고 싶습니다. 불교에서 말하는 비실체적 사유는 에고나 욕망을 내려놓는 편이라면, 하라리가 말하는 기술적 인본주의는 에고 욕망을 극단적으로 충족시키는 것이라고 봅니다. 이처럼 서로 방향이 반대이기에 실상 다른 게 아닌가 싶은데, 이런 생각에 대해 어떻게 생각하시는지요.

이정배: 조금 전 미산 스님이 윤리적인 면에서는 다르다고 말씀하셨기 때문에 그걸로 답이 될 것 같습니다. 하지만 불교적 사유가 과학적 사유와 많이 만나게 되는 이유 중 하나도 바로 그런 점에 있다는 것은 부인키 어려울 것입니다. 이제 토론자들에게 질문에 대한 답을 듣겠습니다.

미산: 질문해주신 것에 공감하면서, 유발 하라리가 종교, 민족을 다 허구라고 했을 때 불교를 뺀 것은 아닙니다. 불교도 당연히 들어갑니다. 그런데 여기서의 불교는 제도화된 불교예요. 유발 하라리는 제도화된 전통불교 명상센터가 아니라 고엔카를 통해서 처음 명상을 접했습니다. 저도 그곳에 가보았는데, 고엔카 명상센터에서는 전통불교의 의례나 의식을 하지 않고 담마(dhamma),

즉 진리의 관점만을 통해서 명상을 체계적으로 가르칩니다. 그리고 제도종교가 저지른 부적절한 행태, 민중들을 향한 기복적인 행태에 대해 신랄하게 비판하고 있습니다. 두 번째는 명상이 만병통치약이라고 하라리는 말하지 않습니다. 이 분이 한 명상은 불교의 다양한 명상 중 단 하나일 뿐 전체 명상 전통을 대변할 수 없습니다. 또한 고엔카 명상이 만병통치약이 될 수는 없어요. 명상이 행복하고 풍요로운 삶을 살아가는 데 도움이 된다는 것에 대해서는 많은 분들이 공감합니다. 기독교는 사회적인 참여나 민족에 대해서 적극적 참여를 한 반면 불교는 그게 부족하다고 하는데, 요즘에 와서 불교 명상에서 중요하게 강조되는 부분이 자비 명상입니다. 사회적 뇌를 향상시키는 데 자비 명상이 효과적이라는 과학적 데이터가 쌓이고 있어요. 하라리가 한 고엔카 명상도 자비를 강조합니다. 저도 인도에서 직접 뵙고 지도를 받아보았는데, 고엔카의 풍모와 가르치는 태도에서 사랑과 연민이 넘쳐남을 느낄 수 있었습니다. 하라리는 담마를 통해서 사회적 자비를 실천하는 것이 핵심이라고 생각하는 것 같습니다.

최현민: 하라리도 지적했듯이 제도화된 종교가 지닌 허구성은 우리 모두 깊이 성찰할 필요가 있다고 봅니다. 그러나 제도종교가 비판받아야 한다고 해서 기존의 제도종교를 다 없애고 새롭게 뭔가를 만들어 보려 한다거나, 각 종교가 지닌 고유한 색채

를 없애고 하나의 유니온(Union) 종교로 만들자는 견해에는 의문을 갖습니다. 고엔카의 가르침 역시 종교적인 색채를 빼고 담마(dharma), 곧 불법만을 강조하고 있기에 보편적이라고 말씀하셨는데, 저는 담마와 같이 보편적인 진리만을 강조하는 것은 지금껏 인류의 종교사에서 종교의 다양성을 통해 드러난 진리에 대한 다양한 표현들에서 나온 풍요로움을 간과하는 면이 있다고 봅니다.

현대 신영성 운동이 지향하는 것도 각 종교가 지닌 고유한 색채를 빼고 보편성만을 지향한다는 점에서 지금 이야기되는 면과 맥을 같이 한다고 생각합니다. 종교적 색채를 배제하고 담마만을 이야기하는 게 인류가 가야 할 방향인지에 대해 제도종교에 몸담은 한 사람으로서 의문을 품지 않을 수 없습니다. 물론 현 제도종교 안에 많은 모순이 있는 것이 사실입니다만, 실상 문제는 각 종교가 가진 고유한 영성을 제대로 살지 못하는 데 있다고 봅니다. 다시 말해 각자 자기 종교가 지닌 진리대로 살아내지 못하는 게 문제이지, 모든 종교를 하나로 통합하여 유니온 종교로 만드는 것이 우리가 지향해야 할 바라고 보지는 않습니다.

또 하라리가 말한 '허구'를 그의 전략으로 보는 것이 어떨까라고 제안하셨는데, 그 견해도 미산 스님의 말씀과 같은 맥락인 것 같습니다. 불교적 관점에서는 유발 하라리가 말한 종교적 허구성을 전략적으로 쓴 것이라고 봅니다만, 실제로 제가 하라리의 책에서 발견한 것은 단순히 가유假有적 차원을 넘어섰다고 생각합니다. 그가 말했듯이 성경에 나오는 은유를 해리포터의 그것과 유사하다고 보는 관점은 성경을 다른 문학작품과 동일선상에서 보고 있다는 점에서 받아들이기가 어렵습니다. 그리스도인은 성경을 그 자체로 하느님의 말씀이라고 본다는 측면에서 다른 문학작품과 다르다는 점에 대해서는 제 논문에서 이미 언급했기에 여기서는 생략하겠습니다.

이정배: 제도건 뭐건 간에 한 번 해체하고 재구성할 필요는 있겠습니다. 지금의 제도는 사람을 새롭게 만들기에는 역부족인 것도 사실입니다.

청중4: (유학대학원 석사생) 저는 모태신앙으로 20년 넘게 살다가 혼자 불교를 공부하면서 절에도 다녔고, 지금은 제3의 인생을 살기 위해 유학대에 왔습니다. 여러 분이 함께 모여서 가르침을 주시니 감사합니다. 최일범 교수님께 질문드립니다. 오늘 발제문을 시간 때문에 제대로 끝내지 못하신 것 같아서요. 혹시 지금까지 나온 여러 논의들에 관한 것뿐만 아니라 교수님께서 여기서 정말 하고 싶은 말씀이 있으시다면 듣고 싶습니다.

청중5: (감리교 목사) 무거운 질문이 되지는 않을 것 같습니다. 강의 내용을 보면, 하라리가 말한 모든 것에 있어서 제 개인적 입장에서는 모든 제도화된, 교조화된, 종교화된 것들을 이 시점에 해체시키고 다시 판을 짜는 미래를 이야기하고 있다고 제 나름대로 정리해 봤습니다. 박태식 신부님께서 말씀하셨듯이, 앞으로 사람들의 생명이 150세 정도로 연장된다면 결혼과 같은 제도에도 변화가 필요하지 않겠느냐 하는 점 등입니다. 저는 은혼식을 엊그제 마쳤는데요, 과연 결혼제도와 같이 우리가 만들어 놓은 제도들을 해체시킨다면 사회적으로 공공성을 회복할 수 있을까? 하는 물음을 가져봅니다.

이정배 : 마쳐야 할 시간이라 두 분께 간단히 말씀 듣고 끝내겠습니다.

최일범: 보통 유학에 대해서는 오해를 하거나 별 관심이 없기 때문에 본래 유학이 말하고자 하는 뜻이 무엇인지에 대해 별로 생각을 안 하는 경우가 많다고 봅니다. 성선설이라고 하면 학생들이 "사람은 다 선하다는데 왜 악인이 있죠?" 정도의 질문만 해요. 그속에 더 깊은 뜻이 있습니다. 자기의 의식을 끊임없이, 선하다는 모티브를 통해서 자기를 끊임없이 계발하라는 뜻인데, 그것이 아까 말씀하셨듯이 성선설도 하나의 전략이에요. 좀 더 다양하게 볼 수 있는 눈이 필요하다는 정도로 말씀드리겠습니다.

박태식: 하라리가 얘기하는 것들의 그런 면은 긍정적으로 봅니다. 우리가 옳다고 생각하는 것에 대해서 근본적으로 도전하고 질문을 던져야 한다는 시각으로 이해합니다. 이것은 문명사회에서 앞으로 어떻게 나아가야 할까, 물을 때 좋은 자세라고 생각합니다.

이정배: 더 많은 이야기를 나누지 못해 많이 아쉽습니다. 긴 시간 함께 해주신 토론자와 청중 분들께 감사를 드립니다. 무엇보다 오늘의 심포지엄을 위해 물심양면으로 준비해주신 씨튼연구원에 깊이 감사드립니다.

지은이

—

이정배	목사, 전 감신대 교수
박태식	신부, 성공회대 교수
송용민	신부, 인천가톨릭대학교 교수
심 원	스님, 대전 청화사 주지
김완두	스님(미산), KAIST 명상과학연구소 소장
최일범	성균관대학교 유학대학 교수
최현민	수녀, 씨튼연구원 원장

호모 데우스, 호모 사피엔스의 미래인가?

초판 1쇄 인쇄 2020년 7월 29일 | 초판 1쇄 발행 2020년 8월 5일
지은이 이정배, 박태식, 송용민, 심원, 김완두, 최일범, 최현민
펴낸이 김시열 | 펴낸곳 도서출판 자유문고
       (02832) 서울시 성북구 동소문로 67-1 성심빌딩 3층
       전화 (02) 2637-8988 | 팩스 (02) 2676-9759
ISBN 978-89-7030-150-1 03300   값 15,000원
http://cafe.daum.net/jayumungo